日本語形容詞の文法

ひつじ研究叢書〈言語編〉

【第41巻】発話行為的引用論の試み−引用されたダイクシスの考察　　中園篤典 著
【第42巻】現代日本語文法　現象と理論のインタラクション
　　　　　　　　　　　　　　　　　　　　　　　　　　矢澤真人・橋本修 編
【第43巻】日本語の助詞と機能範疇　　　　　　　　　　　　　　青柳宏 著
【第44巻】日本語のアスペクト体系の研究　　　　　　　　　　副島健作 著
【第45巻】九州西部方言動詞テ形における形態音韻現象の研究　　有元光彦 著
【第46巻】日本語における空間表現と移動表現の概念意味論的研究
　　　　　　　　　　　　　　　　　　　　　　　　　　　　　上野誠司 著
【第47巻】日本語助詞シカに関わる構文構造史的研究−文法史構築の一試論
　　　　　　　　　　　　　　　　　　　　　　　　　　　　　宮地朝子 著
【第48巻】授与動詞の対照方言学的研究　　　　　　　　　　　日高水穂 著
【第49巻】現代日本語の複合語形成論　　　　　　　　　　　　石井正彦 著
【第50巻】言語科学の真髄を求めて−中島平三教授還暦記念論文集
　　　　　　　　　　　　　　　　　　　鈴木右文・水野佳三・高見健一 編
【第51巻】日本語随筆テクストの諸相
　　　　　　　　　　　　　　　　　　高崎みどり・新屋映子・立川和美 著
【第52巻】発話者の言語ストラテジーとしてのネゴシエーション行為の研究
　　　　　　　　　　　　　　　　　　　　　　　　　　　クレア マリィ 著
【第53巻】主語と動詞の諸相−認知文法・類型論的視点から　　二枝美津子 著
【第54巻】連体即連用？−日本語の基本構造と諸相　　　　　奥津敬一郎 著
【第55巻】日本語の構造変化と文法化　　　　　　　　　　　　青木博史 編
【第62巻】結果構文研究の新視点　　　　　　　　　　　　　　小野尚之 編
【第63巻】日本語形容詞の文法−標準語研究を超えて　　　　工藤真由美 編

ひつじ研究叢書〈言語編〉第63巻

日本語形容詞の文法

標準語研究を超えて

工藤真由美 編

ひつじ書房

まえがき

　本書は、2003～2005年度科学研究費補助金基盤研究（B）『方言における述語構造の類型論的研究』に基づくものである。この調査研究の目的は、
　　①海外における類型論的研究の成果を視野にいれ、
　　②統一的な調査票に基づく、
　　③東北から奄美沖縄にいたる諸方言の「動詞述語」「形容詞述語」「名詞述語」の総合的記述
を行うことであった。
　言語によるコミュニケーション活動の基本的単位である〈文〉の中心的成分（部分）は〈述語〉である。そのため、述語は、どのような言語でも最も複雑な構造となっている。従って、方言の文法記述においても、まずは〈述語構造〉の体系的記述から出発することが重要であろう。
　述語になることを主要な任務とするのは動詞である。従って、〈動詞述語〉の調査研究を先行させて、2004年度科学研究費報告書『方言における述語構造の類型論的研究（Ⅰ）』（CD-ROM付）としてまとめた。また、1996～2002年度にわたる調査結果をまとめた、工藤真由美編（2004）『日本語のアスペクト・テンス・ムード体系―標準語研究を超えて―』（CD-ROM付、ひつじ書房）も公刊した。
　2005年度科学研究費報告書『方言における述語構造の類型論的研究（Ⅱ）』では、動詞述語の調査結果を検討した上で実施された〈形容詞述語〉〈名詞述語〉についての調査結果をまとめた。本書は、この調査研究に参加した有志によるものであり、工藤真由美編（2004）『日本語のアスペクト・テンス・ムード体系―標準語研究を超えて―』の続編となる。本書とあわせてお読みいただければ幸いである。

本調査研究の特徴は、次の点にある。
①述語構造を中心に、動詞と名詞という2大品詞の間に、形容詞を位置づけて考えたこと。

| 動詞（述語） | ⟷ | 【形容詞（述語）】 | ⟷ | 名詞（述語） |

②標準語の形容詞と方言の形容詞とを比較対照するだけでなく、世界の諸言語を対象とする言語類型論的研究の成果を視野に入れて考えたこと。

| 世界の諸言語における形容詞の類型論的研究 |
| 標準語の形容詞 | ⟷ | 方言の形容詞 |

③体系的な観点から、東北から奄美沖縄に至る、形容詞の文法のバリエーションを捉えたこと。

①の点に関しては、品詞（分類）に関わる理論的考察、②の点に関しては、類型論的観点からのさらなる調査研究の深化、③に関しては、調査地域のさらなる網羅性等といった諸問題があるが、日本語（あるいは琉球語）における形容詞のバリエーションの豊かさの提起として、お読みいただければと思う。標準語には「赤い、広い」といったタイプの形容詞と「元気だ、静かだ」といった形容詞のタイプがあるが、この2つのタイプの形容詞のあり様は方言によって実に様々なのである。

以下の構成は次のようである。
第1部「序論―形容詞研究の新たな視界―」は3章よりなる。
工藤真由美「第1章 調査と研究成果の概要」では、動詞述語からはじまった調査研究が、さらに形容詞や名詞述語研究に展開していくプロセスを、目的、方法論、研究成果の観点から概説する。
八亀裕美「第2章 形容詞研究の現在」は、欧米における類型論的研究の

成果を視野に入れた理論的考察となっている。

佐藤里美「第3章　ロシア語の形容詞」は、ロシア言語学における形容詞論の紹介である。ロシア語の形容詞には〈時間的限定性〉に関わる長語尾形と短語尾形の区別がある。また、белый（白い）、прочный（丈夫な）のような質形容詞のほかに、деревянный（木の）、купальный（水浴用の）のような関係形容詞がある。このような問題は、日本語（諸方言）における時間的限定性や、形容詞とノ格の名詞との連続性を考える際に、重要な視点を差し出してくれる。

3つの章をあわせて読んでいただくことで、欧米の類型論的研究、ロシア言語学における形容詞論、日本語内部におけるバリエーションの様々が関連づけられていくであろう。また、工藤真由美編（2004）における、工藤真由美「序論　標準語研究を超えて」、八亀裕美「述語になる品詞の連続性―動詞・形容詞・名詞」もお読みいただくことで、調査研究と理論面での進展過程がわかりやすくなるだろう。

特に〈品詞間の連続性〉、〈時間的限定性〉、〈広義ものの特徴づけと話し手の評価性の複合〉、〈話し言葉における形容詞の述語としての機能〉が重要なキーワードである。標準語のみならず諸方言の形容詞のあり様を記述することは、世界の諸言語における形容詞研究との対話を可能にしていくと思われる。

第2部「方言形容詞の文法―さまざまなすがた―」では、東北から沖縄に至る8地点の方言形容詞の記述的研究を掲載している。以下の8地点における形容詞や名詞述語の調査研究は、すべて、先行した動詞述語研究が基盤になっており、いきなり形容詞の記述を行ったものではない。

　　東日本地区：宮城県登米市中田町方言の形容詞（佐藤里美）
　　西日本地区：愛媛県宇和島市方言の形容詞（工藤真由美）
　　　　　　　　熊本県宇城市松橋町方言の形容詞（村上智美）
　　　　　　　　鹿児島県中種子町方言の形容詞（木部暢子）
　　奄美地区：鹿児島県大島郡大和村大和浜方言の形容詞（須山名保子）
　　　　　　　　鹿児島県大島郡与論町麦屋方言の形容詞（仲間恵子）

沖縄地区：沖縄県うるま市安慶名方言の形容詞（かりまたしげひさ）
　　　　沖縄県那覇市首里方言の形容詞（高江洲頼子）
　2005年度科学研究費報告書に掲載した、青森県三戸郡五戸町、山形県南陽市、東京都八丈町三根、岐阜県高山市、沖縄県国頭郡今帰仁村については、本書に収められていないが、全国的な観点からみて重要な点は、「第1部」の「第1章　調査と研究成果の概要」で述べている。東日本地区については地点が手薄なため、2006年度における補充調査（工藤真由美による）の結果もあわせて述べることとした。また、那覇市を中心とする沖縄県中南部地区において若い世代でも使用されるウチナーヤマトゥグチ（ウチナーグチは沖縄の言葉、ヤマトゥグチは大和の言葉の意味）については、高江洲頼子(1994)「ウチナーヤマトゥグチ―その音声、文法、語彙について―」から引用して提示している。
　8論文の記述は、基本的に、次のように統一している。
1) 形容詞（第1形容詞、第2形容詞）、名詞（述語）の語形変化表と各用法の説明
2) 各方言に特徴的な用法
　1)の語形変化表の提示にあたっては、当然、どのような基準で、語形変化形と認めるかという問題がある。形式的側面と意味機能上の対立関係の両方から考えていかなければならないであろう。今回提示している語形変化表は、厳密な検討を経たものではない。また、文法化のプロセスは漸進的・連続的であるため、截然と分割できるわけでもない。このような問題が残ってはいるが、調査研究の第1歩として、各地方言の全体的な体系を提示した点で、従来にない調査研究が実施できたと思われる。標準語よりもはるかに豊かな形容詞の語形変化のあり様に注目していただければと思う。
　2) 語形変化に関わる記述の後に、各方言に特徴的な用法を提示している。形容詞に特徴的な用法もあれば、動詞と共通する用法もある。どの論文も、既に公刊している諸論文のさらなる展開であるので、下記のような先行論文とあわせて読んでいただければ幸いである。
　佐藤里美「宮城県登米市中田町方言の形容詞」

八亀裕美・佐藤里美・工藤真由美（2005）「宮城県登米郡中田町方言の述語のパラダイム―方言のアスペクト・テンス・ムード体系記述の試み―」『日本語の研究』1(1)．日本語学会．

工藤真由美・佐藤里美・八亀裕美（2005）「体験的過去をめぐって―宮城県登米郡中田町方言の述語構造―」『阪大日本語研究』17．大阪大学大学院文学研究科日本語学講座．

村上智美「熊本県宇城市松橋町方言の形容詞」

村上智美（2004a）「形容詞に接続するヨル形式について―熊本県下益城郡松橋町の場合―」工藤真由美編『日本語のアスペクト・テンス・ムード体系―標準語研究を超えて―』ひつじ書房．

村上智美（2004b）「熊本方言における「寂ッシャシトル、高シャシトル」という形式について」工藤真由美編『日本語のアスペクト・テンス・ムード体系―標準語研究を超えて―』ひつじ書房．

木部暢子「鹿児島県中種子方言の形容詞」

木部暢子（2003）「種子島中種子方言の文末詞」『国語国文薩摩路』50 鹿児島大学文理学部国文学会．

須山名保子「鹿児島県大島郡大和村大和浜方言の形容詞」

須山名保子（2004）「シヲリ形とシテアリ形・シテヲリ形―奄美大島大和浜・津名久方言における―」工藤真由美編『日本語のアスペクト・テンス・ムード体系―標準語研究を超えて―』ひつじ書房．

仲間恵子「鹿児島県大島郡与論町麦屋方言の形容詞」

工藤真由美・仲間恵子・八亀裕美（2007）「与論方言動詞のアスペクト・テンス・エヴィデンシャリティー」『国語と国文学』第千号 東京大学国語国文学会．

かりまたしげひさ「沖縄県うるま市安慶名方言の形容詞」

かりまたしげひさ（2004）「沖縄方言の動詞のアスペクト・テンス・ムード―沖縄県具志川安慶名方言のばあい」工藤真由美編『日本語のアスペクト・テンス・ムード体系―標準語研究を超えて―』ひつじ書房．

高江洲頼子「沖縄県那覇市首里方言の形容詞」
工藤真由美・高江洲頼子・八亀裕美（2007）「首里方言のアスペクト・テンス・エヴィデンシャリティー」『大阪大学文学研究科紀要』47.

　本調査を実施するにあたっては様々な方々にご尽力、ご協力をいただいた。特に、植村雄太朗氏、菊千代氏、久手堅憲夫氏には、辛抱強く、何度にもわたってご教示をいただいた。このような調査はあまり楽しいとは言えない面もあり、恐縮した点も多々ある。末筆ながら心よりお礼を申し上げる次第である。
　本書を出版するにあたっては、ひつじ書房の松本功氏、河口靖子氏のひとかたならぬご尽力を得た。八亀裕美氏、村上智美氏、仲間恵子氏の御協力も得ている。
　すべての方々に記して感謝申し上げます。

2007 年 11 月　工藤真由美

目　次

まえがき

第1部　序論─形容詞研究の新たな視界─
第1章　調査と研究成果の概要
　　　　工藤真由美 ……………………………………………… 3

第2章　形容詞研究の現在
　　　　八亀裕美 ………………………………………………… 53

第3章　ロシア語の形容詞
　　　　佐藤里美 ………………………………………………… 79

第2部　方言形容詞の文法─さまざまなすがた─
第1章　宮城県登米市中田町方言の形容詞
　　　　佐藤里美 ………………………………………………… 101

第2章　愛媛県宇和島市方言の形容詞
　　　　工藤真由美 ……………………………………………… 119

第3章　熊本県宇城市松橋町方言の形容詞
　　　　村上智美 ………………………………………………… 147

第4章　鹿児島県中種子方言の形容詞
　　　　木部暢子 ………………………………………………… 165

第 5 章　鹿児島県大島郡大和村大和浜方言の形容詞
　　須山名保子 …………………………………………………… 183

第 6 章　鹿児島県大島郡与論町麦屋方言の形容詞
　　仲間恵子 ……………………………………………………… 205

第 7 章　沖縄県うるま市安慶名方言の形容詞
　　かりまたしげひさ …………………………………………… 225

第 8 章　沖縄県那覇市首里方言の形容詞
　　高江洲頼子 …………………………………………………… 241

索引 ……………………………………………………………… 263
執筆者紹介 ……………………………………………………… 267

第1部

序論
―形容詞研究の新たな視界―

第1章　調査と研究成果の概要

工藤真由美

1.　はじめに―調査研究の目的―

　世界の諸言語の類型論的研究においても、日本語研究においても、動詞のヴォイス、アスペクト、テンス、ムード・モダリティー研究が質量ともに豊かである。また、名詞の格に関わる研究も豊富である。これは、次のような2大品詞としての特徴を反映している。

　　動詞：構文的な一次的機能は〈述語〉
　　　　　基本的に動的現象を表す。
　　　　　ヴォイス、アスペクト、テンス、ムード等の華やかな語形変化がある。
　　名詞：構文的な一次的機能は〈主語〉や〈補語〉
　　　　　基本的に時間的安定性のある実体（質）を表す。
　　　　　格の体系がある。

　最も動詞らしい動詞とは「着せる、開ける、壊す」のような、対象（客体）を変化させるべくはたらきかける主体の意志的な動的行為（運動）を表すものであり、日本語では「着せられる」「着せている」「着せた」「着せろ」のように、ヴォイスとしての受動、アスペクトとしての継続、テンスとしての過去、ムードとしての命令がある。一方、名詞らしい名詞とは「鯨、机、電車」のような時間のなかでの変化がない質（実体）を表すものであり、「鯨が、鯨を、鯨に、鯨で、鯨から」のような格体系が備わっている。動詞と名詞が2大品詞であるとすれば、形容詞は第3の品詞である。形容詞が未発達な、あるいは品詞として自立的ではない言語もあることが知られている。形容詞

がある場合には、述語になる動詞、主語や補語になる名詞との関係の中で、主要な構文的機能は〈規定語（連体修飾語）〉であると言われることが多い。

日本語には2つのタイプの形容詞があるため、標準語のみならず諸方言をも含めて、体系的かつ動態的な観点から、そのバリエーションの記述を行うことは、標準語の形容詞研究の相対化とともに、一般言語学にも寄与できることになるであろう。

諸方言における次のような現象は、極めて象徴的である。

(1)「赤カ服」「器用カ人」のように、第1形容詞と第2形容詞が同じ形式になる方言がある。このような事実は、「形容詞」「形容動詞」といった名付けではなく、全国的視野からは、共に〈形容詞〉とした方がよいことを示す。

(2)「アノ人元気ナ。／元気ナ人」「アノ人元気ダ。／元気ダ人」のように、終止と連体が同じ形式になる方言がある。このような事実は、(1)の事実とあいまって、標準語中心主義の「イ形容詞」「ナ形容詞」といった名付けではなく、全国的視野からは、〈第1形容詞〉〈第2形容詞〉とした方がよいことを示す。

(3)「元気ダ人」「ハンサムダ人」「変ダ話」のみならず、「病気ダ人」「独身ダ人」「休ミダ生徒」のように言う方言（東北北部）がある。このような事実は〈第2形容詞と名詞との連続性〉を全国的視野から考えてみなければならないことを示す。

(4)沖縄方言では、終止では「赤サン（非過去）」「赤サタン（過去）」、連体では「赤サル」になり、形容詞は（非情物＝ものの）存在動詞「アン」と同じ語形変化をする。一方、東北方言には「赤グデラ」、九州には「赤カリヨル」のような、形容詞に（有情物＝人の）存在動詞「イダ」や「オル」が接続・融合して〈一時的状態〉を明示する方言がある。このような事実は、〈形容詞と存在動詞との関係〉を全国的視野から考えてみなければならないことを示す。

(5)東北には「赤ガッタ」「赤ガッタッタ」のように2つの過去形をもつ方言がある。後者は、話し手が伝える情報のソース（直接体験）を明示す

るエヴィデンシャリティー形式である。また、沖縄には「赤サテーン」という間接的エヴィデンシャリティー（証拠の目撃に基づく推定）やミラティヴィティー（意外な新情報に対する驚き）を表す形式がある。存在動詞が接続・融合していることから時間に関わる形式として考えられがちであるが、標準語の形容詞にはない文法的カテゴリーがあることを示す。

(6)以上のこととも関連して、方言における形容詞述語の語形変化は標準語に比べてはるかに豊かである。「赤サー！」「隣ノオジーチャンワ元気ヤ！」のような、発話時における話し手の評価感情的な表出を表す専用形式もある。このような事実は、書き言葉ならぬ〈日常的話し言葉〉では、形容詞は規定語（連体修飾語）としてよりもむしろ、〈述語〉として機能しているのではないかという考察が必要であることを示す。

(7)標準語では〈人称制限の有無〉によって、形容詞は、感情・感覚形容詞と属性形容詞に分類されてきている。この感情・感覚形容詞における人称制限のあり様は、方言によって様々である。「アノ子川ニ落チテ、痛カッタイ」のように言える方言があるとすれば、第3者の感情・感覚という内的状態を話し手が判断（断定）することは不可能だと決めつける根拠はないであろう。

以上のような事実は、大局的には次のような視点が必要であることを示していると思われる。

1) 標準語・中央語の形容詞研究が書き言葉中心であったとすれば、話し言葉における形容詞のあり様について、さらに検討してみる必要があるのではないか？
2) 世界の諸言語において形容詞がどのようになっているかという「鳥の目」から、標準語や諸方言における形容詞のあり様のさらなる検討が必要なのではないか？

本調査は、このような観点を念頭において、個別方言の実態調査を「鳥の目」と「虫の目」の複眼的視点で、できるだけ精密に行おうとしたものである。今後、様々な方言での記述が進めば、さらに興味深い事実が浮かび上

がってくるだろう。また修正補充が必要にもなってくると思われるが、そのための第1歩として考えていただきたい。

2. 共同研究の実施方法と個別方言の調査方法

たとえ母語たる方言であったとしても、1つの個別方言だけをみていたのでは、一般化にあたっての判断に間違いが起こりやすい。本調査研究では、個別方言の記述と、合同研究会による調査結果の相互検討を複数回行うことによって、大局的視点ときめこまやかな視点との総合化が行えるようにした。

　形容詞調査では、次の3つのタイプの調査を実施した。(Ⅰ)(Ⅱ)の調査項目は八亀裕美氏によって作成された。(Ⅲ)については、各担当者がレポートを作成することとした。

　　(Ⅰ) 67項目からなる統一調査票
　　(Ⅱ) 語形変化に関わる調査票
　　(Ⅲ) 上記の(Ⅰ)(Ⅱ)では捉えきれない実態調査

　なお、上記の調査にあたっては、工藤真由美編 (2002) における「形容詞調査」も参考にしている。これは136語の第1形容詞が諸方言でどのようになっているかの基礎的調査であった。

2.1. 形容詞・名詞述語の調査票作成の原理

できるだけ体系的、総合的な記述ができるように、まず(Ⅰ)「67項目の調査票」と(Ⅱ)「語形変化に関わる調査票」を、下記の点を考慮して作成した。

2.1.1. 67項目の調査票

(Ⅰ)の調査票は、①標準語と諸方言間の共通性と相違性、②名詞(述語)や動詞(述語)との共通性と相違性、③海外の類型論的研究で提起されている諸問題を考慮にいれて作成された。③の類型論的観点から①②の問題を考えるという大局的観点については、工藤真由美編 (2004) に所収の八亀裕美論文「述語になる品詞の連続性―動詞・形容詞・名詞―」と本書の第1部第2

章を参照されたい。
　以下の点を考慮した上で、できるだけ回答しやすい場面設定を行った。具体的には後述の「調査項目一覧」（表2）を参照されたい。
①第1形容詞、第2形容詞、名詞（述語）間の形式的区別のあり方（第2形容詞の発達の程度差を含む）
②終止形と連体形との関係
③主体が〈類〉である場合と〈個〉である場合を含む、一時的状態を表す場合と恒常的特性を表す場合の関係（時間的限定性に関わる諸形式の有無を含む）
④感情・感覚形容詞と属性形容詞との関係（感情・感覚形容詞における人称との関係を含む）
⑤テンス形式のあり様
⑥〈表出〉、〈発見・想起〉、〈意外性〉に関わるムード的意味のあり様
⑦目撃体験の有無、形跡に基づく推定のようなエヴィデンシャリティー形式や、表出形式など、標準語にはない形態論的形式の有無
　以上を考慮して、67項目を設定したが、第1回目の統一的調査票であり、また、思いもかけない形式や意味的区別があることも予想されるため、備考欄を設けて注記をできるだけ詳しく入れるようにした。同時に「場面」を考えて方言形式の記入を行い、項目ごとに便宜上つけている「標準語」にこだわらないようにした。場面によって2つの形式が使い分けられる場合、コピュラを使用しない方が自然な場合、限定された終助詞の付加が自然な場合等が予想されたため、調査実施前の共同研究会で確認を行った。
　「語彙項目一覧」は表1、「調査項目一覧」は表2の通りである。全国的に共通すると思われる形容詞語彙を選定したが、方言形式がない場合には、類似する形式を選定して記入することとした。

表1　語彙項目一覧

1) 黒い：第1形容詞、特性形容詞、属性形容詞
2) うれしい：第1形容詞、状態形容詞、感情形容詞
3) おもしろい：第1形容詞、特性・状態形容詞、属性・感情形容詞
4) 元気だ：第2形容詞、特性形容詞、属性形容詞
5) 変だ：第2形容詞、状態形容詞、評価的形容詞
6) 猫だ：名詞述語（質名詞）
7) いとこだ：名詞述語（関係名詞）

表2　調査項目一覧

1	B101-01	カラスは黒い。
2	B101-02	太郎の車は黒い。
3	B101-03	（シャツに墨がついたのを）シャツの袖が黒い。
4	B101-04	昔は美人の髪は黒かった。
5	B101-05	（茶色に髪を染めた太郎の話で）太郎の髪はもともと黒かった。
6	B101-06	（死んだ太郎について語って）太郎の髪は黒かった。
7	B101-07	（シャツに墨が付いていたのを）きのうはシャツの袖が黒かった。
8	B101-08	織田信長の兜は黒かった。
9	B101-09	（初めて太郎の新車を見て）太郎の車って黒かったんだ。
10	B101-10	そうそう、太郎の車は黒かった。
11	B101-11	うわぁ、黒い！
12	B101-12	黒い車にはねられた。
13	B102-01	お土産はうれしい。
14	B102-02	花子に会えてうれしい。
15	B102-03	子供の頃はお土産がうれしかった。
16	B102-04	昨日は花子に会えてうれしかった。
17	B102-05	うわぁ、うれしい！
18	B102-06	太郎は合格してうれしい。
19	B102-07	太郎は合格してうれしかった。
20	B102-08	うれしい知らせが届いた。
21	B103-01	すもうはおもしろい。
22	B103-02	田中の本はおもしろい。
23	B103-03	テレビを見るといろいろわかっておもしろい。
24	B103-04	昔のすもうはおもしろかった。

25	B103-05	昨日のテレビドラマはおもしろかった。
26	B103-06	昨日は友達とゆっくり話せておもしろかった。
27	B103-07	しらなかった、田中さんっておもしろかったんだ。
28	B103-08	そうそう、あの作家の本はおもしろかった。
29	B103-09	うわぁ、おもしろい！
30	B103-10	ああ、おもしろかった。
31	B103-11	何かおもしろい話を聞かせてよ。
32	B201-01	子供（というもの）は元気だ。
33	B201-02	（元気者の太郎について）太郎は元気だ。
34	B201-03	（病弱な花子が元気にしているのをみて）今日は花子元気だ。
35	B201-04	昔、子供は元気だった。
36	B201-05	（大病をした田中さんについて）昔は田中さんは元気だった。
37	B201-06	（病弱な花子が昨日は元気だったのを思い出して）昨日は花子元気だった。
38	B201-07	江戸っ子は元気だった。
39	B201-08	（初対面の姪が走り回るのをみて）綾子ちゃんって元気だったんだ。
40	B201-09	そうそう、山田さんは元気だった（よね）。
41	B201-10	（元気な甥っ子に驚いて）うわぁ、元気（だ）！
42	B201-11	元気な子供はよく育つ。
43	B202-01	春先の天気は変だ。
44	B202-02	（いつも変な服を着ている太郎について）太郎の服装は変だ。
45	B202-03	（いつもはおしゃれな花子なのに今日は）花子の服が変だ。
46	B202-04	（70年代を思い出して）流行の髪形は変だった。
47	B202-05	（最近おしゃれになった太郎について）あの頃の太郎の服装は変だった。
48	B202-06	昨日、花子の髪型は変だった。
49	B202-07	縄文人の髪型は変だった。
50	B202-08	ピカソの絵って変だったんだ。
51	B202-09	そうそう、田中さんの癖って変だった（よね）。
52	B202-10	うわぁ、変（だ）！
53	B202-11	変なうわさを聞いたのですが、本当ですか。
54	B301-01	ねずみの天敵は猫だ。
55	B301-02	たまは三毛猫だ。
56	B301-03	（死んだ）たまは三毛猫だった。
57	B301-04	昔たまは野良猫だった。
58	B301-05	（話に聞いていたたまを初めて見て）たまは三毛猫だった（んだ）。
59	B301-06	（友人の飼い猫たまの種類を思い出して）そうそう、たまは三毛猫だった。
60	B301-07	織田信長が飼っていたのは三毛猫だった。

61	B301-08	猫のひげを切ると大変なことになる。
62	B401-01	父の兄の子供はいとこだ。
63	B401-02	太郎は(わたしの)いとこだ。
64	B401-03	(死んだ)太郎はいとこだった。
65	B401-04	(初めて関係を知って)知らなかった、太郎はいとこだったんだ。
66	B401-05	そうそう、隣町の太郎は(わたしの)いとこだった。
67	B401-06	いとこの結婚式に行った。

2.1.2. 語形変化に関わる調査票

方言ごとに形容詞語彙が異なり、上記のような項目では不自然な場合もでてくるため、次頁の表3の項目を用意し、その方言で自然によく使用される形容詞の語形変化が捉えられるようにした。「67項目の調査票」の中には入れられなかった〈否定形式〉と〈丁寧体〉がどのようになっているかも分かるような項目を入れた。

2.2. 体系的調査のために

さらに、中止形や条件形のあり様、〈質問〉を表す専用形式の有無や〈イントネーション〉との関係、いわゆる係り結びに関わる現象など、調査票には記入しきれない問題が多々でてくることが予想されたため、各調査者によるレポートを作成することとした。同時に、このレポートでは、既に実施した動詞述語との共通性と相違性も考えることにした。

　従って、この調査は、動詞述語の調査を基盤として、3段階を踏んで行われたことになる。なお、(Ⅰ)と(Ⅱ)については、やりやすい方から実施することとした。

　　(Ⅰ) 67項目調査
　　(Ⅱ) 語形変化調査
　　(Ⅲ) その他の形式

　最も重要なことは、標準語にはない方言独特の形式のみを要素主義的あるいは部分的に調査研究するのではなく、全体的な体系を押さえた上で、標準語との共通性と相違性、方言間の共通性と相違性が浮かび上がるようにした

表3　語形変化調査項目

1	ふつう体・終止・断定・非過去・肯定
2	ふつう体・終止・断定・非過去・否定
3	ふつう体・終止・断定・過去・肯定
4	ふつう体・終止・断定・過去・否定
5	ふつう体・終止・推量・非過去・肯定
6	ふつう体・終止・推量・非過去・否定
7	ふつう体・終止・推量・過去・肯定
8	ふつう体・終止・推量・過去・否定
9	ふつう体・連体・非過去・肯定
10	ふつう体・連体・非過去・否定
11	ふつう体・連体・過去・肯定
12	ふつう体・連体・過去・否定
13	ていねい体・終止・断定・非過去・肯定
14	ていねい体・終止・断定・非過去・否定
15	ていねい体・終止・断定・過去・肯定
16	ていねい体・終止・断定・過去・否定
17	ていねい体・終止・推量・非過去・肯定
18	ていねい体・終止・推量・非過去・否定
19	ていねい体・終止・推量・過去・肯定
20	ていねい体・終止・推量・過去・否定
21	ていねい体・連体・非過去・肯定
22	ていねい体・連体・非過去・否定
23	ていねい体・連体・過去・肯定
24	ていねい体・連体・過去・否定
25	位置づけがわからない形

点である。今後さらに追求していくべき問題も多々あるのだが、形容詞述語、名詞述語に関する本格的調査研究の第1歩として実施された。

2.3. 調査の実施地点

調査実施地点、情報提供者、調査研究者一覧は表4の通りである。(村上敬

一氏によって作成された科学研究費報告書の調査地点地図も次頁に再掲する。）本書の第2部における各方言の記述では、この調査を踏まえてさらに複数回の補充調査を行った結果を提示している。

表4 調査地点一覧

調査地点 (地点番号)	情報提供者 (性別)	生年月 (調査時年齢)	調査者
青森県三戸郡五戸町 (0202)	久保田義美 (男)	1919.01 (84歳)	金田章宏
宮城県登米市中田町 (0401)	佐藤里美 (男)	1953.01 (52歳)	佐藤里美
山形県南陽市 (0601)	金田章宏 (男)	1955.09 (48歳)	金田章宏
東京都八丈町三根 (1301)	奥山熊雄 (男)	1916.09 (87歳)	金田章宏
愛媛県宇和島市 (3801)	工藤真由美 (女)	1949.12 (55歳)	工藤真由美
熊本県宇城市松橋町 (4302)	村上智美 (女)	1968.09 (37歳)	村上智美
鹿児島県熊毛郡中種子町 (4601)	植村雄太朗 (男)	1939.11 (64歳)	木部暢子
鹿児島県大島郡大和村 津名久・同大和浜　(4606)	中山高栄 (男)	1928.10 (77歳)	須山名保子
	大崎忠通 (男)	1935.03 (70歳)	
	津村俊光 (男)	1931.09 (75歳)	
鹿児島県大島郡与論町麦屋東区 (4607)	菊千代 (女)	1927.01 (77歳)	仲間恵子
沖縄県国頭郡今帰仁村字謝名 (4703)	狩俣幸子 (女)	1955.07 (50歳)	島袋幸子
沖縄県うるま市 (旧具志川市) 安慶名 (4702)	K. S. (男)	1954.12 (51歳)	狩俣繁久
沖縄県那覇市首里 (4706)	久手堅憲夫 (男)	1933.01 (72歳)	高江洲頼子

3. 研究成果の概要

形式的側面と意味・機能的側面から、明らかになってきた主要な点を述べる。個々の方言の詳細は、第2部を参照されたい。

　以下では、まず、形容詞に特徴的な点を述べ、次に、動詞とも共通する特徴を述べる。（諸方言の用例についてはカタカナ表記とするが、誤解が生じない場合には漢字も使用する。）

3.1. 第1形容詞、第2形容詞、名詞の連続性とそのバリエーション

標準語においても、第1形容詞、第2形容詞、名詞との関係はそう単純ではない。

　第1に、第1形容詞と第2形容詞は、基本的に形式が異なるが、次のようなケースもわずかながらある。

第1章 調査と研究成果の概要　13

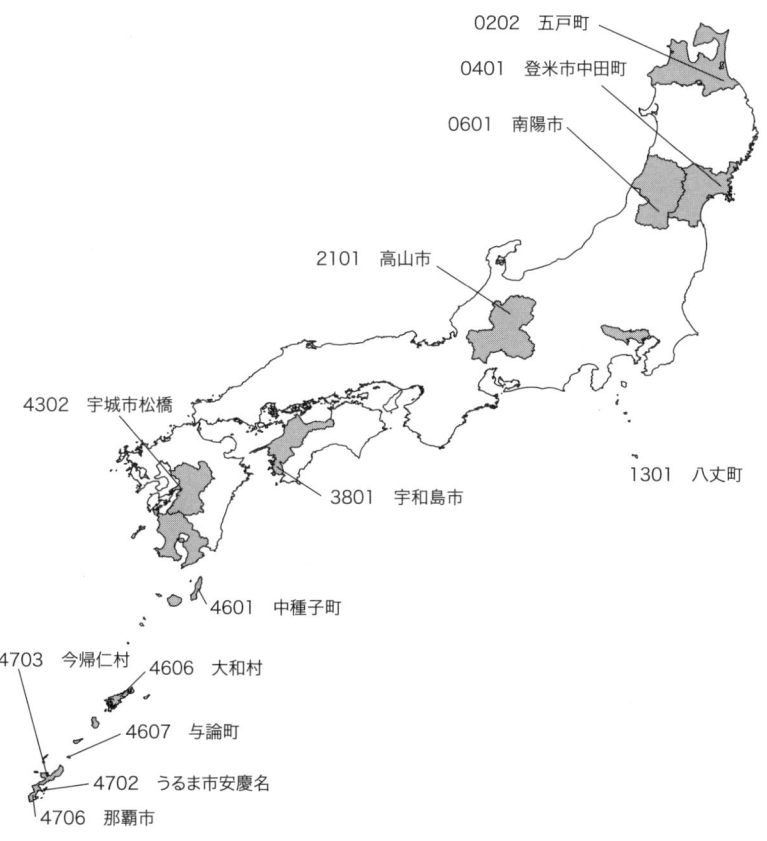

図1　調査地点地図

・この家は大きい。
　　大きい／大きな家
　・今日は暖かい／暖かだ。
　　暖かい／暖かな日
第2に、第2形容詞でもあり、名詞でもあるものがある。
　　・小さな親切〈名詞〉／親切な人〈第2形容詞〉
　　・健康の大切さ〈名詞〉／健康な人〈第2形容詞〉
第3に、連体で「〜ナ」とはならないが、程度副詞と共起できるものがある。

・美人の先生

　先生はとても美人だ。

第4に、「～ノ／ナ」の両方があるものがある。

・特別な／の思い

第5に、「～ノ」となるが、格体系がほとんどないものがある。

・がらあきの会場

第6に、「名詞のノ格」と一応考えられるが、〈叙述性〉のある場合がある。過去形の「～ダッタ」が対応しうる。

・病気の治療／*病気だった治療

　病気の生徒／病気だった生徒

・子供の鞄／*子供だった鞄

　子供の時／子供だった時

このようなことから、諸方言において、第1形容詞、第2形容詞、名詞間の関係の様々なバリエーションがでてくることになる。

3.1.1. 2つの形容詞タイプの有無と相互関係

全国を見渡した場合、相対的にみて、大きくは3つ、細かくは4つのタイプがある。標準語はC.1)のタイプである。第1形容詞では〈終止〉〈連体〉ともに「赤い」だが、第2形容詞では〈終止〉は「元気だ」、〈連体〉では「元気な」になる。

表5　第1形容詞と第2形容詞との関係

A) 第2形容詞があまりないタイプ：鹿児島県与論方言、鹿児島県大和浜方言、沖縄県首里方言
B) 第1、第2形容詞の形式的区別が相対的にあまりない方言：熊本県松橋方言
C) 第1、第2形容詞の形式的区別が相対的にはっきりしているタイプ
C.1) 第2形容詞では〈終止〉〈連体〉が異なるタイプ：標準語、宮城県中田方言、山形県南陽方言、鹿児島県中種子方言、ウチナーヤマトゥグチ
C.2) 第2形容詞でも〈終止〉〈連体〉が同じになるタイプ：青森県五戸方言、青森県深浦方言、青森県弘前方言、岐阜県高山方言、愛媛県宇和島方言

以下、A）〜C）の順に述べる。

本土諸方言には、2つのタイプの形容詞があるが、奄美沖縄諸方言では、基本的に第2形容詞はあまりない。鹿児島県大和浜方言、沖縄県首里方言について、本書の第2部で、次のように記述されている。（なお、いわゆる「く活用」「しく活用」の区別が、特に鹿児島県の与論方言や大和浜方言に残っている。）

「鹿児島県大和浜方言」：第2形容詞は、状態を表す名詞に断定の助動詞「ジャ」を伴う。しかし、第2形容詞相当の語は、語形変化が備わっていない場合が多い。語幹相当の名詞にムン（者）が付いて人の性格を表すような使い方が目立ち—ダイタンムン・キロムン（度胸のあるもの）など—、語幹に「〜ナ」の付いた連体形を備える語は数えるばかりである。語幹に方言固有の語が少なく漢語が多いことからも、第2形容詞は本方言に本来的なものとはいえないと推される。

「沖縄県首里方言」：第2形容詞は日本語からの借用によるもので、数はかなり限られている。連体では「〜ナ」になる。述語になるときは、名詞と同じように、標準語の「である」に相当するコピュラ「ヤン」とくみあわさる。ただし、「ゲンキヤン（元気である）」よりは「ガンジューサン（頑丈である）」、「ジョートゥーヤン（上等である）」よりは「ユタサン（よい）」と、第1形容詞の方を述語に使う傾向がある。第1形容詞がないばあいは、連体形の「〜ナ」に形式名詞「クトゥ（こと）／ムン（もの）」をくみあわせ、コピュラ「ヤン」を接続させる方が普通である。

大和浜方言では、第2形容詞としての「元気ジャ」も使用されるようになっているが、挨拶など伝統的表現の好まれる場では「ドゥクサリ」の方が使用される。

・「ドゥクサンニャー」（元気か？）

「オー　ドゥクサリョット」（はい、元気でございますよ）

　ウチナーヤマトゥグチでは、標準語の語彙を取り入れていて、2つのタイプの形容詞があるが、この点は後述する。
　次に、B) のタイプは熊本県松橋方言である。第1形容詞と第2形容詞とが終止でも連体でも次のように連続している。

〈終止〉　赤カ　　　器用カ　　　哀レ（元気）カ　　　嫌（ダ）
〈連体〉　赤カ　　　器用カ　　　哀レ（元気）カ／ナ　嫌ナ

　このような現象が起こるのは、標準語の「赤い」「器用な（だ）」「哀れな（だ）」「元気な（だ）」「嫌な（だ）」が、非動的な特性や状態を表す点で、形容詞としての意味的共通性を有しているからであろう。なお、鹿児島県中種子方言は、基本的にC.1) のタイプだが、標準語の「気の毒な（だ）」「まっすぐな（だ）」などは「キノドッカ／キノドクジャ」「マッスンカ／マッスグジャ」のように両形をもつ。今後、他の地点ではどうなのか、さらなる調査研究が必要である。
　C) のタイプは、大きくは、第2形容詞における〈終止〉〈連体〉の形式的特徴によって、2分類できる。

　　C.1) 終止と連体が異なる形式
　　　　〈終止〉　元気ダ（ジャ、ダール）
　　　　〈連体〉　元気ナ
　　C.2) 終止と連体が同じ形式
　　　　〈終止〉　元気ナ　／　元気ダ
　　　　〈連体〉　元気ナ　／　元気ダ

　C.1) には、宮城県中田方言、山形県南陽方言、鹿児島県中種子方言、ウチナーヤマトゥグチが属する。終止では、「元気ダ」（中田）、「元気ジャ」（中

種子)、「元気ダール」(ウチナーヤマトゥグチ) といった形式的な違いはあるが、連体で「元気ナ」になる点では、標準語と同じである。

C.2) のように、終止と連体が同じ形式になるのは、愛媛県宇和島方言、岐阜県高山方言、青森県の五戸、弘前、深浦方言である。

このうち、宇和島方言と高山方言では、「太郎元気ナ」「元気ナ人」のようになる。一方、青森県諸方言では、「太郎元気ダ」「元気ダ人」のようになる。

標準語では、第1形容詞では、終止と連体が同じ形式であり、第2形容詞では異なる形式になるが、第1形容詞と同様に、第2形容詞でも、終止と連体が同じ形式であるという現象が起こっても不思議ではない。

ただし、第2形容詞の語形変化は、過去形や否定形式まで入れて考えると、東北諸方言を除けば、複雑なものがある。

第1に、松橋方言では、否定形式で「哀レクナカ／哀レジャナカ」のように両方が使用される場合がある。

第2に、宇和島方言では、過去形では「元気ナカッタ／元気ヤッタ」の両方が使用されるが、否定では「元気ヤナイ」である。「哀レナ」「綺麗ナ」もまた「哀レナカッタ／哀レヤッタ」「綺麗ナカッタ／綺麗ヤッタ」が使用されるが、否定は「哀レヤナイ」「綺麗ヤナイ」である。

第3に、高山方言では、宇和島方言と同様に、終止で「元気ナ／綺麗ナ」が使用されるが、否定は「綺麗デナイ」であり、過去形は「綺麗ヤッタ／綺麗ナッタ」の両方が使用される。と同時に、終止で「綺麗ヤ」も使用されるようになってきている。

第4に、ウチナーヤマトゥグチでは、多くの第2形容詞では「静カダール」「静カダッタ」「静カジャナイ」であるが、「好キダール」「綺麗ダール」の否定形式は「好キクナイ」「綺麗クナイ」のように、第1形容詞と同じになる場合がある。

第2形容詞にみられる、このような形式上の複雑さは、基本的に第1形容詞にはない。第2形容詞は、第1形容詞と名詞(述語)の間にあって、未発達であったり、第1形容詞寄りに振る舞ったり、名詞(述語)寄りに振る舞ったりすると言えよう。

第1形容詞 ←【第2形容詞】→ 名詞（述語）

第2形容詞と名詞述語の連続性については、次の3.1.2.で述べる点にも表れる。

3.1.2. 本土方言における第2形容詞と名詞（述語）の関係
標準語でも、第2形容詞と名詞との関係は連続的である。
　第1に、「健康が大切だ／大切なのは健康だ」は名詞であるが、「健康な人／太郎はとても健康だ」では第2形容詞である。(標準語では「*病気な人」とは言えない。)
　第2に、「がらあきの電車」とは言えても「がらあきな電車」とは言えないが、「がらあき」には格体系がほとんどなく、「がらあきの」は形容詞的である。村木（2002）によって「第3形容詞」という提案がなされている。「独身の人／太郎は独身だ」の「独身」も格体系が、典型的名詞ほどはなく、意味上も「特性」を表していて、形容詞的である。
　第3に、西山（2003）に従えば、「NP₁のNP₂」という表現は、NP₁とNP₂の意味関係から5つの異なったタイプが存在する。このうちのBタイプである「コレラ患者の大学院生、看護婦の花子、今日休みの先生」は、他のタイプと違って、「NP₁デアルNP₂」という叙述的な連体修飾をなす。
　以上のような標準語における現象を念頭において、方言をみていくと、青森県諸方言では、次のようになっている。（下記に示す青森県深浦方言については母語話者である土岐哲氏のご教示による。弘前方言についても阿部貴人氏からご教示を得た。）
　深浦方言では、第2形容詞は終止、連体ともに「元気ダ」である。「貧乏ダ人」「ハンサムダ人」「馬鹿ダ犬」「真ッ赤ダツラ（顔）」のようになる。
　さらに、標準語では「〜ノ」になる場合（あるいは「〜ノ／ナ」が揺れる場合でも）、下記のように「〜ダ」となる。

　　　・独身ダ人、病気ダ人、金持チダ人、美人ダ先生

・カタワダ犬、ダブダブダ服、ガラガラダドコ（所）
・今日休ミダ生徒、来年定年ダ先生
・オヤグ（親戚）ダ人、サラリーマンダ人、役員ダ人
・雨ダ時、凪ダ時

　「オヤグ（親戚）ノ家」「先生ノ鞄」のような場合には、「〜ダ」は使用できない。（なお、西山論文におけるA〜Eタイプのうち、Bタイプが基本的に「〜ダ」になるのだが、「看護婦の花子」「村長の太郎」のような固有名詞を修飾する非制限的用法は、話し言葉ではあまり使用されないことから、回答がでにくかった。）なお、鹿児島県中種子方言でも「先生ジャ人」のような言い方が可能である。
　また、宮城県中田方言と愛媛県宇和島方言では、次のような連続性がある。詳細は第2部を参照されたい。単純化して示す。Aは中田方言、Bは宇和島方言である。
①典型的な第2形容詞。連体形式は「〜ナ」であり「〜ノ」は不可。語根要素が名詞として機能しない。
　　A：アジャラナ（荒っぽい、無体な）、スズガナ（静かな）
　　B：ゲサクナ（下品な）、シズカナ（静かな）
②基本的には第2形容詞。連体形式は「〜ナ」と「〜ノ」いずれも可。語根要素は名詞として機能しない。
　　A：アッペトッペナ／ノ（つじつまのあわない）、イイクレナ／ノ（いい加減な）
　　B：オトコマエナ／ノ（男前の）、カツカツナ／ノ（ぎりぎりの）
③第2形容詞と名詞の中間。連体形式は「〜ナ」と「〜ノ」いずれも可。語根要素は名詞（人名詞）としても機能する。
　　A：アマノジャグナ／ノ（天邪鬼な）、アンポンタンナ／ノ（間抜けな）
　　B：ビジンナ／ノ（美人の）、コドモナ／ノ（子供っぽい）
④典型的な名詞。連体形式は「〜ノ」であり「〜ナ」とはならない。
　　A：ビョウギノ（病気の）、カイシャインノ（会社員の）

B：ビョウキノ（病気の）、イヌノ（犬の）

　このような諸方言の事実をみていくと、全国的な視野から、第2形容詞と名詞の連続性をみていくことの重要性が浮かび上がってくるだろう。第2形容詞は名詞との連続相のなかにあるがゆえに、言語（方言）ごとの様々なバリエーションがありうるのである。

　奄美沖縄諸方言については後述することとして、本土諸方言のバリエーションを、名詞（述語）との関係を含めて、一覧化すると表6のようになる。標準語はⅠのタイプであり、第2形容詞の終止と連体は異なる形式（C.1）になる。（　）で括っているのは過去形と否定形式である。（なお青森県深浦方言、五所川原方言では、形容詞、名詞述語の過去形は「サムグデアッタ／元気デアッタ／先生デアッタ」のような分析的形式である。運動動詞の「降ッテアッタ」は〈過去・継続〉になる。）

3.1.3. 奄美沖縄方言の形容詞と名詞（述語）

本土方言ではすべて、第1形容詞の〈終止〉〈連体〉は同じ形式であるが、沖縄県の首里方言、安慶名方言、今帰仁方言や、鹿児島県の与論方言、大和浜方言では、形容詞は、〈終止〉〈連体〉が異なる形式である。これは、基本的に、ものの存在動詞「アン」系形式が接続・融合していることによる。「赤い」を例にして示す。（　）内は否定形式である。（与論方言の2つの形式については後述する。）

　1) 首里方言、安慶名方言
　　　終止　　アカサン〈非過去〉／アカサタン〈過去〉
　　　　　　（アカコーネーン）
　　　連体　　アカサル
　2) 与論方言
　　　終止　　アーサン／アーサリ〈非過去〉
　　　　　　アーサタン／アーサタイ〈過去〉
　　　　　　（アークネン）

表6　方言におけるバリエーション

I　宮城県中田方言（C.1）

	第1形容詞	第2形容詞	（中間的）	名詞（述語）
終止	アゲ （アゲガッタ） （アゲグネ）	元気ダ （元気ダッタ） （元気デネ）	独身ダ （独身ダッタ） （独身デネ）	先生ダ （先生ダッタ） （先生デネ）
連体	アゲ	元気ナ	独身ノ	先生ノ

II　青森県深浦方言（C.2）

	第1形容詞	第2形容詞	（中間的）	名詞（述語）
終止	アゲ （アガグデアッタ） （アガグネ）	元気ダ （元気デアッタ） （元気デネ）	独身ダ （独身デアッタ） （独身デネ）	先生ダ （先生デアッタ） （先生デネ）
連体	アゲ	元気ダ	独身ダ	先生ノ／ダ

III　愛媛県宇和島方言（C.2）

	第1形容詞	第2形容詞	（中間的）	名詞（述語）
終止	アカイ （アカカッタ） （アコーナイ）	元気ナ （元気ナカッタ／ヤッタ） （元気ヤナイ）	独身 （独身ヤッタ） （独身ヤナイ）	先生 （先生ヤッタ） （先生ヤナイ）
連体	アカイ	元気ナ	独身ノ	先生ノ

IV　松橋方言（B）

	第1形容詞	第2形容詞	（中間的）	名詞（述語）
終止	アカカ （アカカッタ） （アコナカ）	元気カ／ダ （元気カッタ） （元気ナカ／ジャナカ）	独身 （独身ダッタ） （独身ジャナカ）	先生 （先生ダッタ） （先生ジャナカ）
連体	アカカ	元気カ／ナ	独身ノ	先生ノ

V　中種子方言（C.1）

	第1形容詞	第2形容詞	（中間的）	名詞（述語）
終止	アッカ （アッカッタ） （アコーナカ）	元気ジャ （元気ジャッタ） （元気ジャナカ）	独身ジャ （独身ジャッタ） （独身ジャナカ）	先生ジャ （先生ジャッタ） （先生ジャナカ）
連体	アッカ	元気ナ	独身ジャ	先生ノ／ジャ

連体　アーサル
　3) 大和浜方言
　　　終止　ハーサ（リ）〈非過去〉／ハーサタ〈過去〉
　　　　　（ハーサネェン）
　　　連体　ハーサン

　ウチナーヤマトゥグチでは、標準語と同様に、「赤イ／赤カッタ」「赤イ（花）」になっている。否定は「赤クナイ」である。
　名詞（述語）については、次のようになっている。否定形式では、形容詞とは違って、「アラン」が使用される。標準語の「赤くない」は「アカコーネーン／アークネン／ハーサネェン」であるが、「先生ではない」は「先生（ヤ）アラン」になる。多少簡略化して示す。

　1) 首里方言、安慶名方言
　　　〈肯定〉　先生ヤン（非過去）／先生ヤタン（過去）
　　　〈否定〉　先生（ヤ）アラン
　2) 与論方言
　　　〈肯定〉　先生エン（非過去）／先生エータン（過去）
　　　〈否定〉　先生ヤアランヌ
　3) 大和浜方言
　　　〈肯定〉　先生ジャ（非過去）／先生アタ
　　　〈否定〉　先生（ヤ）アラン

　ウチナーヤマトゥグチでは、次のようである。「～である」相当の「ダール」が使用される以外は標準語と同様になっている。

　　〈肯定〉　先生ダール（非過去）／先生ダッタ〈過去〉
　　〈否定〉　先生ジャナイ

第2形容詞が方言に取り入れられている場合には、名詞述語に準じる。〈連体〉は「元気ナ」である。多少簡略化して示す。

1) 安慶名方言
　　〈肯定〉　元気ヤン（非過去）／元気ヤタン（過去）
　　〈否定〉　元気アラン
2) 与論方言
　　〈肯定〉　元気エン（非過去）／元気エータン（過去）
　　〈否定〉　元気アランヌ
3) 大和浜方言
　　〈肯定〉　元気ジャ（非過去）／元気アタ
　　〈否定〉　元気アラン

ウチナーヤマトゥグチでは、名詞述語と同様に、標準語に近くなっている。

　　〈肯定〉　元気ダール（非過去）／元気ダッタ（過去）
　　〈否定〉　元気ジャナイ

3.1.4. 名詞述語におけるコピュラの有無

標準語でも、話し言葉では、「あの人私の先生（よ）」のように、名詞述語ではコピュラを伴わない場合が多い。話し言葉である方言でも、〈非過去〉の場合はコピュラを伴わない場合が多い。愛媛県宇和島方言では、男女差を問わず、「*アノ人私ノ先生ヤ」のような言い方はできず「アノ人私ノ先生（ゼ）」のようになる。

　従って、全国的にみた場合、〈名詞述語文〉ということは可能でも「コピュラ文」という言い方は適切ではないだろう。

　一方、中田方言では、上記のような場合でもコピュラ「〜ダ」を伴い、質問でも次のようになる。(標準語では「本か？」は可能でも「*本だか？」と

は言えない。)

　　・アソゴサ　アンノ　アンダノ　本ガ／本ダガ。(あそこにあるのはあなたの本か)

　過去形の場合は、今回調査したすべての方言で「～だった」相当のコピュラの使用が義務的である。コピュラの使用はテンスの明示にあると言えよう。
　このように考えると、次のようなパターンが取り出せそうである。相対的にみて、宇和島方言は1)、標準語は2)、中田方言は3)に属する。
　1)〈非過去〉で、基本的にコピュラを伴わないタイプ
　2)〈非過去〉で、コピュラを伴う場合も伴わない場合もあるタイプ
　3)〈非過去〉で、コピュラを伴うことが相対的に多いタイプ
　世界の諸言語でも、次のようなタイプが取り出されている。(この点については、後述の第2章も参照。ⅱ)の中間的なタイプの言語には、ハンガリー語のように主語の人称が絡むタイプもある。)
　ⅰ)コピュラがないタイプ(シンハラ語等)
　ⅱ)〈過去〉でコピュラが使用されるタイプ(ロシア語等)
　ⅲ)コピュラが義務的であるタイプ(英語等)
　Stassen (2005) では、世界の諸言語の「名詞述語 (predicate nominals)」における「ゼロコピュラ」の状況が、the continuum of zero copula encoding を踏まえた上で分かるようになっている。(日本語は、ゼロコピュラが不可能な言語に分類されているが、これは標準語の書き言葉に注目したためであろう。)
　この問題は、第2形容詞にも連動している。標準語でも、話し言葉では「この部屋とっても静か(よ)」のようになる場合も多いが、方言でもそうなる場合がある。
　なお、今回の調査では網羅できていないが、宮島(1956)「文法体系について」では、茨城方言について次のような記述がある。－印は、「シズカダッタ」「山ダッタ」のような形式がないことを示す。(「山ダッケ」はある。)

| かく | カグ | 寒い | サムエ |
| かいた | カエダ | 寒かった | サムガッタ |

| しずかだ | シズカダ | 山だ | 山ダ |
| しずかだった | － | 山だった | － |

　コピュラの有無や使用の連続性の観点からの本格的な調査が今後必要であると思われる。

3.2.　形容詞における時間的限定性

一部の方言を除き、日本語には2つの存在動詞がある。
　時間のなかで展開する動的事象を表す〈運動動詞〉では、「人の存在動詞」が接続・融合して、〈進行〉や〈結果〉を表すアスペクト形式になる。

　　本動詞「イダ」→開ゲデダ〈進行、結果〉、開イデダ〈結果〉
　　本動詞「オル」→開ケヨル、開キヨル〈進行〉
　　　　　　　　　　開ケトル、開イトル〈結果〉

　この点に関して、工藤編（2004）を再掲する。（表示のし方を分かりやすく

表7　存在動詞とアスペクトとの関係

アスペクト形式 人の存在	シテ形接続	連用形接続／シテ形接続
アル	開けてあろわ（八丈方言）	開けやる／開けたーる（和歌山県田辺、新宮、御坊方言等）
オル	開けとる（三重県津、島根県平田方言等）	開けよる／開けとる（北限は岐阜県高山方言、南限は種子島方言）
イル	開けてる（標準語、長野県松本方言、ウチナーヤマトゥグチなど）	（長野県開田方言）
イダ	開げでだ・開げでら（青森県五戸、五所川原、山形県鶴岡、南陽方言等）	

するために多少修正している。)

　一方、時間のなかでの動的展開のない静的事象を表す形容詞では、一時性の有無（一時的・偶然の状態か、恒常的・本質的特性か）が重要になる。

　世界の諸言語における時間的限定性の問題については、第2章の八亀論文、第3章のロシア語についての佐藤論文を参照されたい。Timberlake（2004）でも、ロシア語の形容詞について次のような指摘がある。（多少修正して示す。）

　　With adjectives preferring predicative (short) form, the property is contingent and variable depending on the time-world.
　　Adjectives preferring the general (long) form (nominative long form) is used when the concern is with characterizing the essential as opposed to the accidental properties of the subject.

Comrie（1986）における、5.2.1.2 Contingent state では、次の指摘がある。

　　One other area where there seems to be evidence of a link between locative and aspect concerning being in a state, rather than in the process of doing something, since here again a large number of languages use expressions that are, or derive from, locative constructions.

従って、結論を先取りすれば、次のようなことが言えよう。
　①動的現象を表さない形容詞（存在動詞、名詞述語も同様）では、〈一時的〉なことか〈恒常的〉なことかが重要である。
　②その際、運動動詞のアスペクト形式になる「人の存在動詞」が、〈一時性〉を明示する形式になる。「ものの存在動詞」の方が〈一時性〉を明示する形式になることはない。
　③さらに、内的状態を表す〈感情・感覚形容詞〉に「人の存在動詞」が接続した場合には、3人称主体の感情・感覚を表す。

3.2.1. 一時的状態を明示する形式

青森県五所川原方言、五戸方言、深浦方言、宮城県中田方言、熊本県松橋方言には、〈一時的状態〉であることを明示する形式があり、「人の存在」を表す本動詞「イダ」や「オル」の文法化によって成立している。

- 今日　寒グデラ。／太郎　元気デラ。
- 今日　寒カリヨル。／コノ前ワ　寒カリヨッタ。

この形式は「冬は寒い」(「野生動物は元気だ」)のような〈恒常的特性〉を表す場合には使用できない。1回的な一時的状態を表すことが基本だが、反復的な一時的状態でもよい場合がある。習慣(規則的繰り返し)的になって〈時間の抽象化〉が進むと使用できなくなる。基本的に次のようなスケールが考えられる。

1回的な一時的状態・・・反復的な状態・・・習慣・・・恒常性
◎　　　　　　　　　○／△　　　　　△／×　　　×

　青森県諸方言では〈現在〉に限定されているが、松橋方言では現在、過去の両方にある。青森県諸方言では、形容詞、名詞述語にもあるが、松橋方言では基本的に第1形容詞に限定されている。(また、宮城県中田方言では部分的使用にとどまり、松橋方言では、若い世代では使用されなくなりつつある。)

　さらに、一時的状態を明示する形式では、〈感情・感覚形容詞〉における〈3人称主語〉(〈2人称主語〉も)が可能である。中田方言では、1人称主語は不可能であるが、松橋方言では1人称主語でもよい。松橋方言の詳細は、工藤編(2004)所収の村上智美論文「形容詞に接続するヨル形式について」を参照されたい。(下記の五戸、中田方言の例を標準語に直訳すれば、「悲しくている」「嬉しくている」相当である。)

「五戸方言」
・[不幸があった時に] アソゴノ　ウジア　今　カナシクテラ。(あそこのうちは今悲しい状態にある)

「中田方言」
・太郎　合格ステ　ウレスクテダ。(太郎は合格して嬉しい状態だ)

「松橋方言」
・アタワ　ネンカリヨル。(あなたは眠い様子だ)

なお、八丈方言は、「アロワ（ある）」が人の存在動詞であるがゆえに、この本動詞「アル」を文法化させた〈一時的状態〉を明示する形式がある。上記の方言の場合と異なり、〈話し手の意外性〉が伴うようである。

・バー　アカクテアロジャ。(まあ、赤いねえ)
・バー　アカクテアロージャ。(まあ、赤かったねえ)

また、松橋方言では、次のような形式動詞「～シトル」が接続した場合でも、一時的状態を表す。最初の2例では、話し手の味覚体験等の顕在性を前面化しており、苺や石の特性自体に焦点があるのではない。3番目の場合は、話し手が目撃している第3者の一時的状態を捉えている。

・[食べながら] コン　苺ワ　アモシトルネ。(この苺は甘いね)
・[石を抱えて] コン　石ワ　オモシトルネー。(この石は重いねー)
・[掻いている様子を見て] コン　子ワ　虫ニ　ササレテ　カユシトル／カイシャシトル。(この子は虫にさされて痒い様子だ)

標準語の場合の「甘くしている」「顔を赤くしている」は、動詞「甘くする／赤くする」のアスペクト形式であるが、松橋方言の「アモシトル」等はそうではないことに注意されたい。

このような形式は、奄美沖縄諸方言にもありそうだが、今後のさらなる調

査が必要であろう。次のように非終止でも使用される。(名詞の場合にもある。)

「沖縄県安慶名方言」
・ワラビソーイニ　ウマウティ　ユー　アシダン。(子供のころ、ここでよく遊んだ)

「鹿児島県大和浜方言」
・ホカヌ　ハブヨンマ　フィーサシ　ドゥクダカ　マタ　ショゴシャアンチ　ヤットゥリ。(他のハブよりも大きくて、毒もまたたくさんあると言われている)

また、次のように、第3者のことを言うようになるが、標準語の「嬉しがる」のような形式との関係についても今後のさらなる調査が必要であると思われる。

「鹿児島県大和浜方言」
・タロヤ　シケン　トゥーティ　ホラシャ。(太郎が試験に通って嬉しい〈直接体験＝話し手自身の感情〉)
・タロヤ　シケン　トゥーティ　ホラシャシュリ。(太郎は試験に通って嬉しがっている〈非体験＝太郎の感情〉)

「沖縄県安慶名方言」
・タローヤ　ゴーカク　サーニ　イッペー　ウッサタン。(太郎が合格して嬉しかった〈話し手自身の感情〉)
・タローヤ　ゴーカク　サーニ　イッペー　ウッサソータン。(太郎は合格して嬉しがっていた〈太郎の感情〉)

「人の存在動詞」以外に、形式動詞スル系形式が、形容詞や名詞述語における一時的状態等を表すようになっても不思議ではない。標準語でも、「元気でいる」「先生をしている」は、「元気だ」「先生だ」とは違って、相対的

に一時性が前面化してくる。

3.2.2. 2つの存在動詞と時間的限定性

既に述べたように、日本語には、八丈方言のような特別な場合を除き、2つの存在動詞がある。(奄美琉球諸方言も同様である。)

「人の存在動詞」の方は、運動動詞におけるアスペクト形式になって、進行や結果というアスペクト的意味を表す。そして、運動動詞以外では、〈一時的状態〉を明示する形式になる。どちらも、基本的に、〈特定時の一時的現象〉である点では共通している。

一方、「ものの存在動詞」では、九州諸方言や奄美沖縄諸方言における「赤カ」「赤サン(赤サ+アン)」のように〈恒常的特性〉をも表す形容詞になり、一時的状態を明示する形式にはならない。鹿児島県中種子方言には、「元気ジャ」だけでなく「元気ーアル」「シカキーアル(四角だ)」「シアワセーアル(幸せだ)」「リコーニアル(利口だ)」のような形式もある。コピュラ形式も「ものの存在動詞」に関わっている。

現在調査した限りでは、「ものの存在動詞」の方がアスペクトの中核的形式になったり、一時的状態を明示するようになっている方言はない。

また、「好きだ、嫌いだ」のような場合を除き、「恐ろしい、嬉しい、痛い、臭い」のような感情・感覚は、基本的に〈一時的状態〉であるが、この場合に「人の存在動詞」が接続・融合すると、第3人称者(第2人称者)の一時的状態が表せるようになる。

このような事実は、「人の存在動詞」は、「いられる」(受動態)、「いろ」(命令法)のようなヴォイス、ムード形式がある点で、「ものの存在動詞」よりも運動動詞寄りであり、このことが、〈中核的アスペクト形式化〉〈一時性の明示化〉〈第3者の感情・感覚状態に対する客観描写化〉に相関していると思われる。(標準語の「ものの存在動詞」の否定は形容詞「ない」である。本土諸方言も同様である。)

　　運動動詞　←　【人の存在動詞】【ものの存在動詞】　→　形容詞

「ものの存在動詞」：ヴォイス、ムード等がない点で形容詞的
　　　　　　　　〈否定〉は形容詞としての「ない」
「人の存在動詞」：ヴォイス、ムード等がある点でより運動動詞的
　　　　　　ⅰ）運動動詞では〈アスペクト〉として文法化
　　　　　　ⅱ）形容詞述語等では〈一時的状態〉の明示
　　　　　　ⅲ）感情・感覚形容詞では〈一時的状態の客観描写性〉

なお、標準語では、「している」形式が、特別な場合以外〈客体結果〉を表せないことから、「してある」形式が使用される。しかし、「人の存在動詞」による「ステダ」「シトル」形式が、下記のように〈客体結果〉を表す宮城県中田方言や愛媛県宇和島方言では、「シテアル」形式を使用する必然性はない。使用されるとしたら、標準語的な使用になる。また、福岡方言でも宇和島方言と同様に「窓　開ケトー」は〈客体結果〉を表す。そして「シテアル」形式は敬語的な使用になる。福岡方言に関しては、工藤真由美編（2004）に所収した、木部暢子「福岡地域のアスペクト・待遇・ムード」を参照されたい。

「中田方言」
　　・父チャン　窓　開ゲデダ。〈進行〉〈客体結果〉
「宇和島方言」
　　・父チャン　窓　開ケトル。〈客体結果〉

また、後述（3.5.2.）のように、沖縄方言では「ものの存在動詞（アン）」が接続した形式は、エヴィデンシャリティー形式（形跡や伝聞に基づく間接確認）へと重点が移り、形容詞述語や名詞述語でも使用されるようになる。
　このような事実は、「ものの存在動詞」が文法化の進んだ中核的アスペクト形式にはならないことを示している。本動詞としての動詞らしさの有無が文法化の発展経路に相関していると思われる。

3.3. 形容詞述語における話し手の評価性

多くの方言の形容詞に〈表出〉を表す専用形式がある。(名詞述語にはない。)熊本県松橋方言では「赤サ(ー)」のような専用形式がある。これは重複使用も可能であるし、過去のことであってもよい場合がある。

- [突然雷が落ちる音がして]ワー <u>オトロシサー／オトロシサオトロシサー</u>。(わー、怖い！)
- オトトイ 近所ン 人ン 葬式デ <u>カナッサカナッサ</u>、ホカン 人達モ ミンナ 泣キヨラシタ。(一昨日近所の人の葬式で(私は)悲しくて悲しくて、他の人たちも皆さん泣いていらっしゃった)

奄美沖縄諸方言にもある。鹿児島県大和浜方言では「ハーサー」、与論方言では「アーソー」、沖縄県首里方言、安慶名方言、今帰仁方言では「アカサ(ヨー)」である。(なお、連体形の「アカサル」によっても可能な場合があるようである。)

「首里方言」
- アンシ アヌ ムイヌ <u>タカサヨー</u>。(なんとあの山の高いことよ)

「安慶名方言」
- アイエーナー <u>ハジカサヨー</u>。ナー チラン ムッチアッカラン。(あぁっ、恥ずかしい！もう顔出しができない)

また、愛媛県宇和島方言の「寒ヤ」「元気ヤ」は〈表出〉を表す。終止は「寒イ(ワイ)」「元気ナ(元気ナイ)」である。このような表出形は、発話時における話し手の評価的感情が前面化するので、過去のことであっても使用できる。

- ユウベワ <u>寒ヤ</u>。風邪 ヒーテシモタイ。
- 昨日ワ アノ子 <u>シズカヤ</u>。病気カト オモタゼ。

諸方言の形容詞に〈表出〉を表す形式があることは、形容詞述語の本質を示しているだろう。第2章の八亀論文でも、第3章の佐藤論文でも述べられているように、形容詞述語には〈広義ものの特徴づけ〉と〈話し手の評価性〉という2つの側面が常にある。

　　形容詞にとって、話し手の評価的な関わりは、その本質的な性質である。換言すると、形容詞——特に形容詞述語文で顕著になる——は、客観的に「ある特徴のもちぬしの特徴」をさしだすと同時に、話し手がどのように評価しているかという主体的な評価もさしだしている。
　　西尾（1972）もこの点についてはくり返し述べているのだが、形容詞の意味には、主観性と客観性の絡み合いがあり、むしろそれが形容詞らしさを特徴づけている。
　　この主観性、すなわち話し手の主体性を、「評価」と呼ぶ。一般に形容詞における「評価」というと、狭く「正しい、よい、悪い」などの形容詞の語彙的な意味素性を指すことが多いが、ここでいう評価とは、形容詞における話し手の主体的な関わり方のことである。
　　　　　　　　　　　　　　　（第1部第2章　八亀論文より引用）

　形容詞は物の特徴づけのために使命づけられた単語の典型である。物を特徴づけることはきわめて主体的な行為であって、物のなにをどう認識し、どう特徴づけるか、ということのなかに、認識する主体の質があらわになる。物のもつ特徴をとらえること自体が、認識する主体の自己暴露なのである。あるたべものをたべて「おいしい」と感じたとすれば、それは、その物が人の味覚にふれることで発揮した客観的な特性であるとともに、その物との関係のなかでの、認識主体の主体的なものの発現でもある。こうして、物を特徴づける単語の典型としての形容詞は、その意味のなかに、特徴のさししめしと評価との2つの側面をあわせもつことになる。「おいしい」という発話は、はじめから客体的なものと主体的なものとの統合なのである。物の特徴づけという使命をはたすため

に、形容詞は必然的にその意味のなかに主体的なもの＝評価性をもつことになる。　　　　　　　　（第1部第3章　佐藤論文より引用）

　宇和島方言では、形容詞述語の〈叙述・断定〉では、次のようになる。〈広義ものの特徴づけ〉という客体的側面と〈評価〉という主体的側面の複合体であるが、相対的に〈広義ものの特徴づけ〉が前面化するので、テンスが分化する。

〈叙述：広義ものの特徴づけ（話し手の評価）〉
　・今日ノ　ゴ飯　オイシイワイ／オイシイゼ。
　　昨日ノ　ゴ飯　オイシカッタイ／オイシカッタゼ。
　・隣ノ　オジーチャン　元気ナイ／元気ナゼ。
　　隣ノ　オジーチャン　元気ナカッタイ／元気ナカッタゼ。

　〈広義ものの特徴づけ〉よりも〈話し手の評価性〉の方が前面化するのが〈表出〉であろう。表出形にはテンスの分化はない。過去のことであっても発話時における話し手の評価性が前面化される。

〈表出：話し手の評価性（広義ものの特徴づけ）〉
　・今日ノ　ゴ飯　オイシヤ。
　　昨日ノ　ゴ飯ワ　オイシヤ。5杯モ　食ベタゼ。
　・隣ノ　オジーチャン　元気ヤ。一人デ　歩キヨルゼ。
　　隣ノ　オジーチャン　元気ヤ。一人デ　歩キヨッタゼ。

　従って、すべての形容詞述語に〈評価〉という主体的側面を認めておくことは、〈叙述〉と〈表出〉のムードの違いを捉えるためにも重要であろう。客体的な〈ものの特徴づけ〉よりも、発話時における主体的な〈話し手の評価〉を前面化するのが〈表出〉である。
　この場合の〈話し手の評価〉というキーワードは、「いい」「悪い」のよう

な評価だけを捉えている形容詞の語彙的意味とは異なるものである。宇和島方言の「エー」「ワルイ」のような形容詞では表出形は使用されない（使用されにくい）。ものの特徴づけの側面を切り捨てているので、表出形による話し手の評価の側面の前面化をする必要がないからであろう。

　標準語にはこのような2つの形式的分化がないために、〈広義ものの特徴づけ〉と〈話し手の評価〉という、客体的側面と主体的側面の統合性がみえにくいが、諸方言における形態論的形式の豊かさは、形容詞述語における客体的側面と主体的側面の関係性を露わにしてくれると思われる。

3.4. 感情・感覚形容詞と人称

3.2で述べたように、東北や九州の諸方言では「人の存在動詞」が接続・融合すると、第1人称者以外の感情・感覚状態の客観描写になる。

　愛媛県宇和島方言では、〈断定〉と〈表出〉の専用形式の場合、3人称主語でも可能である。下記の「心配ナイ」は否定形式ではなく「心配だ」に相当する断定専用形式である。断定専用形式は、連体にも質問にもならない。(「ウレシカッタイ」「心配ナイ」「イタカッタイ」ではなく「ウレシカッタ(ゼ)」「心配ナ(ゼ)」「イタカッタ(ゼ)」のような断定専用形式ではない場合は、3人称主語は使用しにくい。)

〈話し手の判断を表す断定専用形式〉
・オジーチャンガ　退院シテ　オバーチャン　ウレシカッタイ。(おじいちゃんが退院して、おばあちゃんは嬉しかった)
・オジーチャンガ　入院シテ　オバーチャン　心配ナイ。(おじいちゃんが入院して、おばあちゃんは心配だ)
・アノ　人　川ニ　落チタンヤケン　ソリャ　イタカッタイ。(あの人は川に落ちたんだから、そりゃ、痛かったよ)

〈話し手の評価を表す表出専用形式〉
・「隣ノ　オジーチャン　入院スルント」
　「ソリャー　オバーチャン　ナンボカ　ツラヤ」(それは、おばあちゃ

んはどんなにか、つらいことだ)
・「隣ノ　オジーチャン　川ニ　落チタンゼ」
　「ソリャー　オバーチャン　心配ヤ(ナー)」(それは、おばあちゃんは心配なことだ)

　宇和島方言の〈断定〉専用形式は、話し手の判断を明示する。上記のような場合、客観描写ではなく、話し手が「退院する/入院する/川に落ちる」ということから必然的に断定できる第3者の状態(感情・感覚)であることを表すのである。因果関係がはっきりしていれば、第3者の感情・感覚について、話し手が断定することは不可能ではないであろう。
　また表出形は〈話し手の評価性〉を前面化する。因果関係がはっきりしていれば、〈話し手の共感性〉を伴いつつ、第3者の内的状態の評価が可能になると思われる。
　諸方言の形容詞には、標準語よりも多くの形態論的形式があることから、感情・感覚形容詞における主語の人称とムードとの関係について、今後さらに詳しい調査研究を進めることで、興味深い事実が浮かび上がってくるだろう。

3.5. 形容詞・名詞述語におけるエヴィデンシャリティー

　エヴィデンシャリティーとは、話し手が伝える情報のソースを明示する形式である。トルコ語等世界の様々な諸言語にある。日本語諸方言でも、動詞述語の調査研究から、2つのタイプのエヴィデンシャリティー形式があることが分かってきた。
　1) 直接的エヴィデンシャリティー：話し手が事象を直接知覚体験したことを明示する。
　2) 間接的エヴィデンシャリティー：形跡や伝聞という間接的証拠によって、話し手が事象を確認したことを表す。
　下記の方言では、動詞述語と同様に形容詞述語や名詞述語にも、このエヴィデンシャリティー形式がある。(首里方言や安慶名方言では、運動動詞

の過去形に限って直接的エヴィデンシャリティー形式があるが、形容詞等にはない。）

　　　直接的エヴィデンシャリティー：宮城県中田方言、鹿児島県与論方言
　　　間接的エヴィデンシャリティー：沖縄県首里方言、安慶名方言、今帰仁方言

　以下、直接的エヴィデンシャリティー、間接的エヴィデンシャリティーの順に述べる。さらに、間接的エヴィデンシャリティーには、通言語的に〈ミラティヴィティー〉と言われる、〈話し手にとっての意外な新情報〉を表す用法もある。

3.5.1.　直接的エヴィデンシャリティー

宮城県中田方言および鹿児島県与論方言には〈話し手の体験（直接確認）〉を明示するエヴィデンシャリティー形式がある。
　中田方言では〈過去〉に限定されている。

- ・キノナ　シャツノ　ソデ　クロガッタッタ。（昨日シャツの袖が黒かった〈目撃体験〉）
- ・キノナ　花子サ　アエデ　ウレスガッタッタ。（昨日花子にあえて嬉しかった〈直接体験〉）
- ・アンドギャ　オラ　朝カラ　スゴドダッタッタ。（あの時、私は朝から仕事だった〈直接体験〉）
- ・カオイロ　ミダッケ　ズロー　アラガダ　ビョーギダッタッタ。（顔色を見たら、次郎はほとんど病気だった〈目撃体験〉）

　この形式は、「信長の兜は黒かった」のような目撃（直接体験）していない場合には使用できない。この場合は、「クロガッタ」を使用する。
　次に、与論方言では、〈現在〉の場合に次の2つの形式が〈目撃〉あるいは〈体験〉の有無を表し分ける。形容詞では「黒サ」に存在動詞「アン／アイ」が接続・融合している。コピュラ「〜エン／エイ」は「〜である」相当

形式である。

  黒い：クルサン／クルサイ
  嬉しい：イショーシャン／イショーシャイ
  先生だ：シンシェーエン／シンシェーエイ

「赤い」のような属性形容詞や「先生だ」のような名詞述語では、次のようになる。「アーサイ」「〜エイ」は〈目撃〉を明示する。

 ・タラ　フラジャー　アーサイ。（太郎の髪は赤い）〈目撃〉
  タラ　フラジャー　アーサン。（太郎の髪は赤い）〈非目撃〉
 ・タモー　クルミャンカエイ。（たまは黒猫だ）〈目撃〉
  タモー　クルミャンカエン。（たまは黒猫だ）〈非目撃〉

次のように〈目撃＝話し手の知覚〉ではなく〈感覚＝話し手の知覚〉でも「ヌクサイ」が使用される。

 ・［暖房をしている部屋にはいって］ヘヨー　ヌクサイ。（部屋は暖かい）〈話し手の知覚〉
  ［暖房をしているので］トゥナイヌ　ヘヨー　ヌクサン。（隣の部屋は暖かい）〈話し手の非知覚〉

感情・感覚形容詞では、「パンチカシャイ」「イショーシャタイ」が話し手自身の感情・感覚を表し、「パンチカシャン」「イショーシャタン」が第3者の感情・感覚を表すことになる。

 ・（ワナー）パンチカシャイ。（私は恥ずかしい）〈話し手自身の感情〉
  ［転ぶのを見て］アリャー　パンチカシャン。（あの人は恥ずかしい。）〈第3者の感情〉

・タラガ　ゴーカクシチ　ワナー　<u>イショーシャイ</u>。(太郎が合格して私は嬉しい)〈話し手自身の感情〉
　タロー　ゴーカクシチ　<u>イショーシャン</u>。(太郎は合格して嬉しい)〈第3者の感情〉

　以上のように〈現在〉の場合には、話し手の知覚や内的状態を明示する直接的エヴィデンシャリティーがあるのだが、〈過去〉の場合には必ずしもこのようにはならない。工藤真由美他 (2007) で述べたように、与論方言では、存在動詞「フン／フイ」「アン／アイ」は特別な場合以外使用されず、「フユン／フユイ」「アユン／アユイ」という「シオル相当形式」の方が使用される。一方、形容詞では、「アーサ（赤サ）」に「アン／アイ」が接続・融合している。このことによって、他の方言とは違って、与論方言では、形容詞の用法と存在動詞の用法との違いが生じてきている。形容詞、名詞述語における過去形と直接的エヴィデンシャリティーに関する精密な記述は今後の課題である。

3.5.2. 間接的エヴィデンシャリティーとミラティヴィティー
首里方言、安慶名方言、今帰仁方言には、〈形跡という間接的証拠に基づく以前の状態の推定（間接確認）〉を明示する間接的エヴィデンシャリティー形式がある。このエヴィデンシャリティー形式には、ものの存在動詞「アン」がさらに接続・融合しており、「〜アッテアル」相当形式である。

〈エヴィデンシャリティー形式〉
　　高い：タカサン　　　→　　タカサテーン
　　黒い：クルサン　　　→　　クルサテーン
　　先生だ：シンシーエン　→　シンシーエーテン

「安慶名方言」
・ウヌ　キーヤ　<u>タカサテーン</u>。(この木は高かったのだ)〈切り株を見て過去の特徴を推定〉

「首里方言」
- ウヌ　チノー　ムトー　クルサテーン。(この服はもとは黒かったのだ)〈縫い目を見て過去の特徴を推定〉

「今帰仁方言」
- ウヌ　チューヤ　ワカセーヌ　ジブンヤ　シンシーエーテン。(あの人は若い頃先生だったのだ)〈現在の振る舞い方を見て過去の職業を推定〉

この形式は、〈発話時における話し手の新事実の発見〉、特に〈意外な事実の発見〉の場合にも使用される。間接的エヴィデンシャリティーとは違って、過去のことを推定しているのではない。首里、安慶名方言では、終助詞「サヤー」を伴うのが普通である。

- [太郎の車は黒くないと思っていたが今見て]
  タラー　クルマ　クルサテーサヤー。(太郎の車は黒かったんだ！)
- [先生とは思わなかったが、運動会で生徒を指導しているのを見て]
  アイ　アヌ　ッチョー　シンシーヤテーサヤー。(あら、あの人は先生だったんだ！)
- [冗談を言っている太郎をはじめて見て]
  タローヤ　アンシ　ウムサテール。(太郎ってなんともおもしろかったんだ！)
- ワカランタッサー。タラーヤ　イチクルヤテーサヤー。(しらなかった、太郎はいとこだったんだ！)

間接的エヴィデンシャリティーとミラティヴィティーとの関係は、次のように考えられよう。どちらも〈話し手にとっての新事実〉である点は共通している。そして、〈間接確認〉であるがゆえに〈事実確認〉そのものではないことから、現在の事実確認であったとしてもそこには「信じられない」といった驚きが前面化してくる。このように〈過去の事象の間接確認〉から〈確

認した現在の事象に対する驚き〉へと〈主体化〉が進んだとしても不思議ではない。

　　〈間接的エヴィデンシャリティー〉
　　　現在の形跡に基づく、
　　　過去の事象＝話し手にとっての新事実の間接確認
　　　　　↓
　　〈ミラティヴィティー〉
　　　発話時における、話し手にとっての意外な新事実の確認

　なお、中種子方言では、特に〈予想外の事実の発見〉の場合は「〜ケリャー」形式が使用される。

　　・［調査の進み具合が予想に反して早いことに気づいて］
　　　ハヤカケリャー。

　首里、安慶名方言では、間接的エヴィデンシャリティーがミラティヴィティー用法も発達させているわけだが、中種子方言の用法が「〜ケリ」との関わりを表しているとすれば、今後さらなる追跡が重要になってこよう。
　話し手が現実世界の事象を確認（認識）する場合、まったくの白紙ということはありえず、社会常識なり予想なりをもったかたちで認識していくだろう。このような話し手の予想との関係を表し分ける形式なり用法があったとしても不思議ではないと思われる。この点は、下記の過去形のムード用法にも関わる。

3.6. 過去形のムード用法

過去形のムード用法には、次の２つのタイプがある。
　1) 〈現在〉の事象であるにもかかわらず過去形を使用することによって、話し手の確認のしかたを前面化する場合

2) 反実仮想を表す場合

まず、宮城県中田方言では、「アゲガッタ」「アゲガッタッタ」という2つの過去形があることから、次のようになる。①②の場合は、2つの過去形が使用できるが、③の場合には、直接的エヴィデンシャリティーを表す過去形の方は使用できない。(*印は使用できないことを示す。)

① 〈想起〉：過去に確認した事実を記憶から引き出して発話場面で再確認する場合
　・ソー　イエバ　オンツァンノ　クルマ　アゲガッタッタ／アゲガッタ。
② 〈意識的確認〉：曖昧な記憶による話し手の予想が事実であることの確認。
　・ヤッパス　オンツァンノ　クルマ　アゲガッタ（ンダ）／アゲガッタッタ（ンダ）。
③ 〈発見〉：発話場面での新事実の確認
　・ソーガ　オンツァンノ　クルマ　アゲガッタンダ／*アゲガッタッタンダ。
　・［ちょうどよいサイズだと思って買ったズボンをはいてみて］
　　コノ　ズボン　スコス　キズガッタ／*キズガタッタ。（このズボンはすこしきつかった）

愛媛県宇和島方言の〈断定〉専用形式は、①②の場合は使用できるが、「信じられない」といった〈話し手の意外性〉が前面化すると使用できなくなる。

① 〈想起〉
　・確カ　アノ　人ノ　車ワ　アカカッタイ。
② 〈意識的確認〉
　・ヤッパシ　アノ　人ノ　車ワ　アカカッタイ。
③ 〈意外な新事実の発見〉

・アノ　人ノ　車　アカカッタンヨ／*アカカッタイ。
・隣ノ　オジーチャン　病気ヤッタンヨ／*病気ヤッタイ。

　標準語には過去形が1つしかない。しかし、中田方言には2つの過去形がある。また宇和島方言には〈断定〉専用形式がある。諸方言には多くの形態論的形式があることから、動詞述語の場合を含めて、過去形のムード用法についても、さらなる興味深い事実がでてくる可能性があると思われる。
　次に、〈反実仮想〉というムード用法についても、中田方言では、直接的エヴィデンシャリティーを表す形式の方が、次のように〈反実仮想〉を明示することになる。従属文でも主文でも可能である。

・モス　太郎　元気ダッタッタラ　ガッコサ　イッテダッタ。（もしも太郎が元気だったなら、学校に行っていた）
・チャント　ゴハン　クッテダッタラ　太郎　モット　元気ダッタッタベ。（ちゃんとご飯を食べていたら　太郎はもっと元気だっただろう）
・アイズ　スケン　ウゲデサエイダッタラ　今頃　大学生ダッタッタ。（あいつは試験を受けてさえいたら、今頃は大学生だった）

　なぜ、このような現象が起こるのかの追求は今後の課題であるが、反実仮想というムード用法についても、方言の方が形態論的形式が多いことから、今後の調査研究が重要になってくるだろう。安慶名方言では、間接的エヴィデンシャリティーやミラティヴィティーを表す形式が、反実仮想も表しうる。

・ナー　クーテン　マース　イットーケー　マーサテーン。（もう少し塩を入れていれば、おいしかった）

　いずれにしても、形態論的形式の少ない標準語だけから一般化するよりも、諸方言の実態も視野に入れた方が実り豊かであると思われる。そのこと

によって〈反実仮想〉とは何かの規定も、そのバリエーションのあり様も精密になってくるであろう。

3.7. 質問のムードとイントネーション
調査項目には入れていなかったが、第2部の諸論考をみると、〈質問のムード〉の専用形式が発達している方言がある。そして、明確な専用形式の有無に関わらず、標準語の話し言葉とは違って、上昇イントネーションが義務的ではなく、〈下降イントネーション〉の方が普通である。

　この点は、工藤 (2000) でも指摘したところだが、例えば、Whaley (1997) では、下記のように述べられている。大堀他訳『言語類型論入門』から引用する。

　　　大多数の言語において、対極疑問文は文末で上昇調のイントネーションを使う。これは平叙文のイントネーションが下降調であるのと明瞭な対比をなす。対極疑問文のこうした特徴——文の終わりで韻律によって標示する——は通言語的に広く見られ…

　今回の調査研究では、標準語の話し言葉とは違って、対極疑問文（肯否質問文）でも、下降調のイントネーションである方言がほとんどである。詳しくは第2部を参照されたい。

「鹿児島県中種子方言」
　　〈質問〉は〈肯否質問〉、〈疑問詞質問〉ともに「カイ」を付けて表す。音調は上昇イントネーションでも下降イントネーションでもよいが、下降イントネーションの方が無標である。

　　　アッカカイ↓（赤いか？）
　　　ドイガ　アッカカイ↓（どれが赤いか？）

「沖縄県首里方言」
〈質問〉をあらわすばあい、首里方言では上昇イントネーションにならない。

また、第2部の宇和島方言において記述したように、聞き手に情報を求める中立的質問では〈下降イントネーション〉、話し手の想定や断定について聞き手に質問なり同意求めを行う場合には〈上昇下降イントネーション〉という使い分けも認められる。動詞述語を含めて、質問のタイプ化とイントネーションとの関係を今後精密に記述していくことが重要になるだろう。少なくとも、情報を求める質問は下降イントネーションである諸方言が多いのである。

3.8. 主体的ムードとテンス

形容詞述語に限ったことではないが、〈推量〉形式にも様々なタイプがあり、〈推量〉に限定されている形式と、〈推量〉とともに他の意味用法もある形式とがある。また、鹿児島県与論方言や沖縄県首里方言、安慶名方言には、次のような推量形式もある。

　　与論方言：アーサルパジ／アーサタルパジ
　　首里、安慶名方言：アカサルハジ／アカサタルハジ

「〜はずだ」相当形式ではあるが、「〜はずだ」自体におけるテンス対立は無くなっており、主体化（主体的ムード化）が進んでいると思われる。これは、工藤真由美（2006a）で述べた標準語における「〜らしい」の場合と同じである。小説の地の文のようなテクストタイプならぬ日常会話では、「〜ラシカッタ」は普通使用しない。

　　・昨日会ったけど、太郎は少し疲れているようだ。
　　　昨日会ったけど、太郎は少し疲れているようだった。

・昨日会ったけど、太郎は少し疲れているらしい。
＊?昨日会ったけど、太郎は少し疲れているらしかった。

　主体的ムード化とテンスとの相関性の問題については、今後の課題として残されているが、助動詞化の進行は、テンス対立がなくなっていくことと相関していると思われる。
　また、八丈方言や奄美沖縄諸方言にはいわゆる係り結び、あるいは〈とりたて〉に関わる諸形式がある。波線の「〜ル」に対応して、「クルサン／ワカサン」ではなく「クルサル／ワカサル」という連体形式が使用されていることに留意されたい。

「首里方言」
　・ワン　カラジヤカー　イャー　カラジガル　クルサル。（私の髪よりはおまえの髪の方が黒い）
「安慶名方言」
　・イッター　シンシーヤカ　ワッター　シンシーガル　ワカサル。（お前たちの先生よりうちの先生の方が若い）

4. おわりに

以上、不十分な点が多々あるが、調査研究の経緯と結果の概略を述べた。
　諸方言を調査研究したことの結果の概略としては、大きくは次の4点にまとめられよう。
(1)第1形容詞、第2形容詞、名詞は〈連続的〉であって、方言ごとに多様なバリエーションがある。特に、第2形容詞は、未発達であったり、第1形容詞寄りに振る舞ったり、名詞寄りに振る舞ったりする。品詞分類においては、連続性を前提としてのプロトタイプ化が重要になってくるだろう。
(2)動詞らしい動詞である運動動詞にはない形態論的カテゴリーとして〈時

間的限定性〉がある。時間のなかで展開する動的現象を表さない形容詞述語や名詞述語では、特定時の〈一時的状態〉か、時間的限定のない〈恒常性〉かの区別が重要になってくるのである。また、形容詞述語には〈表出〉を明示する形式が発達している。〈表出〉とは〈発話時における話し手の評価〉を前面化するムード形式であるとすれば、形容詞述語においては、〈広義ものの特徴づけ〉という客体的側面と〈話し手の評価〉という主体的側面とが統合化されていることを示している。

(3)上記のような、一時的状態や表出を明示する形式を含めて、諸方言では、形容詞述語の形態論的形式が豊富である。書き言葉ならぬ日常的話し言葉としての諸方言における、このような形態論的形式の豊富さは、話し言葉では、形容詞が、規定語（連体修飾語）ならぬ〈述語〉としても一次的に機能することを示していると思われる。

(4)日本語には複数の存在動詞があるが、運動動詞よりの「人の存在動詞」と形容詞寄りの「ものの存在動詞」では、文法化の方向（経路）が異なっている。

今回の調査は、地点数が多いとは言えないのだが、それでもなお、実に豊穣なバリエーションがある。そして上記の(1)〜(4)の点は、標準語の研究だけからではみえてきにくい形容詞の本質解明に関わる現象でもある。

我々共同研究者は、他の方言の調査報告を聞いたり読んだり議論したりしながら、再調査を何度も繰り返すことによって、方言間の共通性にも方言ごとの個性にも気づいていった。（第2部に掲載している諸論文は、共同研究会での発表を含めると複数回の改稿を経たものである。）これは、共同研究によって、研究者自身の母語を徐々に客観化＝相対化していくことでもあった。筆者自身、自らの母語である愛媛県宇和島方言の文法に対する客観的視点は、このような共同研究なしには不可能であったと思われる。統一的な調査方法をとることで、当たり前だと思った現象が当たり前ではなく、独自だと思った現象が独自ではないことに気づいた点が多々ある。母語の内省はそれほど簡単なことではないのではないだろうか。

そして、このような豊かなバリエーションを視野に入れた上で標準語の文

法現象を相対化していくことは、標準語成立の歴史的経緯を捉え直すという意味でも、世界の諸言語のなかでの日本語を考えるという意味でも、日本語の未来を考えてみるという意味でも、今後重要になってくると思われる。

【参考文献】
奥田靖雄（1988）「述語の意味的なタイプ」琉球大学プリント（未公刊）．
奥田靖雄（1996）「文のこと・その分類をめぐって」『教育国語』2(22)．むぎ書房．
金田章宏（2006a）「青森県五戸方言の形容詞」工藤真由美編『方言における述語構造の類型論的研究Ⅱ』科学研究費成果報告書．大阪大学文学研究科．
金田章宏（2006b）「山形県南陽方言の形容詞」工藤真由美編『方言における述語構造の類型論的研究Ⅱ』科学研究費成果報告書．大阪大学文学研究科．
金田章宏（2006c）「東京都八丈町三根方言の形容詞」工藤真由美編『方言における述語構造の類型論的研究Ⅱ』科学研究費成果報告書．大阪大学文学研究科．
かりまたしげひさ（2004）「沖縄方言の動詞のアスペクト・テンス・ムード―沖縄県具志川安慶名方言のばあい―」工藤真由美編『日本語のアスペクト・テンス・ムード体系―標準語研究を超えて―』ひつじ書房．
木部暢子（2003）「種子島中種子方言の文末詞」『国語国文薩摩路』50．鹿児島大学文理学部国語国文学会．
木部暢子（2004）「福岡地域のアスペクト・待遇・ムード」工藤真由美編『日本語のアスペクト・テンス・ムード体系―標準語研究を超えて―』ひつじ書房．
金水敏（2006a）『日本語存在表現の歴史』ひつじ書房．
金水敏（2006b）「「～でいる」について」益岡隆志他編『日本語文法の新地平1』くろしお出版．
工藤真由美（2000）「方言のムードについてのおぼえがき」『待兼山論叢』34．大阪大学文学会．
工藤真由美（2002）「現象と本質―方言の文法と標準語の文法―」『日本語文法』2(2)．日本語文法学会．
工藤真由美（2006a）「文の対象的内容・モダリティー・テンポラリティーの相関性をめぐって―「らしい」と「ようだ」―」『ことばの科学11』むぎ書房．
工藤真由美（2006b）『アスペクト・テンス』小林隆編『方言の文法』岩波書店．
工藤真由美・佐藤里美・八亀裕美（2005）「体験的過去をめぐって―宮城県登米郡中田町方言の述語構造―」『阪大日本語研究』17　大阪大学大学院文学研究科日本語学講

座.
工藤真由美・高江洲頼子・八亀裕美 (2007)「首里方言のアスペクト・テンス・エヴィデンシャリティー」『大阪大学文学研究科紀要』第 47 巻.
工藤真由美・仲間恵子・八亀裕美 (2007)「与論方言動詞のアスペクト・テンス・エヴィデンシャリティー」『国語と国文学』第千号．東京大学国語国文学会．
工藤真由美編 (2002)『方言における動詞の文法的カテゴリーの類型論的研究 No.1』科学研究費成果報告書．大阪大学文学研究科．
工藤真由美編 (2004)『日本語のアスペクト・テンス・ムード体系―標準語研究を超えて―』ひつじ書房．
工藤真由美編 (2005)『方言における述語構造の類型論的研究Ⅰ』科学研究費成果報告書 (CD-ROM 付)．大阪大学文学研究科．
工藤真由美編 (2006)『方言における述語構造の類型論的研究Ⅱ』科学研究費成果報告書 大阪大学文学研究科．
佐藤里美 (1986)「名詞述語文の意味的なタイプ」『ことばの科学 8』むぎ書房．
渋谷勝己 (1999)「文末詞「ケ」―三つの体系における対照研究―」『近代語研究』10 集 近代語学会．
島袋幸子 (2006)「沖縄県今帰仁村謝名方言の述語形式」工藤真由美編『方言における述語構造の類型論的研究Ⅱ』科学研究費成果報告書．大阪大学文学研究科．
清水由美 (2006)「岐阜県高山方言の形容詞」工藤真由美編『方言における述語構造の類型論的研究Ⅱ』科学研究費成果報告書．大阪大学文学研究科．
鈴木重幸 (1972)『日本語文法・形態論』むぎ書房．
須山名保子 (2004)「シヲリ形とシテアリ形・シテヲリ形―奄美大島大和浜・津名久方言における―」工藤真由美編『日本語のアスペクト・テンス・ムード体系―標準語研究を超えて―』ひつじ書房．
高江洲頼子 (1994)「ウチナーヤマトゥグチ―その音声、文法、語彙について―」『沖縄言語研究センター研究報告 3』沖縄言語研究センター．
高橋太郎 (1994)『動詞の研究』むぎ書房．
寺村秀夫 (1984)『日本語のシンタクスと意味Ⅱ』くろしお出版．
西尾寅弥 (1972)『形容詞の意味用法の記述的研究』秀英出版．
西山佑司 (2003)『日本語名詞句の意味論と語用論』ひつじ書房．
三上章 (1953)『現代叙法序説』刀江書院 (くろしお出版より復刊、1972 年)．
宮島達夫 (1956)「文法体系について―方言文法のために―」『国語学』25．国語学会．
村上智美 (2004a)「形容詞に接続するヨル形式について―熊本県下益城郡松橋町の場合―」工藤真由美編『日本語のアスペクト・テンス・ムード体系―標準語研究を超えて―』

ひつじ書房.
村上智美（2004b）「熊本方言における「寂ッシャシトル、高シャシトル」という形式について」工藤真由美編『日本語のアスペクト・テンス・ムード体系―標準語研究を超えて―』ひつじ書房.
村木新次郎（2000）「「がらあき‐」「ひとかど‐」は名詞か、形容詞か」『国語研究』23 東北大学文学研究科.
村木新次郎（2002）「第三形容詞とその形態論」『国語論究10　現代日本語の文法研究』明治書院.
八亀裕美（2001）「現代日本語の形容詞述語文」『阪大日本語研究　別冊1』大阪大学大学院文学研究科日本語学講座.
八亀裕美（2002）「〈短信〉非動的述語の継続相相当形式―青森五所川原方言の場合―」『国語学』53（1）．国語学会
八亀裕美（2006）「「AにしてはB」をめぐって―時間的限定性と評価性―」『ことばの科学11』むぎ書房.
八亀裕美（forthcoming）『日本語形容詞の記述的研究　類型論的視点から』明治書院.
八亀裕美・佐藤里美・工藤真由美（2005）「宮城県登米郡中田町方言の述語のパラダイム―方言のアスペクト・テンス・ムード体系記述の試み―」『日本語の研究』1（1）．日本語学会.

Auer, P. and F. Hinskens, P. Kerswill (eds.) (2005) *Dialect Change:Convergence and Divergence in European Languages.* Cambridge Uiversity Press.

Bybee, J. (1985) *Morphology.* John Benjamins.

Comrie, B. (1976) *Aspect.* Cambridge University Press.

Dahl, Ö. (1999) Perfect. In Brown, K. and J. Miller (eds.) *Concise Encyclopedia of Grammatical Categorie.* Elesvier.

Dixon, R. (1999) Adjective. In Brown, K. and J. Miller (eds.) *Concise Encyclopedia of Grammatical Categories.* Elesvier.

Dixon, R. and A. Aikhenvald (eds.) (2004) *Adjective Classes.* Oxford University Press.

Dryer, M. S. (2005) Polar Questions. In Haspelmath, M. et al. (eds.) *The World Atlas of Language Structures.* Oxford University Press.

Givón, T. (2001) *Syntax.* John Benjamins.

Haspelmath, M. et al. (eds.) (2005) *The World Atlas of Language Structures.* Oxford University Press.

Heine, B. and T. Kuteva (2006) *The Changing Languages of Europe.* Oxford University Press.

Hengeveld, Kees (1992) *Non-verbal Predication: Theory, Typology, Diachrony.* Mouton de

Gruyter.
Palmer, F. R.（2001）*Mood and Modality*. Cambridge University Press.
Pustet, R.（2003）*Copulas*. Oxford University Press.
Stassen, L.（2005）Zero Copula for Predicate Nominals. In Haspelmath, M. et al.（eds.）*The World Atlas of Language Structures*. Oxford University Press.
Timberlake, A.（2004）*A Reference Grammar of Russian*. Cambridge University Press.
Whaley, L. J.（1997）*Introduction to Typology*. Sage Publications.（大堀壽夫他訳『言語類型論入門』岩波書店　2006 年）

第2章　形容詞研究の現在

八亀裕美

1. はじめに

本章の目的は、日本語の諸方言の形容詞の文法調査を進めるために、世界の諸言語の形容詞研究や日本語の標準語の形容詞研究で、現在どのようなことが問題となり、どのような現象が報告されているのか、ということを概観することにある。

ある文法体系について観察するにあたり、他の文法体系と比較・検討するという手法は珍しくない。日本語の方言研究では、日本語の標準語の記述を参考にして、比較・検討するという方法がよく見られる。これは対照言語学的なアプローチと言ってもよいだろう。

このような対照言語学的なアプローチとは異なる方法として、世界の諸言語でどのような現象が見られるのかという俯瞰的な側面と、それぞれの言語に対する詳細な観察・記述という個別的な側面の間をいったりきたりしながら研究を行うという方法がある。これが、類型論的なアプローチである。

海外の研究では、ヨーロッパ言語中心主義からの脱却が進んでいる。少し前までの諸言語の記述は、ともすれば英語やフランス語などのヨーロッパのいわゆる大言語との比較対照という形で進んできた。そこでは、例えば英語では見られないような文法構造について、「珍しい」ものとして記述が行われてきた。あるいは、英語などでは見られないような文法現象は「気づかれずに」看過されてきた。これは、日本語の方言を標準語と比較して記述している段階と似ているようにも思われる。しかし、今は、さまざまな言語の記述が進み、類型論も、単なる語順比較のような段階を越えて、文法的カテゴ

リーを考える際の理論的な枠組みを提示する段階まで発展してきている。

　形容詞の類型論的な研究をリードしてきたのは、Dixon の一連の研究である。最近では、形容詞に関する論文集を編集し、そのイントロダクションとして、Dixon（2004）Adjective Classes in Typological Perspective という論文を発表している。海外における形容詞研究の文献のすべてに目を通しているわけではなく、また参照したすべての文献を紹介することはできないが[1]、本章では、日本語の、中でも諸方言の形容詞の研究とのリンクを視野に入れつつ、近年の通言語的な研究を中心にいくつか海外の研究を紹介しながら、形容詞研究の現在の課題をトピック的に整理していきたい。

2. 形容詞という品詞の位置づけ

一般言語学でよく言われているように、名詞と動詞は基本的な 2 大品詞であり、どの言語でもほぼ存在を認めることができる。これは、話し手が、現実の出来事を一度「何が〈名詞〉」「どうした〈動詞〉」分析し、それを再統合するという言語活動の基本を考えるとき、自然に納得できる。これに対し、形容詞は第 3 の品詞であり、個別言語を観察するときには必ずしもその存在が明らかではない、ということも多い[2]。

　さまざまな言語における品詞の分割については、議論がさかんであるが、最近では、Vogel and Comrie (eds.)（2000）にこの話題に関するいくつかの論考が集められている。この本の中でも紹介されているが、品詞の分割については、「アムステルダム理論」と呼ばれている理論がある。この理論は品詞の分割をダイナミックにとらえており、その基本的な議論は、Hengeveld（1992）に示されている。Baker（2003）も生成文法的な立場ではあるが、類型論での記述を足がかりに、品詞について考えている。また、Beck（2002）も形容詞の位置づけを意味と構造の両面からとらえようとしている。品詞論で、形容詞の位置づけが問題となるのは、これも一般言語学ではすでに常識となっているように、名詞・形容詞・動詞の 3 つの品詞は連続相をなしているためである。この連続相については、八亀（2004b）で詳しく紹介してい

るので、そちらを参照していただきたいが、ポイントのみを紹介すると、以下のようになる。

2.1. 連続相というとらえ方

3つの品詞は、単純化すると、下に見るような連続的なありさまを呈している。図の左側にいくほど〈一般・恒常的〉であり、右側にいくほど、〈個別・具体的〉である。

名詞　　　　　（形容詞）　　　　　動詞

図1　品詞の連続相

このように連続的であるため、この連続相のどこを品詞の分割線にするか、ということに関しては、個別言語によって異なっても何もさしつかえはない。したがって、言語によっては、英語では形容詞になる単語が動詞（多くは自動詞の一部）で表されたり、名詞（多くは抽象的な名詞の一部）で表されることも起こってくる。この連続的なありさまについては、形容詞が述語になる場合に顕在的に観察されるので、再度第3節で観察することにしたい。

周知のように、日本語の標準語について言えば、形容詞が2種類あるわけだが、非常に単純化して言えば、第1形容詞は動詞より、第2形容詞は名詞よりの形容詞と言うことができる。このように2種類の形容詞を持っている言語は他にも報告されている。Wetzer（1996）によると、次のような言語が2種類の形容詞を持っている[3]。

Split-adjective languages
Amharic / Ewe / Nkore-Kiga / Babungo / Gola / Shona / Bongo / Japanese / Vai / Chatino / Kassena / West Greenlandic　　　Wetzer（1996: 271）

さらに、方言の形容詞の形作りを綿密に観察・記述してみると、第1形容

詞と第2形容詞の区別があいまいになったり（村上：本書所収）、第2形容詞と名詞の境界があいまいになったり（工藤：本書所収）するということが観察されるが、これも、連続的なありさまから考えると実に自然なことと言える。そこに無理な説明を用意する必要はない。

2.2. 意味的な特徴

品詞の認定の仕方については、さまざまな立場があるが、基本的には、品詞には、次の2つが備わっている。

   1) a prototypical conceptual basis
   2) prototypical grammatical function(s)   Dixon（2004: 2）

ここでは、形容詞が品詞として認められる場合、その SEMANTIC CONTENT としてどのようなものがタイプとして取り出されるのか、という点について、形容詞の研究でよく用いられる Dixon（1977など）の議論を紹介しておく。ここでの整理は、直接的には Dixon（2004）に従っている。

(a) 次の4つは中核的な意味タイプで、形容詞という品詞が認められる場合は、それが所属語彙数が大きい言語であれ、少ない言語であれ、以下のタイプが含まれる。
  1. DIMENSION … *big, small, long, tall, short, wide, deep*, etc.
  2. AGE … *new, young, old*, etc.
  3. VALUE… *good, bad, lovely, atrocious, perfect, proper (/ real)* ; etc.（And also words such as *odd, strange, curious, crucial, important, lucky*）
  4. COLOUR … *black, white, red*, etc.

(b) 中規模あるいは大規模な形容詞を持っている言語では、以下の周辺的な意味タイプが含まれる。
  5. PHYSICAL PROPERTY … *hard, soft, heavy, wet, rough, strong, clean, hot,*

sour, etc.
6. HUMAN PROPENSITY ⋯ *jealous, happy, kind, clever, generous, cruel, proud, ashamed, eager,* etc.
7. SPEED ⋯ *fast, quick, slow,* etc.

それぞれのタイプが形容詞にコードされない場合は、次のような傾向があるとされている。

5. PHYSICAL PROPERTY →形容詞でない場合は動詞で表されることが多い。
6. HUMAN PROPENSITY →形容詞でない場合は、動詞で表されることも名詞で表されることもある[4]。
7. SPEED → PHYSICAL PROPERTY が形容詞の場合は形容詞になることが多く、PHYSICAL PROPERTY が動詞の場合は副詞になることが多い。

(c) 所属語彙数が多い大きな形容詞のクラスがある言語では次のような意味タイプが含まれる。

8. DIFFICULTY ⋯ *easy, difficult, tough, hard, simple,* etc.
9. SIMILARITY ⋯ *like, unlike, similar, different (/ strange), other,* etc.
10. QUALIFICATION ⋯ *definite, true, probable, possible, likely, usual, normal, common, correct, appropriate, sensible,* etc.
11. QUANTIFICATION ⋯ *all (/ whole), many, some, few, only, enough,* etc.
12. POSITION ⋯ *high, low, near, far / distant, right, left (/ strange), northern,* etc.

この Dixon の意味タイプとの比較で興味深いのは、日本語の諸方言ではどうなっているのか、という事実である。従来からよく言われているように、方言調査をしていると、第2形容詞はあまり使われていないことが多い。また、標準語で第1形容詞で表される語彙のなかにも、方言では他の品詞にコードされることも報告されている。このことについては、八亀 (2004b) で報告したが、再度整理しなおしておく。

科研の調査結果（工藤編（2002）『方言における動詞の文法的カテゴリーの類型論的研究　研究成果報告書 No.1』に収めている「形容詞対応関係調査データ集」）からその実体を観察してみよう。

この調査は、標準語の形容詞（狭義形容詞＝形容動詞は含まない）と方言の形容詞の対応関係を調査したものである。調査の方法は、標準語の形容詞136語について、単語の形で提示し、各方言で対応する形容詞を回答してもらった[5]。調査にあたり、136語をその意味から9種類に分類して提示した[6]。調査語彙をあげるが、頭に★のある語は、「動詞もしくは名詞で表す」「対応する方言語彙がない」などの回答が1地点以上で見られた語である。

〈感情〉
★あさましい・★ありがたい・★いとしい・★うらやましい・うれしい・おかしい・おしい・おそろしい・おもしろい・★かなしい・かわいい・★くやしい・こわい・さびしい・たのしい・★つらい・★なつかしい・にくい・★ねたましい・はずかしい・★むごい・★めでたい
［解説］いわゆる感情形容詞。★の多くは、「適当な方言語彙がない」という回答。「ねたましい」については、複数の地点で「動詞で表す」との回答あり。話し手が、具体的な出来事に対して一時的に感じたことを表すのが基本的な意味であり、動詞に近い性質を持っている。

〈生理的状態〉
★いたい・★かゆい・★くすぐったい・くるしい・★けむたい・だるい・★ねむい・★ひもじい・★まぶしい
［解説］いわゆる感覚形容詞。★の多くが「動詞で表す」という回答。なかでも、八丈方言では、この分類にある形容詞の多くが動詞によって表されている。ある対象によって生じた一時的な感覚を表すのが基本的な意味であり、動詞に近い意味を持っている。

〈知覚関係〉
★あかるい・★あたたかい・★あつい（暑い）・★あつい（熱い）・あまい・★（味が）うすい・（味が）うまい・うるさい・おもい・かたい・★からい・かるい・★くさい・くらい・★（味が）こい・★こうばしい・★さむい・しぶい・しょっぱい・すずしい・すっぱい・★そうぞうしい・★つめたい・にがい・ぬるい・★（味が）まずい・やわらかい

[解説] 対象に対する特徴づけと、対象によって引き起こされた話し手の一時的な感覚の両方を表す形容詞。後者の側面は動詞に近い性質。★は「動詞で表す」が多い。また、「こうばしい」については「適当な方言語彙がない」の回答が多い。さらに、「（味が）まずい」については「否定形で表す（＝うまくない）」という回答が多かった。

〈色と形〉
あおい・あかい・★きいろい・くろい・★しかくい・しろい・★するどい・★ひらたい・まるい

[解説] 対象がどのような特徴を持っているかという描写であると同時に、どの色・どの形に所属するかというクラス分けの側面を持っている形容詞。「するどい」は「動詞で表す」という回答が多い。それ以外の★については、「名詞で表す」という回答が特徴的[7]。

〈大小関係など〉
あさい・あたらしい・あつい（厚い）・あらい・（厚みが）うすい・うつくしい・おおきい・★おさない・おそい・きたない・★けわしい・★こまかい・せまい・たかい・ちいさい・ちかい・つよい・でかい・とおい・ながい・★のろい・はやい・ひくい・ひろい・ふかい・ふとい・ふるい・ほそい・みじかい・★みにくい・★もろい・ゆるい・よわい・わかい

[解説] 形容詞らしい形容詞が集まるグループ。方言でも形容詞で表す場合が多いグループ。

〈人の性格など〉
おとなしい・★かいがいしい・★かしこい・★くわしい・★したしい・★しつこい・★しぶとい・★すばしこい・★そそっかしい・★たくましい・★にぶい・★ひとなつこい・★やさしい
［解説］人の特徴付けを表すグループ。★は大半が「適当な方言語彙がない」の回答。

〈評価〉
あぶない・★いい・★えらい・おもしろい・★すごい・★すさまじい・★すばらしい・(値段が) たかい・★ただしい・★つまらない・★ひどい・★まずしい・むつかしい・やさしい (易しい)・(値段が) やすい・わるい
［解説］話し手の評価を前面に出す形容詞。類型論的にみても周辺的。★は「適当な方言語彙がない」が多い。また回答があっても、標準語との意味のずれはかなり見られる。「つまらない」は否定形を用いて表すことが多い。

〈存在 (量)〉
おおい・すくない・★ない・めずらしい
［解説］「ない」は沖縄の諸方言では動詞で表される。

〈その他〉
いそがしい・ほしい
［解説］かなり動詞に近いグループ。

　調査語彙選定の段階において Dixon との対応を厳密に計画したものではないため、単純な比較はできないが、ある程度の対応は確認できる。方言において、品詞の対応が異なる場合があることは知られているが、それを標準語との比較で、「形容詞が少ない」あるいは「未発達である」などと分析するのではなく、cross-linguistic な視点から整理し直すことは必要だろう。また、その結果は、類型論にとっても興味深いものとなるはずである。

3. 形容詞の文中での機能

形容詞という品詞が、文中でどのような機能を担っているか、という点については、次の2つが基本であることは間違いはない。

1) 述語になる

2) 規定語になる

この1)は動詞の機能を補うものであり、2)は、名詞のさししめしを詳しくしたり限定したりする役割という点で名詞の機能を補うものである。ここでも、第3の品詞としての形容詞の特徴が確認できる。

Dixon (2004) は次のように整理している。

> Adjectives typically fill two roles in the grammar of a language.
> (a) In a statement that something has a certain property. There are two syntactic techniques for coding this: the adjective functions as intransitive predicate, or the adjective functions as copula complement.
> (b) As a specification that helps focus on the referent of the head noun in an NP that relates to a predicate argument.　　　Dixon (2004: 10)

そして、言語によっては、(a) の機能の拡張として比較構文を構成するもの、あるいは動詞を修飾するものもあるがそれは周辺的として位置づけている。

日本語の形容詞においても、この2つの機能が中心となるのだが、ここで気をつけなくてはならないのは、テクストタイプによって、形容詞の中心的な機能が異なる、という点である。

従来、形容詞については、規定語としての機能が第一であるとされてきた。形容詞の特徴的な機能が規定語となることにあるのは否定できないし、また、書き言葉に関してはある程度これは真実である。しかし、話し言葉について観察をしてみると、述語として機能する場合の方が実は中心であることがわかってきている。

テクストタイプと形容詞の機能の関係について考えるために、まずThompson（1988）の調査結果から確認しておきたい。

Thompson（1988）は、中国語と英語の自然談話の文字化資料を調査して、どちらの言語においても、形容詞は次の2つの機能を担っていることを明らかにした。

(1) to predicate a property of an established discourse referent
(2) to introduce a new discourse referent

そして、その比率は、英語でも中国語でもほぼ同じ値であることを報告している。

表1　英語と中国語の形容詞の機能

	English	Mandarin Chinese
(1)	79 %（N=242）	71 %（N=243）
(2)	21 %（N= 66）	29 %（N= 97）
Total	100 %（N=308）	100 %（N=340）

この結果を見ると、自然談話においては、形容詞は7割〜8割という高い割合で述語として機能している。これは一見、意外な結果にも見える。

日本語の形容詞についてその実態を知るために、日本語のシナリオを調査した。また、その際、テクストタイプの影響についても見通しを得るため、小説についても調査を行った。その結果は次のようなものであった[8]。

表2　日本語の形容詞の機能

	シナリオ	小説
(1)	82%（N=258）	64%（N=225）
(2)	18%（N= 56）	36%（N=127）
Total	100%（N=314）	100%（N=352）

さらに、用例を丹念に見ていくと、それぞれのテクストタイプで、形容詞

が中心的に担っている機能に違いがあることがわかってきた。ここまでにわかっていることを簡単にまとめると以下のようになる。

・話し言葉 … 述語中心。倒置で文頭（会話の頭）にでることが多い。
　　　　　　〈表出〉も多い。
・新聞や評論的な文章 … 規定語中心。形容詞による修飾が義務的なものが多い[9]。
・小説（会話文）… 話し言葉に近いが、倒置などがやや少なめになる。
・小説（地の文）… 話し言葉に比べ、規定語が多くなる。
　　　　　　　　　規定語の場合、形容詞による修飾が義務的ではない場合も多い。

　ここで1つ確認しておきたいのは、形容詞が述語として機能している場合には、次の2つのタイプがあるということである。

　　このお菓子甘いよ。……………… (1)
　　田中さんはやさしい人だよ。…… (2)

　(2) は形の上では名詞が述語になっている文であるが、実際には「田中さん」という属性のもちぬしに「やさしい」という属性がみとめられることを述べている。これは否定にしてみるとよくわかる。

　　田中さんはやさしい人じゃないよ。

　また、実際の話し言葉では、「A は Adj」の「A は」にあたる部分が、文脈に依存している場合も多い。

　　・「生まれたよ、子犬」
　　　「生まれたんだ、ついに」

「かわいいよ、ほんとに」

さらに、倒置がおこって、「Adj、A は」の形になることも多い。〈表出〉との連続面である。

おいしいね、このケーキ。

このように、話し言葉では、通言語的に述語になるのが形容詞の第一の機能であるとすると、方言の形容詞を観察・記述する際には、まず、形容詞が述語になる場合に注目をしなければならないということがわかる。

また、話し言葉では倒置されて形容詞が文頭に出ることが多いという特徴や、表出で用いられることも頻繁にある、という特徴も方言調査の際には念頭に置いておく必要があるだろう。本書所収の各方言の形態論的な整理を見ればわかるように、方言の形容詞は形態論的なバリエーションが標準語に比べて多い。これは、述語として機能することが第一の機能であるということと無関係ではない。

もちろん、形容詞述語は動詞述語に比べると、語彙的意味として、いわゆる内的な展開性を持たないことから、動詞述語に見られるような、アスペクト・テンス・ムードの体系の華々しい開花はたしかにない。しかし、その程度性や評価性とあいまって、表出などの動詞ではあまり重要ではない役割をしっかりと担っており、この点についても「標準語の枠」「動詞の枠」だけでは捉えられない特徴があるということを忘れてはならない。

4. 形容詞述語文について

4.1. 形容詞述語文分析に必要な2つの観点

前節で、話し言葉では、形容詞が述語として機能する場合が多く、方言の形容詞研究においては、形容詞が述語となる場合についての調査・研究がまず必要であることを確認した。ここでは、形容詞述語文を調査・研究する際に

必要となる観点について、これまで標準語で明らかになっていることを中心に簡単に整理をしておきたい。

形容詞述語文を見るときに、必要となる重要な2つの軸は、「時間的限定性」と「評価性」の2つである。このことについての詳細な議論は、八亀(2004b)などに詳しいので、簡単に振り返っておく。

4.1.1. 時間的限定性

先に、動詞・形容詞・名詞の3つの品詞が連続的であることを見たが、そのそれぞれの品詞が述語となる文は、その個別・具体性の有無という点で、時間的限定性がある「個別・具体的な現象」から時間的限定性のない「一般的・恒常的な本質」へと連続的な様相を見せる。

模式的に表すと、次のようになる[10]。

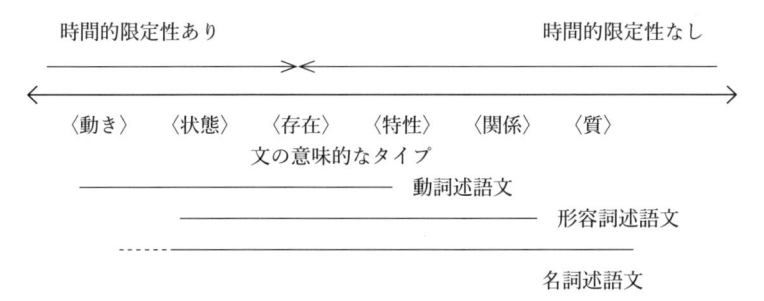

```
  時間的限定性あり                    時間的限定性なし
  ─────────────────>< ─────────────────
  ←─────────────────────────────────→
    〈動き〉 〈状態〉 〈存在〉 〈特性〉 〈関係〉 〈質〉
                   文の意味的なタイプ
  ──────────────────────── 動詞述語文
      ──────────────────────── 形容詞述語文
      ─────────────────────────── 名詞述語文
```

図2　文の意味的なタイプの連続相

形容詞述語文は、奥田(1988)の文の意味的なタイプのうち、次の4つを表す。

　　〈状態〉　すぐに来てくれてうれしい。
　　〈存在〉　この大学には学生食堂が少ない。
　　〈特性〉　この部屋は広い。
　　〈関係〉　鈴木さんと田村さんは親しい。

このうち、〈状態〉と〈特性〉が一次的なものであり、〈存在〉と〈関係〉は二次的なものである。これは、用例の数的な偏りからも明らかであるし、また、〈存在〉と〈関係〉が書き言葉を中心に表れ、抽象的な概念などを表すのに多用されるのに対して、〈状態〉と〈特性〉はテクストのタイプを選ばない。

時間的な性質は、述語だけが決めてかかるものではなく、主語となる属性のもちぬしの時間的な性質なども関わってくる。典型的には、一般的に〈類〉の属性を述べるのか、ある特定の〈個〉の属性を述べるのかで変わってくる。

・お土産をもらうのはうれしい。 〈類〉
・こんなにすてきなお土産をもらってうれしい。 〈個〉
・草加せんべいというものは固い。 〈類〉
・この草加せんべいは固い。 〈個〉

基本的に〈状態〉を表す文は、樋口 (2001)、八亀 (2004b) などが言う〈状態形容詞〉が述語となり、〈特性〉を表す文は、〈特性形容詞〉が述語となるが、これは絶対的なものではなく、相互移行可能なものである。

このように、形容詞述語文の中には、時間的限定性があるものとないものがある。日本語の標準語では、時間的限定性は意味的なカテゴリーであり、形態論的に明示する手段を持たないが、世界の諸言語では、なんらかの手段を持っている場合もある[11]。八亀 (2002)、金田 (2004)、村上 (2004) などに報告されているように、日本語の諸方言の中にも、時間的限定性を形態論的に明示できる方言がある。

この点についての詳細な議論については、八亀 (2004b) で行ったので、ここでは詳しくは述べない。しかし、興味深いのは、時間的限定性の有無を形態論的に明示する場合、動詞のアスペクト形式（継続相もしくは進行相）と同じ形作りをする方言が多い、という事実である。時間的限定性の本質にも関わる事実であると思われる。

気をつけなければならないことは、時間的限定性を表す形態論的手段が標

準語にはない。そのため、標準語との単純比較や、標準語の文法への単純な当てはめでは、時間的限定性を形態論的に明示する方言は「珍しい」ということになってしまうのだが、通言語的にはそれほど珍しい現象ではない。類型論的な視野から方言研究を行うことの重要性を示唆する例であると思われる。

4.1.2. 評価性

形容詞述語文を考えるうえで、時間的限定性と同時に重要な観点となるのは、評価性の問題である。すべての文は、現実世界を話し手が主体的に切り取り、再構成して聞き手に対して差し出すものであり、すべての文に話し手の主体性はつきまとっているのだが、動詞述語文に比べて形容詞述語文では話し手の主体的な関わり方が前面に出てくる。まず、この点について確認をしておきたい。

　形容詞にとって、話し手の評価的な関わりは、その本質的な性質である。換言すると、形容詞――特に形容詞述語文で顕著になる――は、客観的に「ある特徴のもちぬしの特徴」をさしだすと同時に、話し手がどのように評価しているかという主体的な評価もさしだしている。

　西尾 (1972) もこの点についてくり返し述べているのだが、形容詞の意味には、主観性と客観性の絡み合いがあり、むしろそれが形容詞らしさを特徴づけている。

　この主観性、すなわち話し手の主体性を、「評価」と呼ぶ。一般に形容詞における「評価」というと、狭く「正しい、よい、悪い」などの形容詞の語彙的な意味素性を指すことが多いが、ここでいう評価とは、形容詞における話し手の主体的な関わり方のことである。この「評価」について、樋口 (2001) の定義を引用しておく。

　　形容詞が人や物の特性をさししめすとき、さししめされる特性はそれらに客観的にそなわっている特徴としてさしだされる一方で、何らかの基準との比較のなかでとらえられてもいる。この基準と比較することに

よって、物が他の物との関係のなかでもつ意義があきらかにされたり、それが人間の欲求、利害、目的とかかわってもつ意義があきらかにされたりするのだが、このような、物の意義をあきらかにする、人間の意識的な活動のことを《評価》とよぶことにする。　　　　　（樋口 2001: 43）

　例えば、「この部屋広いね」と言うとき、「広い」という特性は、「この部屋」に客観的にそなわっている特徴としてさしだされる一方で、話し手のなかの何らかの基準との比較のなかでもとらえられている。この場合、おそらく話し手が、「今までの自分の経験」「この部屋を何に使いたいかという目的意識」などを勘案して、「広い」という《評価》を下している。
　このような形容詞の主体性については、認知言語学の分野でも注目されており、Athanasiadou（2006）Adjectives and Subjectivity でも指摘されている。

4.2.　4つの形容詞述語文の概観
先に時間的限定性について述べたときに確認したように、基本的に形容詞述語文は4つの意味的なタイプに分類できる。それぞれの特徴について、ここでは簡単に概観をしておくと次のようになる[12]。

1）〈特性〉
  ・「このテーブルは大きい」のような形容詞述語文。
  ・時間的限定性はない。
  ・基本的に〈特性形容詞〉が述語になる。
  ・評価的な構造は前面化せず、記述的な構造が現れる。
  ・主（属性のもちぬし：評価の客体）述（属性：評価そのもの）関係がはっきりしている。
  ・評価のタイプとしては、話し手がなんらかの基準をもとに、資格づけ的な評価を行っている。価値づけ的な評価を伴う場合もある。
  ・属性のもちぬしは基本的に「～は」で示される。
  ・属性のもちぬしは基本的に、人・もしくはものなど具体的である。

- ・「すきな」「きらいな」は特殊な特性形容詞。
- ・属性のもちぬしが《類》のとき、脱時間表現になる。
- ・はなしあいのテクストにおける過去形は、基本的に「属性のもちぬしの死亡・消滅」かムード的な用法のどちらか。

2) 〈状態〉
- ・「すぐに来てくれてうれしい」「今日の田中の態度はおかしい」のような形容詞述語文。
- ・時間的限定性がある。
- ・基本的に〈状態形容詞〉が述語になる。
- ・状態形容詞の大半は、いわゆる「感情・感覚形容詞」である（「すきな」などは除く）。
- ・評価的な構造が前面化して、記述的な構造がとらえにくくなる。
- ・文構造が未分化な一語文で現れることも多い。
- ・主述関係がとらえにくい。→主語の人称制限問題の根幹[13]。
- ・評価のタイプとしては、話し手の直接的な反応が現れる。価値づけ的な評価を伴う場合もある。
- ・評価の客体は出来事であることが多い。
- ・評価の客体はコンテクストに依存したり、条件表現や中止形などで現れる。
- ・はなしあいのテクストにおける過去形は、基本的に過去の出来事に対する価値づけ的な評価。しかし注意を要する。
- ・「いそがしい」「真っ赤な」などは特殊な状態形容詞。
  これらの形容詞が述語となる文では、記述的な構造が、相対的に前面化して、評価の客体が属性のもちぬし、評価そのものがその属性として主述構造をなす。これらの形容詞が述語になる〈状態〉の文の過去形は、「過去の一時的状態」を表す。（また、特性形容詞を用いた〈状態〉の文「今朝の田中は妙にやさしかった」も、過去の一時的状態を表す。）

3) 〈存在〉
- ・「駅前にはビルが多い」のような形容詞述語文。

- 時間的限定性はある場合とない場合がある。
- 基本的に述語になるのは、「多い、少ない、乏しい、豊富な」など限られた形容詞。
- 主述関係がとらえにくい。
- 実際の使用例は、抽象的な論説文などで多用され、具体的な事物の存在より、抽象的な出来事の存在の多寡を表すことで、婉曲的な表現のグループを作っている。典型的には「～ことが多い」、「～も少なくない」。
- 過去形は、時間的限定性がない場合は、「属性のもちぬしの死亡・消滅」かムード的な用法。時間的限定性がある場合は、「過去の一時的状態」。

4)〈関係〉
- 「田中は加藤と親しい」「田中と加藤はそっくりだ」のような形容詞述語文。
- 時間的限定性はない。
- 基本的に述語になるのは「等しい、同じ（な）、そっくりな、親しい、無関係な、不向きな／遠い・近い」などの限られた形容詞。
- 記述的な構造が前面化する。
- 主（属性のもちぬし・評価の客体）に対する述（属性・評価そのもの）を相手（評価の根拠）との関係で描くタイプ「田中は加藤と親しい」と、複数の主（属性のもちぬし・評価の客体）の関係を述（属性・評価そのもの）としてさしだすタイプ「田中と加藤は親しい」がある。
- 〈特性〉と共通する部分も多い。
- 過去形は、「属性のもちぬしの死亡・消滅」「関係者の死亡・消滅」「関係そのものの消滅」またはムード的な用法。

　この４つのタイプのうち、話し言葉に特徴的に表れるのは、〈特性〉と〈状態〉である。また、前にも少しふれたように、話し言葉では、倒置されて述語である形容詞が文頭に出ることも多いし、一語文的ないわゆる〈表出〉の表現も多い。方言の形容詞を調査する際には、まずこのことを念頭に置いて調査を行わなくてはならない。方言によっては、〈表出〉の場合と〈叙述〉

の場合でフォームが異なったり、〈表出〉の場合に特徴的ないわゆる終助詞が義務的に表れるということが観察される可能性がある。

また、動詞述語文に比べると、時間の展開性という点で単純なものが多くなるので、いわゆるテンスとムードの関係が捉えやすいという特徴も出てくる。このあたりにも注目して記述を行っていく必要性があるだろう。

4.3. 連続相とコピュラの関係

先に見た連続相との関連で、興味深い研究がある。日本語の第1形容詞と第2形容詞について考えるときのヒントになるだろう。Pustet（2003）は、通言語的に、動詞述語文、形容詞述語文、名詞述語文と copularization の関係について調査している。その中で、次のようなパターンが報告されている[14]。

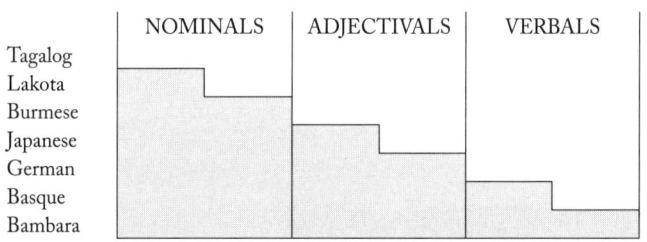

	NOMINALS	ADJECTIVALS	VERBALS
Tagalog			
Lakota			
Burmese			
Japanese			
German			
Basque			
Bambara			

（dark shading: copula used in predicate position; light shading: copula not used in predicate position）Pustet（2003:71）TABLE 2.4

図3　Typology of copularization patterns

それぞれのタイプに属する言語の数をまとめると以下のようになっている。

Tagalog	non-copularizing	41言語
Lakota	split-N	0（Lakotaもオプショナル）
Burmese	AV	27
Japanese	Split-A	6

German	AN	54
Basque	Split-V	1
Bambara	fully-copularizing	2

　参考までに、日本語と同じグループに属するのは、Pustet（2003）では、以下の 6 言語である[15]。

　　Copala Trique / Koromfe / Maasai / Tarma / Quechua / Yoruba

　コピュラの使用という観点でも、連続的な様相が観察され、2つの形容詞を持つ日本語の位置づけが類型論的にも興味深いものであることがわかる。ただし、日本語（標準語）の名詞述語文は実際の用例を見ているとコピュラが省略されることも多い。また、本書に収録されている各方言のパラダイムを見ても、コピュラが義務的かどうか判断に迷う場合もある。
　標準語についても、諸方言についても、実際の談話での使用の実態なども調査しながら、考察を進めていく必要があるだろう。

5. 史的形容詞研究への示唆

　日本語に 2 つの形容詞があるということについて、類型論研究者たちは、それぞれの立場から説明を試みている。ここでは、Wetzer（1996）の議論を簡単に紹介しておく[16]。なお、立場は異なるが、Dixon（2004）も日本語の 2 つの形容詞と日本語の文法的な特徴の相関について、史的変化による説明を試みている[17]。
　Wetzer（1996）は、諸言語の形容詞述語文について観察した結果、The Tense Hypothesis を主張している。これは、単純化して言うと、当該言語で、テンスが形態論的に明示される場合は、形容詞は名詞よりの特徴を示し、逆にテンスが形態論的に明示されない場合は、形容詞は動詞よりの特徴を示す、という仮説である。そして、日本語に 2 種類の形容詞があることについ

て、簡単にまとめると以下のように述べる。

　日本語は古いステージではテンスが形態論的に明示されていなかった。その段階では第1形容詞（つまり動詞よりの形容詞）を持っていた。しかし、日本語が通事的変化によって、テンスを形態論的にマークする言語に変化した（aspect-oriented から tense-oriented へという言い方をしている）。そのため、第1形容詞は closed class になり、名詞よりの第2形容詞が発達し open class となった。

　この仮説は、史的研究にとっても刺激的であるが、方言研究にとっても、第2形容詞の発達とも関連して興味深い指摘である。工藤編（2004）の「研究概要の報告（工藤真由美）」で指摘されているように、諸方言の動詞述語文のアスペクト・テンス・ムード体系について観察するとき、相対的に見て、標準語はテンス的側面が前面化されている言語であり、西日本諸方言はアスペクト的側面に特徴があり、東北諸方言は客体的ムードの側面に特徴がある。

　軽々な結論は、避けなければならないが、日本語のアスペクト・テンス体系について、歴史的そして地理的なバリエーションの研究が積み重ねられている現在、日本語の諸方言の形容詞研究の事実と照らし合わせながら、これらの仮説について考えてみることは可能であろう。

6. まとめ

ここまで、方言の形容詞について記述する際に重要なポイントになると思われる観点について、類型論的な研究で指摘されているさまざまな問題を提示する形で紹介してきた。

　日本語の諸方言について、動詞述語文のアスペクトの調査から始まった科研のプロジェクト（研究代表：工藤真由美大阪大学大学院教授）は、10年以上に及んで、調査票の作成→調査→結果検討研究会→調査票改訂→調査→結果検討研究会という気の遠くなるような繰り返しを続けてきた。調査票の作成段階でどのような調査項目を作るべきか悩み、また、報告された諸方言の

事実を前に頭をかかえることは何度もあったが、その際、解決の光を与えてくれたのは、工藤編 (2004) 所収の解説や、諸論文を見ても明らかなように、日本語の標準語の記述ではなく、類型論的（あるいは functional-typological）な研究の報告であった。

　動詞述語文の ATM 体系については、海外の調査研究も進んでおり、また、日本の標準語および諸方言の記述も充実してきた。しかし、形容詞述語文については、海外でもここ 10 年ほどの間にようやく研究の積み重ねがある高さに達してきたという印象があり、先述の科研においても、まだ 1 回の調査が行われただけである。本書に収められた諸論文をスタートとして、海外の研究とリンクしながら、さらなる深化を進めていかなければならない。

　方言の形容詞研究を、フィールドに根ざした着実な調査と類型論が提供する俯瞰的な視点からの分析の往復で進めていくとき、そこから出てくるさまざまな言語事実は、標準語の形容詞研究を見つめ直し、さらに発展させていく原動力にもなるに違いない。日本語のさまざまなバリエーションについて総合的に観察・記述・分析を進めていく段階が来ているように思われる。

【注】
1　形容詞の研究史については、網羅的に紹介することはできない。さまざまな立場で、俯瞰的あるいは詳細な記述があり、ここで挙げていない重要論文も多い。英語学では Bolinger 氏の古典的な論考も本来は挙げなければならないし、国内では川端善明氏の形容詞文の研究なども重要である。
2　Dixon は初期の段階では「形容詞がない言語もある」と述べていたが、現在は積極的に形容詞をすべての言語に認めようという態度に変化してきている。具体的な主張については、Dixon (2004) を参照。
3　これらの言語のうち、Chatino と West Greenlandic と日本語以外はアフリカの言語である。また、一般にどちらかが open class でどちらかが closed class になっている。Wetzer は日本語以外は動詞に近い形容詞が open であるが日本語は例外で、これは歴史的変化が関係していると説明している。Wetzer (1996: 311)
4　このグループに所属する形容詞を見ると、話し手の一時的な感情を表す動詞に近い形

容詞と、他者の特徴付けを表す名詞に近い形容詞が混在しているのがわかる。
5 調査地点は次の 18 カ所である。
青森県五所川原市・青森県五戸町・福島県南郷村・山形県南陽市・東京都八丈町・佐賀県佐賀市・長崎県佐世保市・長崎県長崎市・熊本県龍ヶ岳町・熊本県松橋町・鹿児島県頴娃町・鹿児島県大島郡龍郷町・鹿児島県中種子町・鹿児島県名瀬市・沖縄県具志川市・沖縄県今帰仁村・沖縄県宮古郡城辺町・沖縄県石垣市 (調査当時の地点名)
6 この分類に関しては厳密な理論的根拠はない。
7 色の名前については、名詞と形容詞の両面について、諸言語での報告がいくつかある。ロシア語については Corbett が意欲的に調査をしている。ロシア語の形容詞はいろいろと興味深い性質が報告されている。ロシア語ついては、本書次章の佐藤論文も参照。
8 この結果は、第 123 回言語学会で発表した。また、八亀 (2004a) は、文中での形容詞の機能についての整理をまとめたものであるが、そこではテクストタイプとの関連は周辺的なものとして記述されている。
9 これはかなり単純化した記述であり、実際には新聞と週刊誌ではかなり異なる。簡単に言うと、新聞は本当に義務的な修飾が中心だが、週刊誌では記事を印象づける目的で修辞的に用いられる形容詞も見られる。
10 Wetzer (1996) などにも同様の図式はくりかえし表れる。
11 コピュラの違いで明示するタイプのポルトガル語や、形容詞の短語尾長語尾の使い分けで明示するロシア語などが知られている。英語では He is being kind. と He is kind. の違いとして表れる。このように progressive の形を用いるタイプもある。
12 この詳細な議論については、八亀 (forthcoming) を参照。
13 ここではあまり詳しくはふれないが、定説化している「日本語の感情形容詞の人称制限」という現象について、英語の直訳からの分析ではなく、実際の用例からの丹念な検証が必要であると筆者は考えている。また、人称制限がない方言もあるという事実も看過してはならない。
14 このまとめは、Pustet (2003) の「結論」ではないということを注記しておきたい。ここにあるような大まかな傾向を出したあと、各言語について、さらに詳細な議論を行っている。
15 先に引用した Wetzer (1996) とは異なる言語が報告されている。
16 この議論の詳細は、Stassen (1997: 559-567) を参照。
17 Dixon (2004: 35) 参照。日本語のいわゆる格助詞の発達と第 2 形容詞の発達を関連づけている。この仮説については、慎重に検討をしていく必要があるだろう。

【参考文献】

奥田靖雄（1988）「述語の意味的なタイプ」琉球大学プリント（未公刊）.
金田章宏（2004）「青森五戸方言形容詞のクテル形式」工藤真由美編『日本語のアスペクト・テンス・ムード体系―標準語研究を超えて―』ひつじ書房.
工藤真由美（2002）「現象と本質―方言の文法と標準語の文法―」『日本語文法』2(2). 日本語文法学会.
工藤真由美編（2002）『方言における動詞の文法的カテゴリーの類型論的研究　研究成果報告書　No.1』科研報告書.
工藤真由美編（2004）『日本語のアスペクト・テンス・ムード体系―標準語研究を超えて―』ひつじ書房.
西尾寅弥［国立国語研究所］（1972）『形容詞の意味用法の記述的研究』秀英出版.
樋口文彦（2001）「形容詞の評価的な意味」言語学研究会編『ことばの科学 10』むぎ書房.
村上智美（2004）「形容詞に後接するヨル形式について―熊本県下益城郡松橋方言の場合―」工藤真由美編.『日本語のアスペクト・テンス・ムード体系―標準語研究を超えて―』ひつじ書房.
八亀裕美（2002）「〈短信〉非動的述語の継続相相当形式―青森五所川原方言の場合―」『国語学』208. 国語学会.
八亀裕美（2004a）「形容詞の文中での機能」『阪大日本語研究』15. 大阪大学大学院文学研究科日本語学講座.
八亀裕美（2004b）「述語になる品詞の連続性―動詞・形容詞・名詞―」工藤真由美編『日本語のアスペクト・テンス・ムード体系―標準語研究を超えて―』ひつじ書房.
八亀裕美（forthcoming）『日本語形容詞の記述的研究―類型論的視点から―』明治書院.
Athanasiadou, A. (2006) Adjectives and subjectibity. In Athanasiadou et.al. (eds.) *Subjectification: Various Path to Subjectivity*. Mouton de Gruyter.
Baker, M. C. (2003) *Lexical Categories: Verbs, Nouns, and Adjectives*. Cambridge U.P.
Beck, D. (2002) *The Typology of Parts of Speech Systems: The Markedness of Adjectives*. Routledge
Bhat, D. N. S. (1994) *The Adjectival Category: Criteria for Differentiation and Identification*. John Benjamins.
Corbett, G. G. (2004) The Russian Adjective: A Pervasive yet Elusive Category. In Dixon and Aikhenvald (eds.)
Dixon, R. M. W. (1977) Where have all the adjectives gone?. *Studies in Language 1*
Dixon, R. M. W. (2004) Adjective Classes in Typological Perspective. In Dixon and Aikhenvald (eds.)
Dixon, R. M. W. and Aikhenvald A. (eds.) (2004) *Adjective Classes: A Cross-Linguistic Typology*.

Oxford U.P.
Givón, T. (2001) *Syntax I: An Introduction*. John Benjamins.
Hengeveld, K. (1992) *Non-verbal Predication: Theory, Typology, Diachrony*. Mouton de Gruyter.
Pustet, R. (2003) *Copulas: Universals in the Categorization of the Lexicon*. Oxford U.P.
Stassen, L. (1997) *Intransitive Predication*. Oxford U.P.
Thompson, S. A. (1988) A Discourse Approach to the Cross-Linguistic Category Adjective. In Hawkins (ed.) *Explaining Language Universals*. Basil Blackwell
Vogel, P. M. and B. Comrie (eds.) (2000) *Approaches to the Typology of Word Classes*. Mouton de Gruyter.
Wetzer, H. (1996) *The Typology of Adjectival Predication*. Mouton de Gruyter.

第3章　ロシア語の形容詞

佐藤里美

1. はじめに

　ロシア語の形容詞は、性・数・格の形態論的なカテゴリーの体系をそなえ、長語尾・短語尾形の分化があり、語彙・文法的な系列として質形容詞のほかに関係形容詞[1]を下位類にもつ。これらの現象は、日本語を母語とする話者の目には一見奇異にうつる。しかし、長語尾・短語尾形のつかいわけや関係形容詞の存在については、時間的限定性の観点や、形容詞と名詞との連続性の観点からみれば、日本語の現象とかさなる部分も多々あることに気づく。ロシア語の形容詞に目をむけ、相違点とともにそのような共通点が存在することの意味を考えることは、母語の形容詞を相対化し、多角的な観点から分析するためにも有益であろう。

　本章では、まず、Н. Ю. シヴェドワ編 (1980) 第Ⅰ巻「形態論」中の「形容詞」の章の記述 (筆者は В. А. プロトニコワ)、および同書第Ⅱ巻「構文論」中の「単文の体系」の章におさめられている形容詞述語文についての記述 (筆者は Н. Ю. シヴェドワ) によりながら、ロシア語形容詞の文法的特徴をごく基本的な点に限ってとりあげ、ロシア言語学における伝統的な形容詞把握の一端を確認しておきたいと思う。

　時間的限定性と評価性は形容詞研究に欠かせない概念となっている。ロシア言語学からこれらの概念を日本語研究に最初にとりいれた奥田靖雄をはじめ、荒正子、樋口文彦、工藤真由美、八亀裕美などの研究を通して、その重要性がすこしずつ認識されるようになってはきたが、その源泉となったロシア語文献についてはあまり知られていない。そこで、奥田靖雄にすくなから

ず影響をあたえたと思われる、2つの著作から、形容詞・時間的限定性・評価性に関連する箇所の一部を訳出し、かんたんな紹介をこころみる。時間的限定性についてはブルィギナ (1982) の第1章「ロシア語における述語の類型論の構築によせて」に、評価性についてはボリフ (1978) の「序説」に、それぞれ展開されている論点のなかからもっとも基本的な部分をとりあげる。

2. 形容詞の規定

シヴェドワ編 (1980) では、形容詞は「物の非過程的な特徴をさししめし、その意味を性・数・格の語形変化的な形態論的なカテゴリーのなかに表現する品詞」であり、「比較の程度のカテゴリーをもち、長語尾と短語尾のかたちをもつ」と規定されている[2]。性・数・格の形態論的なカテゴリーをもつ点は、名詞と共通である。比較の程度のカテゴリーをもち、長語尾形だけでなく、短語尾形ももつのは、関係形容詞にはない、質形容詞の特徴である。呼称がしめすように、ロシア語の名詞 (имя существительное) と形容詞 (имя прилагательное) はいずれも имя に属し、かつてはこの2つを区別せず、1つの品詞としてあつかっていたようである。

> имя を名詞と形容詞とに区分することは、古典文法にとって自明のことではない。(…) ロシア語文法の伝統のなかで、形容詞が独立した品詞としてとりたてられるようになったのは、19世紀以降である。ロモノーソフの『ロシア語文法』(1755) もふくめて、形容詞は名詞とともに имя というひとつの品詞とみなされていた[3]。
> 　　　　　　　　　　　　　　　　　　　　　(カラウーロフ編 1997: 376)

3. 形容詞の語彙・文法的な系列

シヴェドワ編 (1980) には、ふたとおりの形容詞分類が提示されている。「特

徴そのものの性格」と「特徴のさししめしの性格」との2つの基準をたて、「特徴そのものの性格」の観点からは、形容詞を質形容詞と関係形容詞とにわけ、本来の関係形容詞のほかに、物主形容詞、順序形容詞、代名詞的形容詞も関係形容詞に属させている。「特徴のさししめしの性格」の観点からは、形容詞を自立的な形容詞と代名詞的な形容詞とにわけ、自立的な形容詞に質形容詞と関係形容詞を属させている (I: 540)[4]。後述するが、いずれも単なる意味分類ではなく、形態論的なかたちとのかかわりのなかでとりだした、語彙・文法的な系列である。本章では、関係形容詞にかかわる記述は典型的なもの（非物主形容詞）で代表させ、物主形容詞、順序形容詞、代名詞的形容詞に関する記述は省略する。

3.1. 質形容詞

белый（白い）、красивый（美しい）、прочный（じょうぶな）、упрямый（がんこな）、хороший（よい）などの質形容詞は、物の特性 свойство を直接さししめす。したがって、これを特性形容詞とよんでもいいのだが、ロシア語文法では伝統的に「質的な качественный（質 качество）」の用語をあてているので、本章もそれにしたがう[5]。質形容詞の特徴として、①強度による

表1　長語尾形

	単数			複数
	男性	女性	中性	
白い	белый	белая	белое	белые
暗い	темный	темная	темное	темные
苦い	горький	горькая	горькое	горькие

表2　短語尾形

	単数			複数
	男性	女性	中性	
白い	бел	бела	бело	белы
暗い	темен	темна	темно	темны
苦い	горек	горька	горько	горьки

特徴づけと比較の程度のカテゴリー（原級－比較級の対立）があること、②長語尾形と短語尾形が分化していること、③副詞を派生する能力があること、④他の質形容詞、抽象名詞を派生する能力があること、などがあげられる。

　質形容詞は《比較の程度》のかたち（比較級 comparative）をつくる。：важный（重要な）—важнее（より重要な）、добрый（親切な）—добрее（より親切な）、сладкий（あまい）—слаще（よりあまい）、гладкий（たいらな）—глаже（よりたいらな）、густой（濃い）—гуще（より濃い）。

　質形容詞から、-о、-е をもつ副詞をつくることができる。：горячий（熱い）—горячо（熱く）、далекий（とおい）—далеко（とおく）、долгий（ながい）—долго（ながく）、излишний（むだな）—излишне（むだに）、мудрый（賢明な）—мудро（賢明に）、певучий（朗々たる）—певуче（朗々と）、храбрый（いさましい）—храбро（いさましく）。

　質形容詞のほとんどは、質のニュアンスや程度を名づける他の質形容詞（беловатый しろっぽい、большущий でっかい、здоровенный がっしりした）をつくる能力や、抽象的な概念を名づける名詞（глубина ふかさ、смелость ゆうかんさ、пустота むなしさ）をつくる能力などの、単語つくり的な特殊性によっても特徴づけられる。　　　　（I: 541）

3.2.　関係形容詞

деревянный（木造の）、стальной（鋼鉄製の）、летний（夏の）、купальный（水浴用の）、вчерашний（昨日の）などの関係形容詞は、「物との関係、あるいは他の特徴との関係を媒介にして、特徴を名づける。語幹がさししめしているのは、物あるいは特徴であって、それらとの関係をとおしていちいちの特性がさしだされる。」(I: 541) この語彙＝文法的な系列は、①短語尾形の欠如、②副詞をつくれないこと、③強度で特徴づけられないこと、したがって比較級の欠如、④他の品詞から転成されること、⑤下位類の

豊富さ、などで特徴づけられる。

　表現されている関係の性格はきわめて多様である。材料（деревянный 木の、металлический 金属の）、所属（物主形容詞；отцов 父の、рыбий さかなの、сестрин 妹の、мужнин 夫の、мой 私の）、使命（детская книга 子供の本、школьные пособия 学校の参考書）、特色（осенние дожди 秋の雨、вечерняя прохлада 夕方のすずしさ）などによって特徴をさししめすことができる。関係形容詞が名づける特徴は、さまざまな程度の強度をともなってあらわれることがない特徴である。
　関係形容詞は、ロシア語の形容詞の基本的なたくわえをたえず補充している。非派生的な単語によっても、派生的な単語によってもさしだされる質形容詞とはちがって、関係形容詞は、他の品詞の単語から派生する。：名詞から（железный 鉄の、дверной ドアの、отцов 父の、сестрин 妹の、ламповый ランプの、комсомольский コムソモールの、весенний 春の、верхний 上流の）、動詞から（дубильный なめしの、плавательный 水泳の、танцевальный ダンスの、лечебный 治療の）、数詞から（четвертый 第4の、десятый 10番めの、сороковой 40番めの、двухсотый 200番めの）、副詞から（ближний ちかくの、прежний 以前の、тогдашний そのときの、вечерний 夕方の、теперешний いまの）。
　　　　　　　　　　　　　　　　　　　　　　　　　　(I: 541)

3.3. 質形容詞と関係形容詞の連続性

3.3.1. 関係形容詞による質的な意味の獲得

質形容詞と関係形容詞とのあいだに明確なしきりはなく、連続的である。関係形容詞は、もともとの意味を保持しながら、ずらされた質的な意味を獲得し、質形容詞に移行する。形容詞における対象的な関係の意味は、その関係の質的な特徴づけの意味と共存する。

たとえば、関係形容詞としての「железная 鉄の」という単語は、"鉄をふくむ" あるいは、"鉄からできた" ということを意味する (железная руда 鉄の鉱石、железный гвоздь 鉄のくぎ)。おなじ形容詞が、一連のずらされた質的な意味ももっている。："つよい、頑強な"(железная здоровье 鉄の［ごとき］健康)、"強固な、不屈の"(железная воля 鉄の［不屈の］意志、железная дисциплина 鉄の［かたい］原則)。関係形容詞としての「детский 子どもの」は、"子どもに属する、子どもに固有の、子どものために使命づけられた" ということを意味する (детские игрушки 子どものおもちゃ、детская книга 子どもの本、детский дом 子どもの家)；この単語は、質形容詞として、ずらされた意味を獲得する。："成人、半成人にそなわっていない"(детские рассуждения 子どもの判断、детское поведение 子どものふるまい)。以下も同様である。：золотой характер 黄金の［すばらしい］性格、золотая рожь 金の麦、волчий голод オオカミの［極度の］空腹、собачий холод 犬の［ひどい］さむさ、петушиный задор オンドリのようなけんか腰、…　　　　　　　　　　　　　　　　　(I: 542)

3.3.2. 質形容詞と関係形容詞の文法的な境界
　質形容詞も関係形容詞もそれぞれの語彙的な意味に応じた独自の文法的なかたちの体系をもっている。たとえば、質形容詞は基本的に短語尾形や比較級をつくるが、関係形容詞はいずれもつくらない。しかし、質形容詞であっても、短語尾形をつくらないものがあり、ぎゃくに関係形容詞であっても、短語尾形をつくるものもある。関係形容詞から質形容詞への移行や、それぞれの語彙的な意味の特殊性などの条件のもとで、本来ならそなえるべき形態論的なかたちを欠くことがある。

　　質形容詞と関係形容詞のあいだの文法的な境界も意味的な境界も不安定である。この不安定さはあきらかに2つの要因によっている。第一に、語彙的な意味あるいは形態論的な構造の特殊性から、すべての質形容詞

が、それに固有な文法的な特徴を完全にそなえるわけではないこと。第二に、ずらされた意味をもつおおくの関係形容詞が、質形容詞の特徴を獲得すること。たとえば、生きものの毛色を名づける形容詞 (буланый 月毛の、вороной 黒毛の、гнедой 栗毛の、など) や、質のたかい段階を名づける形容詞 (пребогатый きわめてゆたかな、развеселый ひどく陽気な、разлюбезный 親愛なる［皮肉で］、наипрекраснеишии もっともうつくしい) は、短語尾形をつくらない。いくつかの語彙的な意味をもつ質形容詞のかなりのグループは、それらのうちのなんらかの意味でのみ、短語尾形をつくる。たとえば、бедный (まずしい) という形容詞は、《不幸な (悲惨な)》、《熱い (熾烈な)》の意味では、短語尾形をつくらない。грамотный (よみかきのできる、まちがいのない) という形容詞は、《よみかきの能力がある》、《なんらかの点でじょうずな、事情に通じた、教養のある》という意味では、短語尾形をつくるが (мальчик грамотен 少年はよみかきができる。инженер вполне грамотен その技術者はよく訓練されている。)、《仕事の知識をもってあやまちなく遂行される》の意味では、短語尾形をつくらない (грамотный чертеж まちがいのない設計図)。かたいむすびつきの構成のなかでの形容詞の多くは、長語尾形だけが可能である (белый свет この世、круглый дурак まったくのばか、суровая нитка あらい糸、черный ход 裏口［黒い出入り口］)。おなじような性格の制限は、比較の程度のかたちをつくる可能性にも影響をあたえる。一方で、ずらされた、質的な意味のなかに使用される関係形容詞は、短語尾形や比較級のかたちをつくる。

(I: 544)

4. 形容詞の形態論的なカテゴリーと語形変化

品詞としての形容詞には性・数・格の形態論的なカテゴリーがそなわっている。これらの形態論的なかたちの意味は、呼応する名詞の形態論的なかたちのあらわす意味とおなじである。質形容詞はさらに〈比較の程度〉のカテゴ

表3　長語尾形

	単数			複数
	男性	女性	中性	
主格	красивый	красивая	красивое	красивые
生格	красивого	красивой	красивого	красивых
与格	красивому	красивой	красивому	красивым
対格	красивый	красивую	красивое	красивые
造格	красивым	красивой	красивым	красивыми
前置格	красивом	красивой	красивом	красивых

表4　短語尾形

	単数			複数
	男性	女性	中性	
述格	красив	красива	красиво	красивы

リーをもち、原級・比較級・最上級のかたちの対立のなかに位置づく。なお、かざられ名詞が活動体かいなかに応じて、かざりの位置にくる形容詞も活動性・不活動性をくべつする。

　　形容詞の長語尾の屈折は、単数においては、同時に3つの形態論的な意味（性・数・格）をあらわすが、複数においては、数と格の意味をあらわす。短語尾形の屈折は、単数においては、性と数の2つの意味をあらわし、複数においては、数の意味だけをあらわす。（…）こうして、単数の18形式（3つの性のそれぞれの形に6つの格の形）と複数の6形式の、全部で24の形式が形容詞の曲用のパラダイムを構成する。（…）形容詞は、それとくみあわさる名詞の活動性、不活動性をさししめす。形容詞のこの特性は、対格・単数・男性と、対格・複数・すべての性のかたちであらわれる。　　　　　　　　　　　　　　　　　　　（I: 545）

5. 長語尾形と短語尾形

長語尾形は規定的 attributive な形式とよばれ、短語尾形は叙述的 predicative な形式とよばれている (I: 556)。質形容詞も関係形容詞も長語尾形をもつ。

長語尾形は規定語にも述語にもつかわれるが、短語尾形は述語にしかつかわれない。

下に引用したように、シヴェドワ編 (1980) では、長語尾主格のかたちは、述語にもちいられたばあい、「主体の恒常的な特徴としての特性あるいは質」をさししめす、とされている。しかし、用例に「風がつよい」など「恒常的特徴」とはいえないものがふくまれていたり、おなじ長語尾主格のかたちが、「きょうは」とか「あさから」のような時間の状況語が共起する文脈で、「きわめて頻繁に (…) 非恒常的な、偶然的な特徴をさししめ」したりもする。時間的限定性の表現のために、長語尾形と短語尾形をつかいわける、というばあいもたしかにあるのだが、さほど厳密ではなく、ほかの条件もからんでいるようである。たとえば、①長語尾形は文体的にニュートラル（またははなしことば的）だが、短語尾形はかきことば的なニュアンスをおびる。②短語尾形は厳格さ、辛らつさの特徴をもつ。また、③短語尾形は相対的な特徴をさししめすのに対し、長語尾形は絶対的な特徴をさししめす、などの指摘もある（ローゼンターリャ 1979）。しかし、ここで重要なことは、部分的にせよ、時間的限定性が形態論的なかたちのなかに文法化されている、という事実である。

　　Ребенок послушный（子供たちはおとなしい）、Утро свежее（朝はすがすがしい）、Ветер сильный（風がつよい）のタイプの文の構造的な図式 (N1—Adj1 長語尾) の意味は、《主体とその陳述的な特徴、すなわち特性あるいは質とのあいだの関係》である。この意味に応じて、長語尾形容詞主格の述語は、具体的な文においては、主体の恒常的な特徴としての特性あるいは質をさししめす。(…)

　　現代語では、述語の位置にある長語尾形容詞主格は、きわめて頻繁に、特徴一般をさししめす。すなわち、単に主体の特性あるいは質だけでなく、非恒常的な、偶然的な特徴もさししめす (Ты сегодня сердитый あなたはきょうはおこりっぽい。Опять она с утра невеселая 彼女はまた朝から憂鬱そうだ)。　　　　　　　　　　　　　(II: 289)

短語尾形は、意味のうえで長語尾形とことなる。短語尾形は質的な状態としての特徴、すなわち特定の時間に定めることのできる特徴をさししめす。したがって、非恒常的な特徴を問題にするときには、述語には短語尾形が優先的に使用される。　　　　　　　　　　　　　　(I: 557)

　形容詞の短語尾形は、現代語では、述語の機能のなかでのみ、あるいは、孤立的な言いまわしのなかでのみ使用される。《N1—Adj1 短語尾形》(「Ребенок послушн 子供はおとなしい」) の図式の文は、述語に長語尾形をもつ文にちかい形式・意味的な相互関係のなかにある。
(II: 293)

　以上、シヴェドワ編 (1980) の記述にしたがって、形容詞の語彙・文法的な系列としての質形容詞と関係形容詞のそれぞれの文法的な特徴、それらのあいだの連続性・相互移行、最後に、時間的限定性とかかわって、長語尾・短語尾形の問題をおおまかにながめてきた。時間的限定性については、7でもういちどとりあげる。

6. 形容詞の評価性—ボリフ (1978)—

6.1. 特徴づけ的な単語の典型としての形容詞

　典型的なプレディカートは、みずからのなかに、2つの側面、すなわち、本来の特徴のさししめしと、評価のさししめしとをむすびつけている。さししめし的な構造と格づけ的な構造との、2つの構造のなかにあらわれるという、形容詞の能力は、このこととむすびついている。ふつう、これら2つの構造は、1つの発話のわくのなかで同時に実現する。
(ボリフ 1978: 6)

　形容詞は物の特徴づけのために使命づけられた単語の典型である。物を特徴づけることはきわめて主体的な行為であって、物のなにをどう認識し、ど

う特徴づけるか、ということのなかに、認識する主体の質があらわになる。物のもつ特徴をとらえること自体が、認識する主体の自己暴露なのである。あるたべものをたべて「おいしい」と感じたとすれば、それは、その物が人の味覚にふれることで発揮した客観的な特性であるとともに、その物とかかわる認識主体の主体的なものの発現でもある。

こうして、物を特徴づける単語の典型としての形容詞は、その意味のなかに、特徴のさししめしと評価との２つの側面をあわせもつことになる。「おいしい」という発話は、はじめから客体的なものと主体的なものとの統合なのである。物の特徴づけという使命をはたすために、形容詞は必然的にその意味のなかに主体的なもの＝評価性をもつことになる。「あまい」「からい」「つめたい」「やさしい」「ひろい」「おおきい」…すべて、客体の特性をあきらかにする一方で、認識する側の主体性＝評価を表現してもいる。

6.2. 形容詞における客観性と主観性

物のもつ客観的な側面をとらえることと、物を一定の基準にてらして評価することとは一体の過程であって、形容詞はその語彙的な意味のなかにこの２つの側面をとりこんでいると考えられる。これら２つの側面の関係について、ボリフはつぎのように述べている。

> （…）形容詞は、その構造のなかに、言語の意味的な側面とプラグマチカルな側面とをかねそなえている（…）。このことは、形容詞のクラスに属する語彙的な単位の意味のなかにも、その使用のなかにも反映されている。単語のクラスとしての形容詞にとって特徴的なのは、主観＝評価的な意味の存在であり、それに照応するふくみの存在である。こうして、形容詞の意味そのもののなかで、発話の、本来の意味的な側面とプラグマチカルな側面とがむすびついていることがわかる。（…）他の品詞にとっては、ふつう、意味的な側面とプラグマチカルな側面とは分離していて、それらのむすびつきが発話のなかで実現するとすれば、形容詞のもとでは、これら２つの側面の相互作用は、形容詞の意味そのも

のののなかにうつしだされている。その意味についていえば、本来の評価的な形容詞（хороший よい／плохой わるい）から、評価的な意味をうしなった形容詞（関係形容詞）にいたるまで、形容詞は、連続した系列をつくっている。そのばあい、中間領域をなしているのは、特徴の表示と、質による本来の格づけの表示（《よい／わるい》というセーマ）、あるいは、量による本来の格づけの表示（《おおい／すくない》というセーマ）とを共存させている形容詞である。たとえば、интересный（おもしろい）という形容詞は、《よい》という評価的なセーマと、さらにいくつかの特徴をふくみこんでいる。глупый（おろかな）という形容詞は、《わるい》というセーマと、さらにいくつかの特徴をふくみこんでいる、など。なんらかの程度に評価をさししめしている形容詞の、この二面的な構造は、発話のなかでのそれらの役わりのなかに反映されている。本来の評価的な形容詞と、評価的なセーマをうしなった形容詞とのあいだには、ひろい中間的な領域がある（…）。　　　　　（ボリフ 1978: 7-8）

ロシア語では「ドアの」や「妹の」も形容詞（関係形容詞）であるから、評価性ゼロの形容詞の存在もかんがえられようが、日本語の形容詞のばあい、評価性ゼロというのはありえない。逆に、客体の特徴をなんらかたらない、主観的評価の意味のみをもつ形容詞はありうる。ロシア語の関係形容詞が質的な意味を獲得しつつ、質形容詞に移行する過程は、主観＝評価的な意味が前面化していく過程である。ほとんどの形容詞は、その語彙的な意味のなかに客観面と主観面を共存させている。

　形容詞は、連続するスケールにそって配置されており、そこでは、一方の極には、あらゆる評価をうしなった、すなわち、発話のプラグマチカルな側面とはむすびついていないところの、特徴のみをさししめす単位があり、他方の極には、基本的に発話のプラグマチカルな側面にかかわるところの、純粋に評価的な単位があり、また、形容詞＝強調語があり、そしてモーダルな単位がある。中間領域に配置されているのは、客

観的な特徴と評価的な意味とをなんらかの程度に共存させている形容詞である。形容詞の意味のこれらの特殊性は、テクストにおけるそれらの使用のなかに反映されている。テクストのなかで、形容詞は、評価的なセーマをもたない、本来の特徴をさししめしたり（なによりもまず、関係形容詞）、はなし手・きき手の関係、評価、強調、さまざまなモダリティーがそのなかにあらわれるような単語として機能したりする。

（ボリフ 1978: 18-19）

6.3. さししめし的な構造と格づけ的な構造

具体的な発話のなかで、形容詞はさししめし的な構造と格づけ的な構造との2つの構造のなかに同時にあらわれる。さししめし的な構造は、はなし手に依存しない客観的な事態をうつしだす。格づけ的な構造は、話し手の評価をうつしだす。さししめし的な構造は、その要素として、①述語（プレディカート）、②関与者、③時間・空間の表示者をふくんでいる。格づけ的な構造は、その要素として、①格づけの主体、②格づけの客体、③格づけの基準、④評価そのものをふくんでいる。

　形容詞をもつ発話においては、つぎの2つの構造をみいだすことができる。レアルな現実の物や出来事の状態をさししめす、さししめし的な構造。そして、さししめし的な場面あるいはその諸要素の、質的あるいは量的特徴の観点からの、話し手による評価を反映し、発話のプラグマチカルな側面ともむすびついているところの、格づけ的な構造。2つの構造は1つの発話のなかに共存することができ、そのさい、格づけ的な構造は、あたかも、さししめし的な構造のうえにつみあげられるかのようである（《構文論的なアマルガム》）。

　発話のなかに共存するこれらの構造をかたちづくる諸要素は、たがいに一致しなかったり、部分的にのみ一致したりする。たとえば、さししめし的な構造は、プレディカート、関与者（1つあるいはいくつかの）、時間と場所の表示者をふくみこんでいる。格づけ的な構造は、格づけの

主体、格づけの客体（これは、要素のひとつとして、さししめし的な構造のなかにはいりこむ）、格づけの基準、そして、評価そのものをふくみこんでいる。本来の評価は、格づけの部分的なケースである。発話のなかに存在する、2つの構造への同時的な関与は、単語のクラスとしての形容詞の特殊な特性をなしている。　　　　　（ボリフ 1978: 29-30）

7. 形容詞述語と時間的限定性―ブルィギナ 1982 ―

7.1. 質形容詞述語があらわす特性と現象

ブルィギナは、形容詞の語彙・文法的な系列として質形容詞と関係形容詞をとりたて、形容詞述語をふくむ述語の意味類型として恒常的な特性とアクチュアルな現象（状態）をとりだしている。この対立は文法化・語彙化されることもあるし、文脈その他の条件によって表現されることもある。

　ロシア語においては、恒常的な（本質的な）特性と、一時的な、アクチュアルな（具体的な時間に属する）現象のあいだの差異と、それぞれの述語の名詞・形容詞的表現と動詞的表現のあいだの差異とは、かなりたかい程度に相関している。（…）この意味的な対立は、1つの品詞の内部でも生じうる。そのばあい、この対立は文法化されたり、語彙化されたりすることもあるし、文脈的な、あるいはプラグマチカルな要因によって規定されることもある。こうして、おおくの質形容詞は、主体に恒常的な特性をつけくわえるような叙述に関与することもあるし、具体的な時間の断片にしばられた現象をつけくわえるような叙述に関与することもある。　　　　　　　　　　　　　　　（ブルィギナ 1982: 22）

7.2. 時間的限定性の文法化としての長語尾形・短語尾形

「5」でもみたように、形容詞の長語尾形・短語尾形の対立は、部分的にせよ、恒常的な特性と一時的な状態との対立の形態論的な表現とみることができる。

形容詞 безмолвный（無言だ）と молчаливый（無口だ）も、特徴のアクチュアリティーと非アクチュアリティーのパラメーターにそった差異を、ことなる語彙素によって表現している例となる。безмолвный（無言だ）は、もっぱら時間の具体的なモメントのなかで実現する特徴をつけくわえるためにもちいられる。一方、молчаливый（無口だ）は、もっぱら人の一般的な特徴づけのためにもちいられる。(…) このちがいが部分的に文法化されている形容詞 немой（はなすことができない）／нем（だまりこんでいる）を参照されたい。述語用法と半述語用法においては、短語尾形（нем）は述語 быть безмолвный（だまりこんでいる）にちかい意味をあらわす。一方、長語尾形（немой）は、"ことばの能力、はなす能力をうしなっている"ことを意味する。　　（ブルィギナ 1982: 26）

7.3.　主体・客体の指示の性格と時間的限定性

時間的限定性は、主体・客体の具体性・抽象性と連動しているが、ブルィギナもこの観点をおしだしている。形容詞述語文のばあいも、特徴のにない手やその他の関与者の指示の性格との関連のなかで、時間的限定性の分析にとりくむ必要がある。

　　具体的な時間断片とのむすびつき性、あるいは、特徴とそのにない手とのむすびつきの恒常的な性格は、とうぜん、それをとりまく名詞のさししめしの境位 denotative status（指示の性格）に依存している。たとえば、もし、主体の位置にあらわれる名詞が非指示的に使用されるならば、あるいは、その指示対象が客体のクラスであるならば、述語のアクチュアルなよみとりは排除される。述語のタイプが、主体・客体の項の指示的なよみとり、非指示的なよみとりを暗示するときには、逆の依存も存在する。　　　　　　　　　　　（ブルィギナ 1982: 28）

7.4.　現象の特殊なクラスとしての状態

ブルィギナ（1982）は標記のタイトルで一節をもうけ、10ページにわたっ

て、文法的な根拠をあげながら、述語の意味的なタイプの1つとして《状態》をとりたてるべきことを主張している。しかも、《質》と対立する、エピソディックなタイプとして、《動作》とともに《現象》のカテゴリーにいれるべきことを明言している。《現象》を動的な現象と静的な現象とにわけ、《状態》を静的な現象のなかにくみいれたわけである。

> われわれが《状態の述語》に属させようとしている述語の共通の独自性は、それらが《特性》ではなく、《現象》を記述していることである。ある対象を同種の他の対象から区別する質を、あるいは、ある類の代表としての対象にそなわった特性を、その対象にかきくわえる《特徴づけ的な》述語とはちがって、状態の述語は、その時間断片（あるいは、いくつかの時間断片）にとってアクチュアルな、そしてその意味でうつろいやすい、《偶発的な》特徴を、個としての対象（人）にかきくわえながら、その対象の存在の一時的な《段階》を記述する。
>
> 　　　　　　　　　　　　　　　　　　　　　　（ブルィギナ 1982: 33）

さらに、ブルィギナは、シャフマトフ（1925)、ヴィノグラドフ（1947）などをひきあいにだしながら、時間的限定性（temporal localization временный локаризованность）の用語こそつかっていないが、彼らがすでに形容詞の短語尾形・長語尾形の用法が恒常性と一時性にかかわることを指摘していた事実をとりあげている。

> 「больна（病気だ）грязны（きたない）」は時間のなかでの（今、現在の）特徴をあらわし、「больная（病的だ）грязные（けがらわしい)」は、本質と密接にむすびついた恒常的特徴をあらわしている。（シャフマトフ 1925: 285）　　　　　　　　　　（ブルィギナ 1982: 33）

同一の形容詞の、短語尾形と長語尾形の述語としての使用とむすびついた語彙的な、語彙・意味論的な意味とニュアンスのちがいは、きわめ

ておおきい。短語尾形は、時間のなかでながれ、あるいは生じる質的な状態をさししめす。長語尾形は、いちいちのコンテクストでは特定の時間に属するとしても、時間のそとで思考される特徴をさししめす。じっさい、形容詞長語尾形を述語にもちいるときには、なんらかの対象を、物・人の類や種のちがいを規定する質あるいは特徴の一定のカテゴリーにひきいれなければならない。(ヴィノグラドフ 1947: 263)

(ブルィギナ 1982: 33)

8. まとめ

以上、シヴェドワ編 (1980)、ボリフ (1978)、ブルィギナ (1982) の論によりながら、ロシア語の形容詞の文法、とりわけ語彙・文法的な系列と長語尾・短語尾形、評価性と時間的限定性を中心に概観した。

(1) ロシア語の形容詞は質形容詞と関係形容詞とに大別され、関係形容詞の下位の語彙・文法的な系列には、非物主形容詞、物主形容詞、順序形容詞、代名詞的形容詞がある。

(2) 質形容詞と関係形容詞はそれぞれ独自の語彙的、文法的、単語つくり的な特性をもつ。

(3) 関係形容詞は質的な意味を獲得しつつ質形容詞に移行する。2つの系列のあいだに明確な境界はなく、中間的な形容詞が多数存在する。

(4) 形容詞は性・数・格・比較の程度のカテゴリーをもち、活動性を表現するかたちをもち、長語尾形・短語尾形の分化がある。

(5) 長語尾形と短語尾形は時間的限定性の形態論的なかたちとして機能することがあるが、このつかいわけは厳密ではなく、文体や表現性が関与することもある。

(6) 特徴づけ的な単語の典型としての形容詞は、その意味のなかに必然的に主観性＝評価性をとりこむ。

(7) 形容詞の意味には意味論的側面と語用論的側面とが共存しており、この2つの側面を機械的にきりはなすことはできない。

(8) それぞれの形容詞はその語彙的な意味のなかに客観面と主観面をさまざまな程度にあわせもっていて、評価性のつよいものからよわいものまで、スケール上にならぶ。
(9) ふつう、形容詞は具体的な発話のなかに使用されるとき、さししめし的な構造と格づけ的な構造との、2つの構造のなかに同時にあらわれる。
(10) さししめし的な構造は述語、関与者、時間・空間の表示者を要素にもち、格づけ的な構造は格づけの主体と客体、格づけの基準、評価そのものを要素にもつ。
(11) 多くの質形容詞は、述語につかわれて、恒常的な特性をあらわしたり、一時的な状態をあらわしたりする。
(12) 時間的限定性のカテゴリーは、アクタントの指示の性格と連動する。

【注】
1 本章にいう「関係形容詞」は、「関係」をさししめす形容詞のことではなく、後述するように、「物、あるいは特徴との関係を媒介にして物の特性を名づける形容詞」のことである（たとえば、「ドアの」「父の」など）。
2 シヴェドワ編 (1980: 240)
3 (…) は中略をあらわす。
4 Н.Ю.シヴェドワ編集 (1980)『ロシア語文法』Ⅰ・Ⅱのうち、第Ⅰ巻を「Ⅰ」で、第Ⅱ巻を「Ⅱ」で表記する。
5 本書の他の論文では「質」の用語は名詞述語があらわす意味的なタイプをさしている。本章では、質形容詞があらわす一般的な語彙的な意味をさす。

【参考文献】
荒正子 (1989)「形容詞の意味的なタイプ」言語学研究会編『ことばの科学 3』むぎ書房.
奥田靖雄 (1988)「述語の意味的なタイプ」琉球大学プリント（未公刊）.
工藤真由美 (2001)「述語の意味類型とアスペクト・テンス・ムード」『月刊言語』30 (13). 大修館書店.

樋口文彦 (2001)「形容詞の評価的な意味」言語学研究会編『ことばの科学 10』むぎ書房.
八亀裕美 (2003)「形容詞の評価的な意味と形容詞分類」『阪大日本語研究』15. 大阪大学大学院文学研究科日本語学講座.
Булыгина. Т. В. (1982) К построению типологии предикатов в русском языке. В. кн.：Селиверстова. О. Н. ГР. 1982
(Т. В. ブルィギナ (1982)「ロシア語における述語の類型論の構築によせて」: О. Н. セリヴェルストワ編 (1982) 所収)
Вольф. Е. М. (1978) Грамматика и семантика прилагательного.
(Е.М. ボリフ (1978)『形容詞の文法論と意味論』)
Караулов. Ю.Н.ГР. (1997) Русский язык энциклопедия.
(Ю.Н. カラウーロフ編 (1997)『ロシア語百科事典』)
Розенталя. Д. Э. ПР. (1979) Современный русский язык.
(Д. Э. ローゼンターリャ編 (1979)『現代ロシア語』)
Селиверстова. О. Н. ГР. (1982) Семантические типы предикатов.
(О. Н. セリヴェルストワ編 (1982)『述語の意味的なタイプ』)
Шведова. Н. Ю. ГР. (1980) Русская грамматика. I, II.
(Н. Ю. シヴェドワ編 (1980)『ロシア語文法』第 I 巻、第 II 巻)

第 2 部

方言形容詞の文法

―さまざまなすがた―

第1章　宮城県登米市中田町方言の形容詞

佐藤里美

1. はじめに

登米市中田町は、宮城県東北部に位置し、岩手県一関市と境を接する、人口1万7千人ほどの農業の町である。中田方言は、旧仙台藩伊達氏の支配がおよんだ地域とほぼかさなる南奥方言圏に属しており、無標の主語や補語、一時性や体験性を明示する過去形、多義的な「〜ベ」形式、サ格の存在など、東北方言の主要な特徴をそなえている。本章では、筆者の母語方言である中田方言の形容詞の文法的な特徴を概観する。

2. 形式面からみた形容詞・名詞述語

2.1. 第1形容詞

第1形容詞のパラダイムは表1のようになる（表1「第1形容詞　普通体」）。中田方言の形容詞は2つの過去形をもち、第2過去形は体験性の明示として機能し、名詞述語やモーダルな合成述語にも一貫してあらわれる。第2過去形については「4」で詳述する。

　肯否質問と疑問詞質問とで形がことなる。肯否質問文の述語は接辞「〜ガ」がつくが、疑問詞質問文の述語は無標形式であることが基本である。

- コーチョーシンシノ　ハナス　ナゲガ（校長先生の話は長いか）
- コノ　ヒモド　アノ　ヒモデ　ドッツ　ナゲ（*ナゲガ）（この紐とあの紐でどっちが長い）

- フユノ　ソドスゴド　キズイガ（冬の外仕事はきついか）
- ズボン　ドレグレ　キズイ（*キズイガ）（ズボンはどれぐらいきつい）

表1　第1形容詞　普通体

機能	ムード		テンス	肯定	否定
終止	叙述	断定	非過去	アゲ	アゲグネ
			過去	アゲガッタ	アゲグネガッタ
				アゲガッタッタ	アゲグネガッタッタ
		推量	非過去	アゲベ	アゲグネベ
			過去	アゲガッタベ	アゲグネガッタベ
				アゲガッタッタベ	アゲグネガッタッタベ
	質問	肯否質問	非過去	アゲガ	アゲグネガ
			過去	アゲガッタガ	アゲグネガッタガ
				アゲガッタッタガ	アゲグネガッタッタガ
		疑問詞質問	非過去	アゲ	アゲグネ
			過去	アゲガッタ	アゲグネガッタ
				アゲガッタッタ	アゲグネガッタッタ
	表出			アゲ	（アゲグネ）
				アゲナヤ／アゲナー	（アゲグネナヤ／アゲグネナー）
				アゲゴダ	（アゲグネゴダ）
連体			非過去	アゲ	アゲグネ
			過去	（アゲガッタ）	（アゲグネガッタ）
中止				アゲクテ	アゲグネクテ
条件				アゲゲレ（バ）	アゲグネゲレ（バ）
				アゲガッタラ	アゲグネガッタラ
				アゲガッタッタラ	アゲグネガッタッタラ
				アゲッツド	アゲグネッツド
				アゲゴッタラ	アゲグネゴッタラ
				アゲガッタゴッタラ	アゲグネガッタゴッタラ
逆条件				アゲ（ク）タッテ	アゲグネ（ク）タッテ
				アゲガッタッテ	アゲグネガッタッテ
				アゲガッタッタテ	アゲグネガッタッタッテ
				アゲクテモ	アゲグネクテモ

〈推量・意志・勧誘・確認要求・たずね〉などの多義的な意味をもつ「〜ベ」の形があり、形容詞の「〜ベ」の形は、動詞述語に固有な〈意志・勧誘〉をのぞく、〈推量・確認要求・たずね〉の意味をあらわす。推量形は質問法にもそなわっている（アゲベガ〈赤いだろうか〉・アゲガッタベガ〈赤かっただろうか〉）。質問法・断定・第2過去形（アゲガッタッタガ〈赤かったか〉）は、聞き手が過去に知覚したとみなされる事象についてその真偽をたずねるときに使用するが、質問法・推量・第2過去形（アゲガッタッタベガ〈赤かっただろうか〉）は、話し手が過去に知覚したにもかかわらず、記憶があいまいなため真偽が未確認な事象についてその真偽を自問するときに使用される。

・キノナ　アンダ　ミガゲダ　クルマ　アゲガッタッタガ？（昨日、あなたが見かけた車は赤かったか）
・キノナ　オラエノ　メーサ　アッタ　クルマ　アゲガッタッタベガ？（昨日、私の家の前にあった車は赤かっただろうか）

疑問詞質問文の述語には基本的に推量形（たずね・うたがいの意味の「〜ベ」）が使われ、まれに断定形も使用される。

・オラエノ　ネゴ　ナステ　スケネベ？（家の猫なぜ元気がないのだろう）
・［ひとが笑っているのを見て］ナヌ　オガスイベ？（何がおかしいのだろう）
・アソゴノ　カラオゲ　ドノッケ　ウルセ？（あそこのカラオケはどのくらいうるさいか）

終止形は丁寧さのカテゴリーをもつ。基本的には普通体、ガス体、ゴザリス体の3つの文体差に応じて変化する（表2「第1形容詞　丁寧体」）。丁寧体接辞はテンス接辞や推量接辞のまえにおかれたり、あとにおかれたりする。
　表出形として「アゲ・アゲナヤ・アゲゴダ」などの形がある。表出形に丁

表2 第1形容詞 丁寧体

機能	ムード	テンス	みとめ方	肯定	否定
終止	叙述	断定	非過去	アゲガス	アゲグネガス
			過去	アゲガスタ	アゲグネガスタ
				アゲガッタガス	アゲグネガッタガス
				アゲガスタッタ	アゲグネガスタッタ
				アゲガッタッタガス	アゲグネガッタッタガス
		推量	非過去	アゲガスペ	アゲグネガスペ
			過去	アゲガスタベ	アゲグネガスタベ
				アゲガッタガスペ	アゲグネガッタガスペ
				アゲガスタッタベ	アゲグネガスッタッタベ
				アゲガッタッタガスペ	アゲグネガッタッタガスペ
	質問	肯否質問	非過去	アゲガスカ／アゲスカ	アゲグネガスカ／アゲグネスカ
			過去	アゲガスタガ	アゲグネガスタガ
				アゲガッタガスカ	アゲグネガッタガスカ
				アゲガスタッタガ	アゲグネガスタッタガ
				アゲガッタッタガスカ	アゲグネガッタッタガスカ
		疑問詞質問	非過去	アゲガス	アゲグネガス
			過去	アゲガスタ	アゲグネガスタ
				アゲガッタガス	アゲグネガッタガス
				アゲガスタッタ	アゲグネガスタッタ
				アゲガッタッタガス	アゲグネガッタッタガス

寧体の分化はなく、否定形の使用もまれである。「〜ナヤ」は男性語的である。標準語では女性語的な「〜なこと」に相当する「〜ナゴダ」は、中田方言では男女を問わず使用される。「ヌグイ／ヌゲ（温い）、アッツイ／アッツ（熱い）、アズイ／アズー（暑い）、スッペ（酸っぱい）、ショッペ（しょっぱい）」のような感覚形容詞は、主述の整った特徴づけ文よりも、表出文ないしは直接的反応文にあらわれやすい。

・［暖かい部屋から急に外に出て］サメ／サメナヤ／サメーゴダ（寒！／

第1章　宮城県登米市中田町方言の形容詞　105

表3　第2形容詞　普通体

機能	ムード		テンス	肯定	否定
終止	叙述	断定	非過去	元気ダ	元気デネ
			過去	元気ダッタ	元気デネガッタ
				元気ダッタッタ	元気デネガッタッタ
		推量	非過去	元気ダベ	元気デネベ
			過去	元気ダッタベ	元気デネガッタベ
				元気ダッタッタベ	元気デネガッタッタベ
	質問	肯否質問	非過去	元気ガ／元気ダガ	元気デネガ
			過去	元気ダッタガ	元気デネガッタガ
				元気ダッタッタガ	元気デネガッタッタガ
		疑問詞質問	非過去	元気ダ／元気ヤ	元気デネ
			過去	元気ダッタ	元気デネガッタ
				元気ダッタッタ	元気デネガッタッタ
	表出			元気ダ	元気デネ
				元気ダナヤ	元気デネナヤ
				元気ダゴダ	元気デネゴダ
				元気ナゴダ	
連体			非過去	元気ナ	元気デネ
			過去	元気ダッタ	元気デネガッタ
中止				元気デ	元気デネクテ
条件				元気ダレバ	元気デネゲレバ
				元気ダラ	元気デネンダラ
				元気ダッタラ	元気デネガッタラ
				（元気ダッタッタラ）	（元気デネガッタッタラ）
				元気ダド	元気デネド
				元気ダッツド	元気デネッツド
				元気ダゴッタラ	元気デネゴッタラ
				元気ダッタゴッタラ	元気デネガッタゴッタラ
逆条件				元気デモ	元気デネクトモ
				元気ダッテ	元気デネクタッテ
				元気ダッタッテ	元気デネガッタッテ
				（元気ダッタッタッテ）	（元気デネガッタッタッテ）

寒いなあ／寒いこと）
- ［横綱が大関をあっという間に負かしたのを見て］ツエ／ツエーナー／ツエーゴダ（強い！／強いなあ／強いこと）
- ［つまらないテレビ番組を見て］オモセグネ／オモセグネーナー／オモセグネゴダ（面白くない／面白くないなあ／面白くないこと）

2.2. 第2形容詞

第2形容詞のパラダイムは表3のようになる（表3「第2形容詞　普通体」）。
　第2形容詞の表出形には、「～ナゴダ」のほかに、「～ダゴダ」の形もある。このばあいの「ゴダ」は名詞性をうしない、モーダルな意味をそえる終助詞として機能している。

- ［勉強に没頭している学生を見て］マズメナゴダ／マズメダゴダ（真面目なこと／真面目だこと）

　叙述法の「元気ダ」に対して質問法の「元気ガ」が対立するわけだが、この質問法には「元気ガ」とならんで「元気ダガ」の形がある。これらの2つの形のあいだにどのような意味・機能上の対立があるか、あるいは単なる音声上の変種にすぎないのか不明である。

2.3. 名詞述語

名詞述語のパラダイムは表4のとおりである（表4「名詞述語　普通体」）。
　第2形容詞のばあいとことなり、述語になる名詞の連体形は「～ナ」ではなく、「～ノ」である。しかし、後述するように、「オドナナ　ヤリガダ（大人のやり方）」「カバネヤミナ　ムスコ（怠け者の息子）」のように、連体形が「～ナ」の形をとる名詞（述語）もある。

表4 名詞述語　普通体

機能	ムード	テンス	みとめ方	肯定	否定
終止	叙述	断定	非過去	小学生ダ	小学生デネ
			過去	小学生ダッタ	小学生デネガッタ
				小学生ダッタッタ	小学生デネガッタッタ
		推量	非過去	小学生ダベ	小学生デネベ
			過去	小学生ダッタベ	小学生デナガッタベ
				小学生ダッタッタベ	小学生デネガッタッタベ
	質問	肯否質問	非過去	小学生ガ／小学生ダガ	小学生デネガ
			過去	小学生ダッタガ	小学生デネガッタガ
				小学生ダッタッタガ	小学生デネガッタッタガ
		疑問詞質問	非過去	小学生ダ	小学生デネ
			過去	小学生ダッタ	小学生デネガッタ
				小学生ダッタッタ	小学生デネガッタッタ
連体			非過去	小学生ノ	小学生デネ
			過去	小学生ダッタ	小学生デネガッタ
中止				小学生デ	小学生デネグテ
条件				小学生ダレバ	小学生デネゲレバ
				小学生ダラ	小学生デネンダラ
				小学生ダッタラ	小学生デネガッタラ
				小学生ダッタッタラ	小学生デネガッタッタラ
				小学生ダド	小学生デネド
				小学生ダッツド	小学生デネッツド
				小学生ダゴッタラ	小学生デネゴッタラ
				小学生ダッタゴッタラ	小学生デネガッタゴッタラ
逆条件				小学生デモ	小学生デネクテモ
				小学生ダッテ	小学生デネクタッテ
				小学生ダッタッテ	小学生デネガッタッテ

3. 形容詞述語と名詞述語の連続性

形式面だけに着目して、形容詞らしいものから名詞らしいものまでならべてみる。分類基準として以下の3つを設定する。①連体形式が「～ナ」「～ノ」

のうちいずれの形をとるか、あるいはいずれの形もとりうるか、②語根要素が名詞としても使用できるかどうか、③副詞に転成しうるかどうか。なお、程度副詞「やや、ずっと、すこし、はるかに…など」からなる修飾語でかざられるか、比較の基準をあらわす対象語「〜より」が共起するか、といった構文上の現象も視野に入れる。

(1)典型的な第2形容詞。連体形式は「〜ナ」であり、「〜ノ」は不可。語根要素が名詞として機能しない。副詞に転成する。

アジャラナ［←戯れ］（荒っぽい、無体な）、マデナ［←全い］（丁寧な）、ヤワダナ［←弱手］（弱い）、ヤンベナ［←いい塩梅］（ちょうどよい）、ブジョホナ［←不調法］（失礼な、無作法な）など。

スズガナ、オダヤガナ、マズメナ、…など、標準語にもあるほとんどの第2形容詞はこれに属する。

(2)基本的には第2形容詞。連体形式は「〜ナ」と「〜ノ」いずれも可。語根要素は名詞として機能しない。副詞に転成する。

アッペトッペナ（つじつまのあわない）、イイクレナ［←良い位の］（いい加減な）、ケッチャナ［←反様〈かいさま〉］（うらがえしの）、アダリメナ（当たり前の）など。

(3)第2形容詞と名詞の中間。連体形式は「〜ナ」と「〜ノ」いずれも可。語根要素は名詞（人名詞）としても機能する。副詞には転成しない。

アマノジャグナ（天邪鬼な）、アンポンタンナ（間抜けな）、オダズモッコナ（ふざけるたちの）、イズクサレナ［←意地腐れ］（意地っ張りな）、エセハリナ［←威勢張り］（強情っ張りな）、カバネヤミナ［←骸病み］（骨惜しみ、なまけもの）、オドゲカダリナ［←道化語り］（冗談をいうたちの）など。

(4)基本的に名詞。連体形式は「〜ノ」であり「〜ナ」とはなりにくいが、不可能とまでは言えない。副詞に転成しない。

オボコノ（子供じみた）、オドナノ（大人っぽい）、ナマケモノノ（怠け者の）、ショウズギモノノ（正直者の）など。

(5)典型的な名詞。連体形式は「〜ノ」であり「〜ナ」とはならない。

ビョウギノ（病気である）、カイシャインノ（会社員である）、イシャノ（医者である）など。

　名詞にかかる第2形容詞・述語名詞が「～ダ」形式をとる方言もあるが、基本的に、中田方言の第2形容詞の連体形は「～ナ」形式、名詞述語の連体形は「～ノ」形式であり、標準語型であるといえる。しかし、標準語と完全に同一というわけでもない。わずかではあるが、標準語で「～ナ」形式であらわれるところに、中田方言では「～ダ」形式であらわれるばあいがある。さきに、第2形容詞には「元気ガ」と「元気ダガ」の2つの質問形があることを指摘したが、名詞述語の質問法にも「小学生ガ」と「小学生ダガ」の2つの形がある。説明の形は「小学生ナノガ」と「小学生ナンダガ」である。

　・アソゴサ　アンノ　アンダノ　ホンガ／ホンダガ（あそこにあるのはあなたの本か）
　・アンチャン　ホントヌ　イシャナノガ／イシャナンダガ（お兄さんは本当に医者なのか）

　また、「(元気ナ)小学生ダゴダ(元気な小学生だこと)」とは言えても、「(元気ナ)小学生ナゴダ」とは言えない。表出形の「元気ダゴダ・小学生ダゴダ」の存在、質問法の「元気ダガ・小学生ダガ」の存在、あるいは「元気ナンダガ・小学生ナンダガ」のような「ノダカ」形式の存在、これらは、中田方言が、「～ダ」形式と「～ナ」形式の相互の分担とかさなりあいにおいて、おおむね標準語型に属しつつも、部分的には独自な面をもっていることをしめしている。

4. 形容詞・名詞述語の第2過去形

中田方言の形容詞・名詞述語には、動詞とおなじように第1過去形「アゲガッタ・元気ダッタ・小学生ダッタ」と第2過去形「アゲガッタッタ・元気

ダッタッタ・小学生ダッタッタ」の2つの過去形がある[1]。八亀他 (2005)、工藤他 (2005) で論じられているように、第2過去形が体験性の明示として機能しているのに対して、第1過去形は体験性に中立的である点も動詞のばあいと同様である。

4.1. 第2過去形と体験性

特性形容詞のばあい、第2過去形は知覚体験性の明示として機能している。

- ［シャツの墨がついていたのを見たことを思い出して］キノナノ シャツノ ソデ クロガッタ／クロガッタッタ
- ［死んだ太郎について語って］タローノ カミ クロガッタ／クロガッタッタ

話し手が直接知覚していない特性は、第2過去形ではあらわせない。

- ［太郎の話を聞いて知ったこととして］タローノ カミ モドワ クロガッタ (*クロガッタッタ)
- オダノブナガノ カブドワ クロガッタ (*クロガッタッタ)

内的状態形容詞のばあいは、第2過去形は直接体験性の明示として機能している。

- キノナ ハナコサ アエデ ウレスガッタッタ／ウレスガッタ

第2過去形はあまり使用されなくなってきており、直接体験しているばあいでも、第1過去形「ウレスガッタ」でまにあわせることもおおい。
　一般的な特徴・評価をさしだす文の述語には、第1過去形がつかわれるが、そのような一般化・評価をひきだした根拠となる出来事を直接見ていれば、第2過去形もつかわれる。

・ムガスア　ワラスタズ　ゲンキダッタ／ゲンキダッタッタ
・ムガスノ　スモーワ　オモセガッタ／オモセガッタッタ

　動詞の継続相第1過去形「ステダ」は、体験性に無関心な過去の動作の継続をあらわすほか、現在の一時的・具体的な動作の継続もあらわせる。しかし、形容詞の第1過去形「〜ガッタ、〜ダッタ」は、過去の特性・状態をあらわすだけであって、現在の特性・状態はあらわせない。

・［シャツに墨がついているのを見て］シャツノ　ソデ　クロイ（*クロガッタ）

　アクチュアルな一時的状態を表現する「ゲンキデダ」の形がある。この形は形式上は標準語の「元気でいた」に相当するが、テンス的には現在（元気でいる）である。第2過去形は「ゲンキデダッタ」、その丁寧体は「ゲンキデ（イ）スタッタ」である。3人称視点であり、話し手のことについてはいえない。限られた状態形容詞だけがもつ形である。

・タロー　ゴーカグステ　ウレスクテダ（太郎は合格してうれしい）
・タロー　ゴーカグステ　ウレスクテスタ（太郎は合格してうれしくています）

4.2. 第2過去形と反実性

反実条件的なつきそいあわせ文・ゆずり条件的なつきそいあわせ文の、つきそい文といいおわり文の述語には、第2過去形があらわれやすい。第2過去形は反事実性の表現として機能している。つきそい文に第1過去形「ゲンキダッタラ・ゲンキダッタッテ」、いいおわり文におなじく第1過去形「イッテダ・イガネガッタ」を使用する話し手は、まだ事実を確認していない（太郎が元気であったかどうか、学校に行ったかどうかは五分五分である）が、つきそい文に第2過去形「ゲンキダッタッタラ・ゲンキダッタッタッテ」、

いいおわり文におなじく第2過去形「イッテダッタ・イガネガッタッタ」を使用する話し手は、それに反する事実（太郎が元気でない、学校にいかないという事実）が実現したことを確認ずみである。

- モス　タロー　ゲンキダッタッタラ　ガッコサ　イッテダッタ（もしも、太郎が元気だったなら、学校に行っていた）
- タロー　ゲンキダッタッタッテ　ガッコサ　イガネガッタッタ（太郎が元気だったとしても、学校に行かなかった）

第2過去形が、体験性明示ではなく、反実性の表現として機能しているばあいには、推量＝間接認識性との共存はむしろ自然である[2]。

- チャント　ゴハン　クッテダッタラ　タロー　モット　ゲンキダッタッタベ（ちゃんとご飯を食べていたら、太郎はもっと元気だっただろう）

なお、工藤他（2005）は、類型論のたちばから、体験性と反実性という、一見あい反する機能が第2過去形に共存する理由として、この形式が本来過去パーフェクトをあらわしており、そこを起点として、一方では現実性が前面化することで体験性の機能が、他方では非現実性が前面化することで反実性の機能が分化するのであろうと予測している。そして、これらの機能が動詞述語文から形容詞・名詞述語文へとうけつがれている、とみる。中田方言の具体的な調査を通して、このみちすじをあきらかにすることが今後の課題である。

4.3. 名詞述語と第2過去形

形容詞述語のばあいにも第2過去形はまれにしか使用されなくなっているが、名詞述語文ではその傾向がいっそうつよく、過去の表現はほとんど第1過去形「ダッタ」だけでまにあわせている。動詞述語文が知覚によってとら

えうる具体的な動作を描くことを本務とし、名詞述語文が知覚をこえた、抽象的な思考がとらえる世界を主として表現する以上、名詞述語が第2過去形をとりにくいのは当然である。しかし、話し手が直接体験したり、知覚したりしてえた情報としての状態をつたえるばあいや、反実仮想を表現するばあいには、名詞述語であっても第2過去形がしばしば使用される。

- アンドギャ　オラ　アサカラ　スゴドダッタッタ（あの時、私は朝から仕事だった）
- カオイロ　ミダッケ　ズロー　アラガダ　ビョーギダッタッタ（顔色を見たら、次郎はほとんど病気だった）
- アイズ　スケン　ウゲデサエ　イダッタラ　イマコロ　ダイガクセーダッタッタ（あいつは試験を受けてさえいたら、今頃は大学生だった）

名詞述語文のばあい、第2過去形は普通体より丁寧体にあらわれやすい。たとえば、上述の例は、丁寧体では「スゴドデガスタッタ（仕事でございました）、ビョウギデガスタッタ（病気でございました）、ダイガクセーデガスタッタ（大学生でございました）」のようになるが、これは、第1過去形と同音形式である〈念おし・確認要求〉の「〜デガスタ」の形、「スゴドデガスタ（仕事じゃないですか）、ビョウギデガスタ（病気じゃないですか）、ダイガクセーデガスタ（大学生じゃないですか）」との区別化の意味あいもある。

4.4. 過去形のムード用法

4.4.1. 発見

発話場面での新事実の発見には、第1過去形が使用され、第2過去形はあらわれにくい。「のだ」形式が必須である。

- ソーガ　オンツァンノ　クルマ　アゲガッタンダ（*アゲガッタッタンダ）

発話時点での物の特徴の程度が、過去に想定した特徴の程度から逸脱していることに気づいた、というばあい、第1過去形をつかう。

- [買ってきた帽子を子供の頭に合わせてみて] ズイブン　オッキガッタナ（ずいぶん大きかった）
- [ちょうどよいサイズだと思って買ったズボンをはいてみて] コノ　ズボン　スコス　キズガッタ（このズボンはすこしきつかった）
- [料理を味つけしたあとで] ニツケ　ショッペガッタナ（煮付けがしょっぱかったな）
- [次の電車までかなり間があることに気づいて] エギサ　ツグノ　ハエガッタ（駅に着くのが早かった）
- [約束の時間に遅れてやってきた相手に] ヤ　オソガッタナヤ（やあ、遅かったね）

4.4.2. 想起

過去に確認した事実を記憶から引き出して、発話場面で再確認するばあい、第1過去形も第2過去形ももちいられる。

- ソー　イエバ　オンツァンノ　クルマ　アゲガッタッタ／アゲガッタ

4.4.3. 意識的確認

あいまいな記憶を発話場面で確認するばあいも、第1過去形、第2過去形のいずれも使用できる。「のだ」形式をとるかどうかは任意である。

- ヤッパス　オンツァンノ　クルマ　アゲガッタ（ンダ）／アゲガッタッタ（ンダ）

5. まとめ

(1) 中田方言の第2形容詞の連体形のおおくは「〜ナ」形式であり、名詞述語の「〜である」相当の連体形は「〜ノ」形式であって、標準語型であるといえる。しかし、表出形の「元気ダゴダ・小学生ダゴダ」、質問法の「元気ダガ・小学生ダガ」、説明の形の「元気ナンダガ・小学生ナンダガ」など、わずかではあるが、標準語にはない「〜ダ」形式があらわれるばあいがある。

(2) 形容詞と名詞との連続性は、意味・機能的な観点と形式的な観点とを統合的におさえながら、多面的に分析・検討する必要がある。本章では、形式面からの分析を試みた。

(3) 第2過去形は、特性形容詞のばあいには〈知覚体験性〉の明示として機能し、内的状態形容詞のばあいには〈直接体験性〉の明示として機能している。一般的な特徴・評価をさしだす文の述語には、第1過去形がつかわれるが、そのような一般化・評価の根拠となる出来事を直接見ていれば、第2過去形もつかわれる。総じて、第2過去形はあまり使用されなくなってきており、直接体験しているばあいでも、第1過去形でまにあわせることもおおい。

(4) 反実条件的なつきそいあわせ文・ゆずり条件的なつきそいあわせ文のつきそい文といいおわる文の述語には、第2過去形があらわれやすい。第2過去形は反事実性の表現として機能している。

(5) 名詞述語文の過去の表現はほとんど第1過去形だけでまにあわせている。しかし、話し手が直接体験したり、知覚したりしてえた情報としての状態をつたえるばあいや、反実仮想を表現するばあいには、名詞述語であっても第2過去形がしばしば使用される。

(6) 過去形のムード用法として、〈発見〉には第一過去形だけが使用され、〈想起〉と〈意識的確認〉には第一過去形と第二過去形がともに使用される。

【注】
1 第2過去形（—タッタ形）自体は東北方言にひろく分布しており、先行文献にもしばしばとりあげられているが、八亀他（2005）、工藤他（2005）をのぞけば、そのほとんどは動詞述語のばあいである。しかし、形容詞述語・名詞述語をとりあげている例もないわけではない。たとえば、飯豊他編（1982）は、福島方言の形容詞述語の過去形として「サムカッタ／サムエガッタ（寒かった）」「エソガシガッタ（忙しかった）」「シズガダッタ（静かだった）」のほかに「サムガッタッタ／サムエガッタッタ」「エソガシガッタッタ」「シズガダッタッタ」の形をとりたてている（:394）。平山編（1982）は八戸方言の名詞述語の第2過去形を記述している。「キノア　アノエサ　エッタッタドモ　ルスンダッタッタ（昨日はあの家へ行ったけれども、留守だった）」（:258）。これらの例のいずれもが、時間的限定性のある《状態》に属していることは、この種の第2過去形の機能が直接体験性・知覚体験性の明示にあることと関連している。
2 動詞および動詞を主要素とするモーダルな複合述語の例ではあるが、平山編（1982）は、以下の八戸方言の「—タッタ形」の例を「非実現・当為」の用法としてあげている。第2過去形があらわす反実性の意味に言及しているものとして注目される。
「非実現　184　モット　エソエダッタラ　マニャタノネ（もっと急いだら間に合ったのに）／185　モット　ハヤグ　タッタッタラ　マニャタッタノネ（もっと早く出発したら間に合ったのに）／当為の主張　スマッタナ　モ　ゴフンバリ　マッテレンバ　エガッタッタナ（しまったな、もう5分ばかり待っていればよかったな）」（:258）

【参考文献】
浅野健二（1985）『仙台方言辞典』東京堂出版．
奥田靖雄（1988）「文の意味的なタイプ—その対象的内容とモーダルな意味とのからみあい—」『教育国語』92．むぎ書房．
奥田靖雄（1996）「文のこと—その分類をめぐって—」『教育国語』2(22)．むぎ書房．
飯豊毅一他編（1982）『講座方言学4　北海道・東北の方言』国書刊行会．
金田章宏（1983）「東北方言の動詞のテンス—山形県南陽市—」『琉球方言と周辺のことば』千葉大学教養部．
菊池季生（1934）「宮城県方言文法の一斑」『国語研究』2(4)．井上史雄他編（1994）『日本列島方言叢書③東北方言考②岩手県・宮城県・福島県』
工藤真由美編（2004）『日本語のアスペクト・テンス・ムード体系—標準語研究を超えて—』ひつじ書房．

工藤真由美（2004）「ムードとテンス・アスペクトの相関性をめぐって」『阪大日本語研究』16．大阪大学大学院文学研究科日本語学講座．

工藤真由美・佐藤里美・八亀裕美（2005）「体験的過去をめぐって―宮城県登米郡中田町方言の述語構造―」『阪大日本語研究』17．大阪大学大学院文学研究科日本語学講座．

土井八枝（1938）『仙臺の方言』1975年復刻　国書刊行会．

登米郡役所編（1922）『登米郡史』1972年復刻　名著出版．

中田町史編纂委員会編（1977）『中田町史』宮城県登米郡中田町．

日本放送協会（1999）『CD-ROM版 全国方言資料 全十二巻・東北北海道編』日本放送出版協会．

平山輝男編（1982）『北奥方言基礎語彙の総合的研究』桜楓社．

宮島達夫（1956）「文法体系について―方言文法のために―」『国語学』25．国語学会．

八亀裕美（2001）「現代日本語の形容詞述語文」『阪大日本語研究』別冊1．大阪大学大学院文学研究科日本語学講座．

八亀裕美（2002）「〈短信〉非動的述語の継続相当形式―青森五所川原方言の場合―」『国語学』208．国語学会．

八亀裕美・佐藤里美・工藤真由美（2005）「宮城県登米郡中田町方言の述語のパラダイム―方言のアスペクト・テンス・ムード体系記述の試み―」『日本語の研究』1(1)．日本語学会．

第2章　愛媛県宇和島市方言の形容詞

工藤真由美

1. はじめに

愛媛県宇和島市は、かつて伊達十万石の城下町であり、現在は南予の中心都市である。本章では、次の点を考慮して、この地域方言（宇和島市旧市街）における2つのタイプの形容詞について総合的に記述する。「赤イ／嬉シイ／痛イ」のタイプを第1形容詞、「元気ナ／心配ナ／楽シミナ」のタイプを第2形容詞とする。(以下では、方言形式を基本的にカタカナで表記するが、誤解が生じない場合は漢字も使用する。また、わかりにくい場合は適宜標準語訳を入れることにする。＊印は非文法的であることを示す。)

①一般的に、方言の方が標準語よりも形態論的形式が豊富であるが、宇和島方言も同様である。標準語と違って、〈断定〉〈疑問詞質問〉〈表出〉を表すムードの専用形式がある。第2形容詞では次のようになる。

　　〈断定〉　　　　元気ナイ／元気ナカッタイ
　　〈疑問詞質問〉　元気ナ（ラ）／元気ナカッタラ
　　〈表出〉　　　　元気ヤ

「元気ナイ」というのは、一見すると否定形式のように見えるが〈肯定の断定〉を明示する〈非過去〉の形式である。「元気ヤ」というのは、〈表出〉を明示する形式である。「元気ナイ」という形式は、話し手の断定を明示するので、〈終止〉の構文的機能に限定される。「元気ナ人」とは言えても「＊元気ナイ人」とは言えない

②以上のように、標準語と違って、〈断定〉と〈表出〉を明示する形式があるが、この2つの形態論的形式の存在は、客体的な〈広義ものの特

徴づけ〉の前面化か、主体的な〈発話時における話し手の評価〉の前面化かという、形容詞述語の本質的特徴を示している。そして、この断定形、表出形では、推量形と同様に、感情・感覚形容詞における〈人称制限〉はない。

③標準語では、第2形容詞の連体形と終止形は「元気な太郎」「太郎は元気だ」のように形式が異なるが、宇和島方言では連体も終止も「元気ナ太郎」「太郎ワ元気ナ（ゼ）」である。そして、「元気ヤ」の方は〈表出〉の意味になる。「元気ナ」に対応する過去形は「元気ナカッタ」である。一見否定形のように見えるが〈肯定の過去形〉である。特に第2形容詞においては、第1形容詞との関係、名詞（述語）との関係において、標準語と違っている点が多々あるため、この点を考慮して記述する。

④標準語でも、第2形容詞と名詞（述語）の間は連続的であるが、宇和島方言も同様である。従って、名詞（述語）の語形変化も提示して、第2形容詞と名詞（述語）との関係を考える。基本的に、村木（2002）によって「第3形容詞」とされているものの多くは、宇和島方言では「なかよしの兄弟」とは普通言わず、「ナカヨシナ兄弟」となる。終止形でも「アノ兄弟ヨイヨナカヨシナゼ（あの兄弟はすごくなかよしだよ）」である。

⑤程度副詞「ガイニ」「ヨイヨ」がよく使用されるが、標準語の程度副詞と違って、「ヨイヨ」の方は否定形式と共起できる。この場合、〈話し手の予想に反する異常な程度〉であることが表される。

⑥いわゆる〈発見〉〈想起〉と言われる過去形のムード用法についても、標準語とは異なる特徴が見られるため、この点も記述する。重要なのは、〈話し手の予想に反する新情報の確認〉の場合に、〈断定〉専用形式が使用できないことである。

⑦動詞述語とも共通することであるが、〈断定〉や〈疑問詞質問〉の専用形式があることと関わって、質問文では下降イントネーションが普通である。

以下では、まず、世代差に触れた上で、形容詞と名詞述語の語形変化を概説する。そしてその後、上記の諸現象を取り上げることとする。

2. 方言における世代差

どのような地域方言においても世代差があるが、宇和島方言も同様である。本章では筆者の内省を中心に、現在の40代、50代の話者について記述する。筆者の世代では使用されなくなってきている、上の世代の形式を提示しておくと表1、表2、表3のようになる。大きくは〈丁寧体〉と〈推量形〉に関わる形式である。

まず、〈丁寧体〉については、表1に示したような、大きな違いが認められる。これらの形式は、1974年段階（工藤（1974）『愛媛県宇和島方言の述語部の研究』東京大学大学院修士論文）において、当時の50代以上を中心に使用されていたものである。筆者および現在の40代、50代が使用するのは、下線を引いた「アカイデス」「アカカッタデス」「アコーアリマセン」に

表1 第1形容詞の丁寧体

ムード		テンス みとめ方	肯定	否定
叙述	断定	非過去	<u>アカイデス</u> アカイデスライ アコーゴザイマスライ	<u>アコーアリマセン</u> アコーアリマセナイ アコーゴザイマセナイ
		過去	<u>アカカッタデス</u> アカカッタデスライ アコーゴザイマシタイ	アコーアリマセナンダ アコーアリマセナンダイ アコーゴザイマセナンダイ
	推量	非過去	アカイデスロー アコーゴザイマショー	アコーアリマスマイ アコーナイデスロー
		過去	アカカッタデスロー	アコーアリマセナンヅロー アコーナカッタデスロー
質問	肯否質問	非過去	<u>アカイデス</u>	<u>アコーアリマセン</u>
		過去	<u>アカカッタデス</u>	アコーアリマセナンダ
	疑問詞質問	非過去	アカイデスラ	アコーアリマセナ
		過去	アカカッタデスラ	アコーナカッタデスラ

限定されてきている。また「アコーアリマセン」よりも「アコーナイデス」の方をよく使う。同じ傾向は、第2形容詞にもみとめられる。

　このような事実は、〈丁寧体〉の方から、標準語化が進んでいることを示している。第2形容詞でも、動詞でも同様である。なお、老年層においても、丁寧体は、〈非終止〉の場合はあまり使用されない。

　次に〈普通体〉では、次のような〈非過去〉の〈推量〉形式は、筆者の世代は使用しなくなってきている。「アカイロー／ヤロー」「アコーナイロー／ヤロー」のような、より分析的な形式の方が若い世代では使用されるようになってきている。なお、筆者の世代では、第2形容詞の推量形は「元気ナロー」「元気ナヤロー」の方が「元気ヤロー」よりもよく使用される。

表2　第1形容詞の推量形

ムード　みとめ方　テンス	肯定	否定
推量　非過去	アカカロー	アコーナカロー アコーアルマイ

表3　第2形容詞の推量形

ムード　みとめ方　テンス	肯定	否定
推量　非過去	元気ナカロー	元気ニ（ヤ）ナカロー 元気ニ（ヤ）アルマイ

3. 第1形容詞と第2形容詞における語形変化

第1形容詞と第2形容詞の順に、まず語形変化表を提示し、必要最低限の各語形の用法の説明を入れる。第2形容詞は、名詞（述語）と連続的であるため、第2形容詞の後に、名詞（述語）の語形変化表を提示する。

3.1. 第1形容詞

「赤イ」を代表例として、〈肯定〉の場合の語形変化表をまず示すと次のようになる。(( ))にしているのはあまり使用されない形式である。

表4 第1形容詞の肯定

機能	ムード		テンス	肯定
終止	叙述	断定	非過去	アカイワイ／アカイ（ゼ）
			過去	アカカッタイ／アカカッタ（ゼ）
		推量	非過去	アカイロー／ヤロー
			過去	アカカッツロー
				アカカッタロー／ヤロー
	質問	肯否質問	非過去	アカイ
			過去	アカカッタ
		疑問詞質問	非過去	アカイ
			過去	アカカッタラ
	表出			アカヤ
連体			非過去	アカイ
			過去	((アカカッタ))
中止			非過去	アコーテ
			過去	アカカッテ
条件				アカカッタラ
逆条件				アコーテテ／アコーテモ
				アカカッタテ／アカカッテモ

　宇和島方言の〈ムード〉の特徴は、〈断定〉〈推量〉〈疑問詞質問〉を明示する形態論的形式があることである。上述の表に示したように、第1形容詞では〈過去形〉の場合、次のようになるがすべて非分析的な形式である。

　　〈断定〉アカカッタイ
　　〈推量〉アカカッツロー

〈疑問詞質問〉アカカッタラ

「アカカッタ」は、基本的に〈肯否質問〉になる。従って、宇和島方言では、〈質問〉の場合に、上昇イントネーションは義務的ではなく、むしろ〈下降イントネーション〉の方が普通である。〈非過去形〉でも、〈質問〉の場合、下降イントネーションが普通である。

・「顔アカカッタ↓」「ウン、アカカッタイ」
・「アンタアツイ↓。扇風機カケローカ」「ウン、アツイワイ。扇風機カケテヤ」

〈疑問詞質問〉の場合も、下降イントネーションが普通である。（第1形容詞の非過去形には、疑問詞質問の専用形式はない。）

・「ドコガイタカッタラ↓」「足ノ付ケ根ヨ」
・「ドコガアカイ↓」「首ノトコヨ」

〈断定形〉は、断定を明示する形式としてよく使用される。主文の〈終止〉に限定され、従属文では使用できない。当然〈連体〉も不可であり、「アツカッタ日」とは言えても「*アツカッタイ日」とは言えない。

・「昨日ワアツカッタイ。ソンデ畑ニ行カナンダンヨ」
・「昨日ワアツカッタケン／*アツカッタイケン、畑ニ行カナンダンヨ」

また、質問の場合にも使用することができず、使用するとしたら〈話し手の断定に対して聞き手に同意を求める〉場合である。この場合は、終助詞「ナー」を伴って〈上昇下降イントネーション〉になる。（質問とイントネーションの関係については、10節で述べる。）

・「外ヨイヨアツカッタイナー↑↓」(外はすごく暑かったよね)
　「ソーヨ、アツカッタイ」

　なお、「アカイ／アカカッタ」は、終助詞「ゼ」「ヨ」「デ」を伴う場合には〈断定〉の意味用法になる。断定形の「アカカッタイ」にはこのような終助詞は付加しえない。(以下に示す用例では、「ゼ」が最も頻繁に使用される終助詞であるため、「ゼ」で提示することにする。)

・「顔アカカッタ↓」
　「ウン、アカカッタゼ／*アカカッタイゼ」

　表2に示したように〈推量形〉には複数の形式があるが、意味用法上の差はない。標準語と違って、「アカイロー」「アカイヤロー」ともにジェンダーフリーである。
　〈表出〉の「アカヤ」にはテンス分化がなく、発話時における話し手の感情・感覚や評価を表出する。過去のことに対する発話時の評価的感情であってもよい。(断定形と表出形の違いについては6節で述べる。)

・「オット、コノ部屋サムヤ。窓閉メサイ」
・「ユーベワサムヤ。風邪ヒキソウニナッタゼ」
・「コノゴ飯マズヤ。ドシテヤロ」
・「昨日ノゴ飯ワマズヤ。ドシテヤロ」

　標準語と共通する「サム！」「イタ！」のような形式も使用されるが、これは、〈発話時〉の話し手の感覚に限定されている。この場合は、共起する感動詞は、「オー」であって、「オット↑」は共起しない。また、「コノ部屋」「足ガ」のような形式とは共起せず、一語文的である。

・「オット、コノ部屋サムヤ」

- 「オー、サム」
- 「オット、足ガイタヤ。ユーベワ眠レナンダゼ」
- 「オー、イタ」
- 「コノ部屋セマヤ。荷物捨テサイ」
- 「*オー、セマ」

標準語とは違って、〈中止〉に〈過去〉専用形式がある。

- 「ユーベワサムーテ／サムカッテ、風邪引イテシモータゼ」
- 「今日ワサムーテ／*サムカッテ、風邪ヒキソーナゼ」

　このような〈中止〉の過去形は、上記のような〈原因・理由〉を表す場合に使用される。「昔ワコノ部屋サムーテ暗カッタンヨ」のように、並列の場合には、過去のことであっても、「サムカッテ」は使用できない。
　次に、〈否定〉の場合の語形変化表を示す。第1否定形と第2否定形がある。第1否定形が基本的な否定形式である。下記の表の「—」はほとんど使用されないこと、「△」は特別な場合にしか使用されないことを示す。また第2否定形の過去形には「アコーアラヘンカッタ」「アカイコトアラヘンカッタ」のような形式もあるが、意味用法上の差はないため、略す。また推量形では「～ヤロー」形式も使用されるが、表が煩雑になるため略す。
　基本的に、第1否定形式と第2否定形式はムードの違いである。第2否定形は、相手の断定に対する話し手の〈反駁〉を明示するときに使用される。次頁の2番目の例のように過去のことであっても、発話時における話し手の〈否認〉という主体的側面が前面化される。従って、非終止ではあまり使用されない。

- 「コノゴ飯ヨイヨオイシナイゼ」
  「ソガイナコトナイゼ。マズーアラヘンゼ」(そんなことはない。まずくなんかないよ)

表5　第1形容詞の否定

機能	ムード	テンス	みとめ方	第1否定	第2否定
終止	叙述	断定	非過去	アコーナイワイ／アコーナイ（ゼ）／アカイコトナイワイ	アコーアラヘナイ／アコーアラヘン（ゼ）／アカイコトアラヘナンダイ
			過去	アコーナカッタイ／アコーナカッタ（ゼ）／アカイコトナカッタイ	アコーアラヘナンダイ／アコーアラヘナンダ（ゼ）／アカイコトアラヘナンダイ
		推量	非過去	アコーナイロー	アコーアラヘンロー
			過去	アコーナカッツロー／アコーナカッタロー	アコーアラヘナンヅロー／アコーアラヘンロー
	質問	肯否質問	非過去	アコーナイ	アコーアラヘン
			過去	アコーナカッタ	アコーアラヘナンダ
		疑問詞質問	非過去	アコーナイ	—
			過去	アコーナカッタラ	—
	表出			アコーナヤ	—
連体			非過去	アコーナイ	△
			過去	((アコーナカッタ))	—
中止			非過去	アコーノーテ	△
			過去	アコーナカッテ	△
条件				アコーナカッタラ	△
逆条件				アコーノータテ／アコーナカッタテ／アコーノーテモ／アコーナカッテモ	△

・「昨日ノゴ飯ヨイヨオイシナカッタゼ」
　「ソガイナコトナイゼ。マズーアラヘンゼ」

〈質問〉の場合には、〈話し手の肯定的想定に対する同意求め〉になる。上

昇下降イントネーションであって、下降イントネーションにはならない。また、疑問詞質問や選択質問は不可能であって、第1否定形式が使用される。

・「コノ服私ニワチイトアコーアラヘン↑↓」（この服は私にはちょっと赤いんじゃない？）
「ソガイナコトナイゼ。アコーアラヘナイ（そんなことはない。赤くなんかないよ）」
・「ドノ注射ガイトーナカッタラ↓／*イトーアラヘナンダラ」
「婦長サンノヨ」
・「外アツイ、アツーナイ↓／*アツーアラヘン」
「アツーナイゼ」

一方、第1否定形には、上記のような制限はない。質問は下降イントネーションである。

・「アンマリ読ンドランミタイナケンド、コノ本オモシロナカッタ↓」
「ウン、オモシロナカッタイ」
・「ソノ本オモシロイ、オモシロナイ↓」「オモシロナイゼ」
・「オモシロナイ本バッカリヤナア」
・「昨日ワサムノーテ／サムナカッテ、助カッタイ」

また、「アカイコトナイ」「アカイコトアラヘン」という形式もよく使用されるが、「アコーナイ」「アコーアラヘン」との意味用法上の差はない。

3.2. 第2形容詞

第2形容詞について、「元気ナ」を代表例にして、語形変化表を示すと、次頁の表6のようになる。第2形容詞の場合も、「元気ヤアラヘン／元気ナコトアラヘン」のような第2否定形があるが、紙幅の都合上省略し、〈肯定〉と〈第1否定〉の場合を一緒に提示する。

表6　第2形容詞の肯定と否定

機能	ムード		テンス	肯定	否定
終止	叙述	断定	非過去	元気ナイ 元気ナ（ゼ）	元気ヤナイワイ 元気ヤナイ（ゼ） 元気ナコトナイワイ
			過去	元気ナカッタイ 元気ナカッタ（ゼ） 元気ヤッタイ 元気ヤッタ（ゼ）	元気ヤナカッタイ 元気ヤナカッタ（ゼ） 元気ナコトナカッタイ 元気ナコトナカッタ（ゼ）
		推量	非過去	元気ナロー／ヤロー 元気ヤロー	元気ヤナイロー／ヤロー 元気ナコトナイロー／ヤロー
			過去	元気ナカッツロー 元気ナカッタロー／ヤロー 元気ヤッツロー 元気ヤッタロー／ヤロー	元気ヤナカッツロー 元気ヤナカッタロー／ヤロー 元気ナコトナカッツロー 元気ナコトナカッタロー
	質問	肯否質問	非過去	元気ナ	元気ヤナイ 元気ナコトナイ
			過去	元気ナカッタ 元気ヤッタ	元気ヤナカッタ 元気ナコトナカッタ
		疑問詞質問	非過去	元気ナ（元気ナラ）	元気ヤナイ
			過去	元気ナカッタラ 元気ヤッタラ	元気ヤナカッタラ
	表出			元気ヤ	元気ナヤ
連体			非過去	元気ナ	元気ヤナイ
			過去	((元気ナカッタ))	((元気ヤナカッタ))
中止			非過去	元気デ	元気ヤノーテ
			過去	元気ナカッテ／元気ヤッテ	元気ヤナカッテ
条件				元気ヤッタラ 元気ナカッタラ	元気ヤナカッタラ 元気ナコトナカッタラ
逆条件				元気ヤッタテ 元気ヤッテモ 元気ナカッタテ 元気ナカッテモ	元気ヤナカッタテ 元気ヤナカッテモ 元気ナコトナカッタテ 元気ナコトナカッテモ

まず、〈終止〉と〈連体〉とで、同じ「元気ナ」が使用されることに注意されたい。(「オイシソウナ（ゼ）」「雨ガ降リソウナ（ゼ）」のような派生形容詞でも「〜ナ」である。)

　　・「アノ元気ナ人ガ入院シタンカナ。ワカランモンヤナー」
　　・「隣ノオジイチャンワ元気ナゼ。毎日畑ニ行キヨライ」

　過去形では「元気ナカッタ」「元気ヤッタ」の２つの形式があるが、意味用法上の差はない。ただし、後述するように、「ガイナカッタ（大変だった）」とは言えても「ガイヤッタ」とは普通言わない第２形容詞もある。
　〈断定〉〈肯否質問〉〈疑問詞質問〉の各形式の用法については、第１形容詞と同じである。「元気ナイ／元気ナカッタイ（元気ヤッタイ）」は〈肯定の断定形〉である。「元気ナ」は〈肯否質問〉になる。

　　・「毎日暑イケンド、アンタ元気ナ↓」
　　　「ウン、オカゲデ元気ナイ」
　　・「コノ服変ナ↓」
　　　「チイト変ナイ。別ノ服ニシサイ。」
　　・「誰ガ一番元気ナカッタラ／元気ヤッタラ↓」
　　　「オジイチャンガ一番元気ナカッタイ／元気ヤッタイ」
　　・「ドコガ変ナカッタラ／変ヤッタラ↓」
　　　「目ツキヨ」

　「元気ヤ」は〈表出形〉である。テンス分化はなく、発話時における話し手の感情・感覚、評価を表出する。

　　・「アノ子感心ヤ。畑仕事手伝イヨルゼ」
　　・「アノ子感心ヤ。畑仕事手伝イヨッタゼ」〈過去のことに対する発話時
　　　の評価的感情〉

・「アノ子ノンキヤ。マダ宿題シトランゼ」
・「アノ子ノンキヤ。昨日モ宿題セズニ遊ビヨッタゼ」〈過去のことに対する発話時の評価的感情〉

「アノ先生ノ話退屈ナゼ。眠トーナッタイ」というのは、あの先生の話に対する〈特徴づけ＝特性判断〉の前面化であるが、「アノ先生ノ話退屈ヤ。眠トーナッタイ」は、話し手の評価的感情の前面化である。（「退屈ヤ」には終助詞「ゼ」「ヨ」は付加しえない。）

さて、以上の語形変化表から分かるように、形式上、第2形容詞は、次のように、第1形容詞や後述する名詞（述語）と共通する側面をもっている。

表7　第1形容詞、第2形容詞、名詞の関係

第1形容詞	終止	非過去	赤イ（ゼ）
		過去	赤カッタ（ゼ）
	連体		赤イ
第2形容詞	終止	非過去	元気ナ（ゼ）
		過去	元気ナカッタ（ゼ）／元気ヤッタ（ゼ）
	連体		元気ナ
名詞	終止	非過去	息子（ゼ）
		過去	息子ヤッタ（ゼ）
	連体		息子ノ

第1に、標準語と違って、「赤イ」「元気ナ」ともに、終止でも連体でも使用される。

第2に、第2形容詞の過去形には2つの形式があり、「元気ナカッタ」の方は第1形容詞的であり、「元気ヤッタ」の方は名詞述語「息子ヤッタ」との共通性がある。

「静カナ／ニギヤカナ／心配ナ／安心ナ／楽シミナ／気ノ毒ナ／好キナ／嫌イナ／ヘタクソナ／オシャレナ／ジミナ／貧乏ナ／便利ナ／ノンキナ／丁寧ナ／利口ナ／ブサイクナ／楽ナ／ハイカラナ／ハンサムナ」といった標準

語と共通する第2形容詞については、上記の「元気ナ」と同様に、過去形で2つの形式が使用され、意味用法の差はない。

　　　静カナカッタ／静カヤッタ　心配ナカッタ／心配ヤッタ
　　　オシャレナカッタ／オシャレヤッタ　貧乏ナカッタ／貧乏ヤッタ
　　　利口ナカッタ／利口ヤッタ　楽ナカッタ／楽ヤッタ

　しかし、次のような標準語にはない第2形容詞には、上記のような「〜ヤッタ」形式は使用されず、すべて基本的に「ガイナカッタ／タンギナカッタ／ギットナカッタ／ゲサクナカッタ」である。

　　・昨日ノ雨ガイナカッタゼ。（昨日の雨はすごかったよ）
　　・昨日ワタンギナカッタンヨ。（昨日は疲れてたんだよ）
　　・アノ先生ギットナカッタゼ。（あの先生はきまじめだったよ）
　　・サッキノ話ゲサクナカッタゼ。（さっきの話は下品だったよ）

　従って、このような標準語にはない第2形容詞について言えば、第1形容詞との共通性の方が高いのである。
　また、村木（2002）の提唱する標準語の「第3形容詞」について言えば、特に「ヨイヨ」「ガイニ」といった〈程度副詞〉を伴う場合には、第2形容詞と同じ形式になる。下記の「男前ナイ／オ調子者ナイ」は〈肯定の断定形〉である。

　　・今日ノバスガラガラゼ／ヨイヨガラガラナゼ。
　　・ガラガラノ／ヨイヨガラガラナバスヤッタケン、楽ナカッタイ。
　　・アノ俳優ワ男前ゼ／ヨイヨ男前ナゼ／ヨイヨ男前ナイ。
　　・男前ノ俳優／ガイニ男前ナ俳優ガドラマニ出トッタゼ。
　　・アノ人オ調子者ゼ／ヨイヨオ調子者ナイ。
　　・アノ二人ナカヨシゼ／ガイニナカヨシナゼ。

　次の場合は、程度副詞を伴わなくても、〈連体〉において「〜ノ」形式で

はなく「〜ナ」が普通である。〈終止〉でも「〜ナ」である。これと同じ振る舞いをするものに「世間知ラズナ／デシャバリナ／寒ガリナ／宵ッ張リナ（ヨイッパリナ）」等がある。

- 山田先生ワ心配性ナ／物知リナ／口ベタナ人ゼ。
- ドシタンヤロ、オジイチャン今日ゴ機嫌ナ／無口ナゼ。

これらはすべて〈状態〉〈特性〉を表していて、名詞ならぬ形容詞的意味を表すことから、宇和島方言では、基本的に、第2形容詞として振る舞う。このような連続性の問題については、5節で総合化する。

4. 名詞述語の語形変化

名詞（述語）の場合は、標準語と異なり、男性であっても「小学生だ」に対応する「小学生ヤ」は使用しない。終助詞「ナー」が接続する場合のみ「来年ワ小学生ヤナー」のように言えるが、その他の場合は、「小学生ゼ」「小学生ヨ」のようになる。一方、過去形の場合は「小学生ヤッタ（ゼ）」という。

　世界の諸言語では、名詞が述語になる場合に、
　①コピュラが義務的であるタイプの言語（英語等）
　②コピュラがないタイプの言語（シンハラ語等）
　③非過去ではゼロコピュラ、過去ではコピュラ使用の言語（ロシア語等）
があることが知られているが、宇和島方言は③のタイプに近い。

　名詞述語にも、「小学生ヤアラヘン」のような第2否定形もあるが略して、〈肯定〉と〈第1否定〉を一緒に提示する（表8）。なお、「子供ガ小学生ノ清家サン」「息子ガ小学生ノ時」のような場合、「小学生ノ」には述語性があるため｛小学生ノ｝を次頁の表8に入れている。

　名詞（述語）の終止でも、過去形では、次のようなムード形式が分化している。（なお、形容詞と違って、表出形はない。）

表8　名詞述語の肯定と否定

機能	ムード	テンス	みとめ方	肯定	否定
終止	叙述	断定	非過去	小学生（ゼ）	小学生ヤナイワイ 小学生ヤナイ（ゼ）
			過去	小学生ヤッタイ 小学生ヤッタ（ゼ）	小学生ヤナカッタイ 小学生ヤナカッタ（ゼ）
		推量	非過去	小学生ヤロー	小学生ヤナイロー／ヤロー
			過去	小学生ヤッツロー 小学生ヤッタロー／ヤロー	小学生ヤナカッツロー 小学生ヤナカッタロー
	質問	肯否質問	非過去	小学生（カナ）	小学生ヤナイ（カナ）
			過去	小学生ヤッタ（カナ）	小学生ヤナカッタ（カナ）
		疑問詞質問	非過去	小学生（ゾ）	小学生ヤナイ（ゾ）
			過去	小学生ヤッタラ	小学生ヤナカッタラ
連体			非過去	｛小学生ノ｝	小学生ヤナイ
			過去	((小学生ヤッタ))	((小学生ヤナカッタ))
中止			非過去	小学生デ	小学生ヤノーテ
			過去	小学生ヤッテ	小学生ヤナカッテ
条件				小学生ヤッタラ	小学生ヤナカッタラ
逆条件				小学生ヤッタテ 小学生ヤッテモ	小学生ヤナカッタテ 小学生ヤナカッテモ

　〈断定〉小学生ヤッタイ

　〈推量〉小学生ヤッツロー

　〈疑問詞質問〉小学生ヤッタラ

　以上が典型的名詞述語の語形変化であるが、次のように、第2形容詞としても名詞（述語）としても、振る舞うものがある。特に「ヨイヨ」「ガイニ」といった〈程度副詞〉を伴った場合は、第2形容詞として「美人ナ」「子供ナ」になる。

第2章　愛媛県宇和島市方言の形容詞　135

(ⅰ)〈名詞〉

　　アノ人美人ガ好キナンヨ。

　　美人ノ奥サンモロータント。

　　アノ人ノ奥サン美人ゼ。

　　結婚式ニ行ッテキタケンド、ガイナ美人ヤッタゼ。

　　　(結婚式に行ってきたけど、大変な美人だったよ)

　〈第2形容詞〉

　　ヨイヨ美人ナ奥サンモロータント。

　　　(すごく美人の奥さんを貰ったそうだ)

　　アノ人ノ奥サンヨイヨ美人ナゼ。

　　　(あの人の奥さんはすごく美人だよ)

　　結婚式ニ行ッテキタケンド、ガイニ美人ナカッタゼ。

　　　(結婚式に行ってきたけど、大変に美人だったよ)

(ⅱ)〈名詞〉

　　アレワ隣ノ子供ゼ。

　〈第2形容詞〉

　　隣ノ人ヨイヨ子供ナゼ。スグ怒ルンヨ。

5. 第1形容詞、第2形容詞、名詞の連続性

　第1形容詞、第2形容詞、名詞の連続性をまとめて提示すると、次頁の表9のようになる。(　)内は標準語訳である。(なお、連続的であるため、個人差が生じても不思議ではない。)

　赤イ〈終止・非過去〉／赤カッタ〈終止・過去〉／赤イ{洋服}〈連体〉の順に、代表例で示す。従って、表9の「大キナ」は、宇和島方言では「コノ箱ガイニ大キナゼ」のように〈終止〉でも使用しうる。ただし、「小サナ」の方は、標準語と同様に〈終止〉では使用されない。名詞(述語)としているものは、「美人ガ(ヲ、ニ)」「息子ガ(ヲ、ニ)」のように格関係があり、また〈連体〉で「美人ノ」「息子ノ」のようになるものである。

表9　第1形容詞、第2形容詞、名詞の連続性

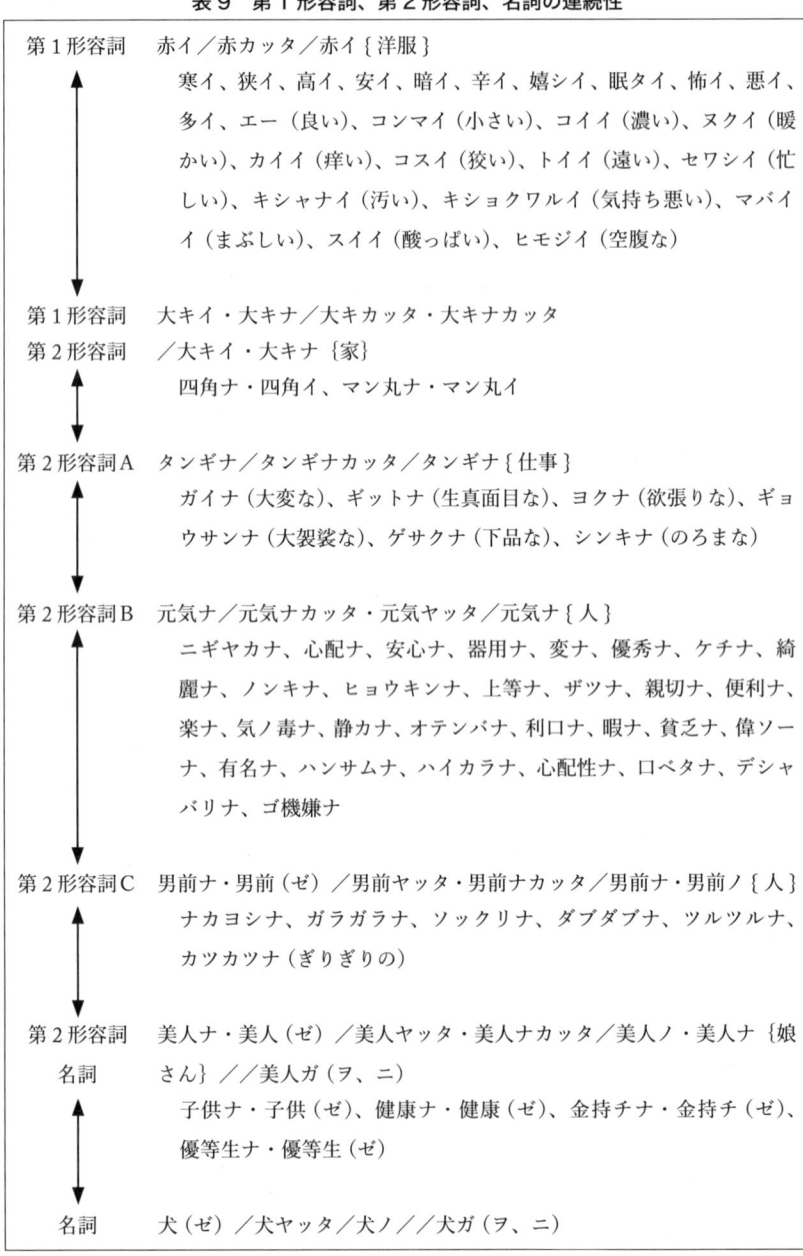

第1形容詞	赤イ／赤カッタ／赤イ｛洋服｝ 寒イ、狭イ、高イ、安イ、暗イ、辛イ、嬉シイ、眠タイ、怖イ、悪イ、多イ、エー（良い）、コンマイ（小さい）、コイイ（濃い）、ヌクイ（暖かい）、カイイ（痒い）、コスイ（狡い）、トイイ（遠い）、セワシイ（忙しい）、キシャナイ（汚い）、キショクワルイ（気持ち悪い）、マバイイ（まぶしい）、スイイ（酸っぱい）、ヒモジイ（空腹な）
第1形容詞 第2形容詞	大キイ・大キナ／大キカッタ・大キナカッタ ／大キイ・大キナ｛家｝ 四角ナ・四角イ・マン丸ナ・マン丸イ
第2形容詞A	タンギナ／タンギナカッタ／タンギナ｛仕事｝ ガイナ（大変な）、ギットナ（生真面目な）、ヨクナ（欲張りな）、ギョウサンナ（大袈裟な）、ゲサクナ（下品な）、シンキナ（のろまな）
第2形容詞B	元気ナ／元気ナカッタ・元気ヤッタ／元気ナ｛人｝ ニギヤカナ、心配ナ、安心ナ、器用ナ、変ナ、優秀ナ、ケチナ、綺麗ナ、ノンキナ、ヒョウキンナ、上等ナ、ザツナ、親切ナ、便利ナ、楽ナ、気ノ毒ナ、静カナ、オテンバナ、利口ナ、暇ナ、貧乏ナ、偉ソーナ、有名ナ、ハンサムナ、ハイカラナ、心配性ナ、口ベタナ、デシャバリナ、ゴ機嫌ナ
第2形容詞C	男前ナ・男前（ゼ）／男前ヤッタ・男前ナカッタ／男前ナ・男前ノ｛人｝ ナカヨシナ、ガラガラナ、ソックリナ、ダブダブナ、ツルツルナ、カツカツナ（ぎりぎりの）
第2形容詞 名詞	美人ナ・美人（ゼ）／美人ヤッタ・美人ナカッタ／美人ノ・美人ナ｛娘さん｝／／美人ガ（ヲ、ニ） 子供ナ・子供（ゼ）、健康ナ・健康（ゼ）、金持チナ・金持チ（ゼ）、優等生ナ・優等生（ゼ）
名詞	犬（ゼ）／犬ヤッタ／犬ノ／／犬ガ（ヲ、ニ）

所属単語が多いのは、第1形容詞、第2形容詞B、名詞である。
なお、否定の形式も、上記の連続性に連動している。

 第1形容詞 ：アコーナイ／アカイコトナイ
 第2形容詞A：タンギナコトナイ（タンギニナイ）
 第2形容詞B：元気ヤナイ／元気ナコトナイ
 第2形容詞C：男前ヤナイ／男前ナコトナイ
 名詞述語 ：犬ヤナイ

第1形容詞の基本的な否定形式は「アコーナイ」であるが、「〜コトナイ」という分析的形式は、第1、2形容詞において使用され、典型的な名詞（述語）では不可である。「〜ヤナイ」は、第2形容詞と名詞（述語）で使用される。

6. 形容詞における話し手の評価

3節で述べたように、形容詞には〈叙述・断定〉を明示する形式と〈表出〉を明示する形式がある。そして、〈叙述・断定〉ではテンス分化があり、〈表出〉ではテンス分化がない。

 第1形容詞
  〈叙述・断定〉 アカイワイ／アカカッタイ
  〈表出〉   アカヤ
 第2形容詞
  〈叙述・断定〉 元気ナイ／元気ナカッタイ（元気ヤッタイ）
  〈表出〉   元気ヤ

これは次のような形容詞述語の本質に関わっていると思われる。本書の「序論」第2章、第3章の八亀論文、佐藤論文が述べているように、形容詞述語文は、(A)〈広義ものの特徴づけ〉あるいは〈一時的状態の描写〉と(B)〈話し手の評価〉という、客体的な側面と主体的な側面の統合体としてある。

〈叙述・断定〉では、(A)〈広義ものの特徴づけ〉〈一時的状態の描写〉という客体的な側面が前面化される。一方、〈表出〉では、(B)〈話し手の評価〉という主体的な側面が前面化される。

- コノ部屋ワセマイワイ。〈広義ものの特徴づけ（話し手の評価）〉
- コノ部屋セマヤ。〈話し手の評価（広義ものの特徴づけ）〉
- 今日ワ外静カナイ。〈一時的状態の描写（話し手の評価）〉
- 今日ワ外静カヤ。〈話し手の評価（一時的状態の描写）〉

　従って、客体的側面の前面化である〈叙述・断定〉にはテンス分化があり、「*昨日ワ外静カナイ」「*昨日ワ寒イワイ」ということはできない。一方、発話時の話し手の評価を前面化する〈表出〉にはテンス分化がなく、「昨日ワ外静カヤ」「昨日ワ寒ヤ」ということができる。〈表出〉では、過去のことに対する発話時の話し手の評価が前面化するからである。

- 昨日ワ外静カナカッタイ。〈過去の一時的状態（話し手の評価）〉
- 昨日ワ外静カヤ。〈発話時の話し手の評価（過去の一時的状態）〉
- 昨日ワサムカッタイ。〈過去の一時的状態（話し手の評価）〉
- 昨日ワサムヤ。〈発話時の話し手の評価（過去の一時的状態）〉

　重要なことは、〈ものの特徴づけ〉〈一時的状態の描写〉という客体的側面と〈発話時における話し手の評価〉という主体的側面は、〈叙述・断定〉形式の場合でも〈評価〉形式の場合でも常にあるのだが、どちらを前面化するかで２つの形式が使い分けられることである。標準語では１つの形式しかないために両者の共通性と違いが見えにくいが、宇和島方言では２つの形式があるために、客体的側面と主体的側面のどちらを前面化するかが見えやすい。

　そして、「エー（いい）」「ワルイ」のような評価だけを表す形容詞では、表出形はない（ほとんど使用されない）。

- 「ワタシガ連絡シタゼ。」
  「ワルイナー／ワルカッタナー」
- 「アノ子進学スルト」

「ソリャ、エーワイ／ヨカッタイ」

　また、動詞述語にも〈表出〉形式があるが、その場合は〈量〉に対する評価となる。副詞を伴うことが多いが、副詞を伴わなくても基本的に〈量〉に対する評価である。

- 「昨日行ッテ来タケンド、アノ山ニワ蕨（ガイニ）アラヤ」
  （昨日行ってきたんだけど、あの山には蕨がたくさんあるなあ）
- 「オジイチャン今日ワ（ヨー）食ベラヤ」
  （おじいちゃんは今日はよく食べるなあ）

　このように考えると、形容詞における〈表出〉専用形式の存在は、形容詞述語の本質に関わる現象であると言えよう。

7. 形容詞における人称制限

標準語において〈人称制限〉があるとされる〈感情・感覚形容詞〉は、宇和島方言の場合、絶対的ではない。まず、第1形容詞でも第2形容詞でも〈断定〉専用形式においては、人称制限がなくなる。下記の例のように3人称主語であってよい。第3者の感情・感覚に対する話し手の判断を表す。

- 「ワタシ昨日川ニ落チテ怪我シタンヨ」
  「ソリャー、ナンボカイタカッタイ」
- 「昨日ノ結婚式ワオ母サンガ一番ウレシカッタイ」
- 「息子ガ帰ッテ来ンケン、隣ノ人サビシイワイ」
- 「オ嫁サンガデキタケン、隣ノ人モ安心ナイ（安心ナワイ）」
- 「隣ノ子入院シタント」
  「ソリャー、奥サン気ガカリナイ（気ガカリナワイ）」
- 「ウチノオジイチャン入院シトッタンヨ」

「ソリャー、心配ナカッタイ（心配ヤッタイ）」

　表出形式でも〈人称制限〉がなくなる傾向がある。次の場合、「つらい」「心配だ」という感情主体は３人称主語であるが、同時に話し手の共感的感情も表す。

・「隣ノオジイチャン入院スルント」
「ソリャー、オバアチャンナンボカツラヤ」（それは、おばあちゃんはどんなにか、つらいことだ！）
「ソリャー、オバアチャン心配ヤ（ナー）」（それは、おばあちゃんは心配なことだ！）

　上記のような３人称主語の場合、「ナンボカ（どんなにか）」と共起しやすい。この形式は１人称主語の場合は使用できない。
　表出形式では重複しての使用もある。現在でも過去でもよい。この場合は、１人称主語に制限される傾向がある。

・「ツラヤツラヤ。手術セナイケンノヨ」
・「昨日ノオ葬式サムヤサムヤ。風邪ヒイテシモータゼ」

　宇和島方言では、以上のように〈断定〉〈表出〉の専用形式において、感情・感覚形容詞の人称制限がないことが特徴的である。以上の例から分かるように、「川に落ちて怪我をする→当然痛い」「配偶者が入院する→当然辛い（心配だ）」といった常識的な因果関係が明確である場合には、第３者の内的状態を話し手が断定したり評価したりできるわけである。

8. 形容詞と程度副詞の関係

　宇和島方言では〈程度大〉であることを表す程度副詞「ガイニ」「ヨイヨ」

がよく使用される。この2つの程度副詞は、「ガイニ」が〈肯定〉に限定されるのに対して、「ヨイヨ」は〈肯定〉でも〈否定〉でもよいという違いがある。

　まず、次の場合は、〈量〉に対するものである。「ガイニアル」は「非常にたくさんある」の意味であり、「ヨイヨナイ」は、「非常に少ない」の意味である。

- コノ畑ワ石ガヨイヨナイワイ。
- *コノ畑ワ石ガガイニナイワイ。
- コノ畑ワ石ガガイニ／ヨイヨアライ。

　次は〈程度〉に対するものである。「ヨイヨオイシナイ／ヨイヨオモシロナイ」は「すごくおいしくない／おもしろくない＝非常にまずい／つまらない」の意味である。

- コノゴ飯ヨイヨオイシイワイ。
- コノゴ飯ヨイヨオイシナイワイ。
- コノゴ飯ガイニオイシイワイ。
- *コノゴ飯ガイニオイシナイワイ。
- コノ本ヨイヨオモシロカッタイ。
- コノ本ヨイヨオモシロナカッタイ。
- コノ本ガイニオモシロカッタイ。
- *コノ本ガイニオモシロナカッタイ。

　ただし、「ヨイヨ」はすべての否定と共起可能なわけではなく、「ヨイヨツライ」「ヨイヨ心配ナ」とは言えても、「*ヨイヨツローナイ（辛くない）」「ヨイヨ心配ヤナイ（心配ではない）」とは言えない。〈話し手の予想に反して程度大〉である場合に使用されやすい。

・覚悟シテ手伝イニ行ッタンヤケンド、ヨイヨイソガシュナカッタイ。助カッタイ。
・親ガ先生ナノニ、息子ワヨイヨ勉強ガ好キヤナイント。困ッタモンゼ。

9. 過去形のムード用法

標準語と同様に、現在成立している事象に過去形を使用することができる。〈断定〉専用形式の「赤カッタイ／元気ナカッタイ／孫ヤッタイ」があることから、この方言では次のようになる。

(1) 〈体験的確認〉の場合

「チョット前ニ行ッテ来タケンド、北海道ワヨイヨトーカッタイ／トーカッタゼ」のように、話し手自身の直接体験を明示する場合には、断定専用形式もそうではない形式も使用できる。

(2) 〈想起（再確認）〉の場合

「ソウイヤー、隣ノオジイチャンワマダ元気ナカッタイ／元気ナカッタゼ。明日ノ寄合ニ呼ンデアゲナイケン」「ソウヨ、明日ワオ祭リヤッタイ／オ祭リヤッタゼ」のように、既に確認したことを記憶から引き出して再確認する場合も、断定専用形式とそうではない形式が使用できる。

(3) 〈意識的確認〉の場合

「ヤッパリ、コノ部屋ワサムカッタイ／サムカッタゼ。コート着テ来テヨカッタナー」のように話し手の予想が発話現場で確認できた場合にも、断定専用形式とそうではない形式が使用できる。

(4) 〈意外な事実の確認（発見）〉の場合

次のように、話し手が予想していなかった事実を発話現場で確認した場合には、断定専用形式は使用しにくい。この場合「〜ンヨ」という標準語の「〜のだ」相当形式になることが多い。

・「アレ、隣ノオジイチャンガ歩キヨンサルゼ」

「元気ナカッタンヨ／*元気ナカッタイ」
・「アノ子ドコノ子ヤロ」
「私ノ孫ヨ」
「オット、孫ヤッタンヨ／*孫ヤッタイ」

〈独白〉の場合には、終助詞「ガ」を伴って〈意外性〉を明示する。「寒カッタイガ」とは言えない。

・「サムカッタガ。オーバー着テ来ルンヤッタ」

以上のことから、話し手の〈驚き〉の感情が前面化される〈話し手にとって予想外の事実確認〉の場合には、断定専用形式が使用しにくいことが分かる。

10. 質問のタイプとイントネーション

質問のムード形式は動詞述語にもある。動詞述語、形容詞述語、名詞述語を通して、宇和島方言では、質問とイントネーションの関係は次のようになる。
　1)〈中立的な質問〉：下降イントネーションが普通。
　2)〈話し手の想定や断定に対する質問（同意求め）〉：上昇下降イントネーションが義務的
　まず、〈肯否質問〉であれ〈疑問詞質問〉であれ、聞き手に情報を求める質問では〈下降イントネーション〉が普通である。

・「外サムイ↓」〈肯定〉
・「誰ガ一番元気ナカッタラ↓」〈肯定〉
・「外サムーナイ↓」〈否定（第1否定形式）〉
・「誰ガ一番元気ヤナカッタラ↓」〈否定（第1否定形式）〉

一方、次のように、第2否定形式や断定形が使用されると、〈話し手の肯定的想定〉や〈話し手の断定〉に対する質問（同意求め）になる。この場合は〈上昇下降イントネーション〉が義務的である。

- 「外サムーアラヘン↑↓」（外は寒いんじゃない？）
- 「確カ昨日ワ暇ヤアラヘナンダ↑↓」（確か昨日は暇だったんじゃない？）
- 「外サムイワイナー↑↓」（外は寒いよね？）
- 「確カ昨日ワ暇ナカッタイナー↑↓」（確か昨日は暇だったよね？）

従って、宇和島方言では、叙述文と、情報を求める中立的質問文では〈下降イントネーション〉であり、話し手の想定に基づく質問文の場合には〈上昇下降イントネーション〉になる。断定や疑問詞質問を表す専用形式の存在がこのようなことを可能にしているように思われる。

11. おわりに

以上をまとめると次のようになる。
①宇和島方言では、形容詞の形態論的な語形変化が、標準語よりも豊かである。このような現象は、書き言葉ならぬ話し言葉では、形容詞は規定語（連体修飾語）としてよりも、〈述語〉としての使用が多いことを示していると思われる。
②第2形容詞は、〈連体〉〈終止〉が同じ形式である点で、標準語よりも第1形容詞との共通性が高くなっている。そして、名詞とも連続的であるが、「心配性ナ人」「アノ人ワ心配性ナ（ゼ）」となる点で、標準語よりも第2形容詞寄りになっている。特に、程度副詞と共起した場合は、形式的にも第2形容詞として振る舞う。このような現象は、第1形容詞、第2形容詞、名詞が連続的であるがゆえに、その比重の置き方が言語によって様々であることを示しているだろう。

③断定専用形式と表出専用形式は、〈広義ものの特徴づけ〉〈一時的状態の描写〉といった客体的側面の前面化なのか、〈発話時における話し手の評価〉という主体的な側面の前面化なのかという対立を形成している。従って、断定専用形式にはテンス分化があり、表出専用形式にはテンス分化がないというかたちで、ムードとテンスが相関している。そして、断定専用形式でも表出専用形式でも、感情・感覚形容詞における〈人称制限〉はなくなる。ムードは人称とも相関しているだろう。

④程度副詞「ヨイヨ」は否定形式と共起できるが、この場合、〈話し手の予想に反する異常な程度〉であることを表す。また、過去形のムード用法において、〈話し手の予想に反する新事実の確認〉の場合は、断定専用形式が使用できない。このような事実は、〈現実世界の確認〉において〈話し手の予想の有無〉が重要な特徴になっていることを示していると思われる。

　以上、本章で述べてきたことは、標準語にない特別な形式だけをとりだすのではなく、形式と意味との関係を体系的に記述していくことの重要性である。このことによって、標準語との共通性と違い、方言間の共通性と違いが、明示できることになるだろう。

　標準語の特徴が、明治期以後の書き言葉を中心に発達してきた規範的な言語体系であるという点にあるとすれば、日常の話し言葉としての方言の文法現象と標準語の文法現象を、このような大きな視点からも比較対照することが今後重要になってくるであろう。

【参考文献】
飯豊毅一他編（1982）『講座方言学8　中国・四国地方の方言』国書刊行会.
工藤浩（1983）「程度副詞をめぐって」渡辺実編『副用語の研究』明治書院.
工藤真由美（1976）「待遇表現における若い世代の共通語化と方言化―愛媛県宇和島市における調査から―」『日本方言研究会第23回発表原稿集』.（井上史雄他編（1997）『日本列島方言叢書22　四国方言考②』ゆまに書房に所収）
工藤真由美（1992）「宇和島方言の2つの否定形式」『国文学解釈と鑑賞』57(7).　至文堂.

工藤真由美 (2000)「方言のムードについてのおぼえがき」『待兼山論叢 (日本学篇)』34. 大阪大学文学部.
工藤真由美 (2004)「現代語のテンス・アスペクト」『朝倉日本語講座　文法Ⅱ』朝倉書店.
鈴木重幸 (1972)『日本語文法・形態論』むぎ書房.
西尾寅弥 (1972)『形容詞の意味用法の記述的研究』秀英出版.
仁田義雄 (2002)『副詞的表現の諸相』くろしお出版.
宮島達夫 (1965)「いくつかの文法的類義表現について」国立国語研究所論集『ことばの研究 2』秀英出版.
宮島達夫 (1993)「形容詞の語形と用法」『計量国語学』19 (2).
村木新次郎 (2000)「「がらあき―」「ひとかど―」は名詞か、形容詞か」『国語研究』23. 東北大学文学研究科.
村木新次郎 (2002)「第三形容詞とその形態論」『国語論究 10　現代日本語の文法研究』明治書院.
八亀裕美 (forthcoming)『日本語形容詞の記述的研究　類型論的視点から』明治書院.
Pustet, R. (2003) *Copulas:universals in the categorization of the lexicon.* Oxford University Press.

第3章　熊本県宇城市松橋町方言の形容詞

村上智美

1. はじめに

平成17年1月に、近隣の町村と合併した熊本県宇城市は、県の中心地熊本市と、工業都市八代市の中間に位置し、松橋町は宇城市の中心地である。九州方言の肥筑方言域に属する熊本方言は、北部方言域と南部方言域とに分かれるが、この地域の方言は、その2つが接する地域である。本章ではこの地域方言の形容詞の特徴的な事柄について記述する。なお本章では当該地域出身の筆者（1968年生まれ）の内省の他、2000年～2006年にかけて実施した80代男女、60代男女、30代男女（生え抜きのインフォーマント）の調査結果を使用する。

2. 形式的側面から見た第1形容詞と第2形容詞

標準語の第1形容詞と第2形容詞は、形式的には判然と区別されるが、松橋方言では第1形容詞と第2形容詞が連続的である。第2形容詞に属する語の語形変化は、大きくは、Ⅰ．第1形容詞型、Ⅱ．第1形容詞型と第2形容詞型の混合型、Ⅲ．第2形容詞型の3つに分けられる。村上（2003）では、筆者の内省に基づき、第2形容詞48語について調査を行った結果、Ⅱの混合型の所属語数が最も多いことがわかった。以下に第1形容詞と第2形容詞の語形変化を示す（参考として第2形容詞の後に名詞述語の語形変化を記す）。

2.1. 第1形容詞の場合

このタイプでは、肥筑方言の典型的な第1形容詞型の語形変化と同じである。〈断定〉と〈連体〉は同じであるが、〈連体〉に〈過去〉はあまり使用されない。なお表中の（（　））内の語形は、あまり使用されない形式である（意味的に反対語を〈肯定〉の形で使用することの方が多い）。

表1　「赤い」の場合（肯定）

機能	ムード		みとめ方／テンス	肯定
終止	叙述	断定	非過去	アカカ
			過去	アカカッタ
	表出			アカサー／アカサアカサー
連体				アカカ
中止			非過去	アコシテ／アカクテ
			過去	アコシトッテ
条件				アコシタラ／アコスンナラ／アカカナラ
逆条件				アコシテモ／アカクテモ
				アコシタテ（ッ）チャ／アカカテ（ッ）チャ

表2　「赤い」の場合（否定）

機能	ムード		みとめ方／テンス	否定
終止	叙述	断定	非過去	アコナカ
			過去	アコナカッタ
	表出			((アコナサー／アコナサーアコナサー))
連体				アコナカ
中止			非過去	アコノーシテ／アコナクテ
			過去	アコノーシトッテ
条件				アコノーシタラ／アコナカナラ／アコセンナラ
逆条件				アコノーシテモ／アコナクテモ／アコセンデモ／アコセンテチャ／アコナクテチャ

〈断定〉には終助詞のないφ形と〈断定〉を表す終助詞「－バイ」「－タイ」

を伴う形がある。

・タローン　クルマワ　アカカ／アカカバイ／アカカタイ（太郎の車は赤い）

また〈推量〉〈条件〉〈逆条件〉は、φ形にそれぞれの意味に対応する助辞を伴って表現する。
〈推量〉の場合、終助辞「－ドー」「－ロー」を伴って表現する。両者に意味上の差違はない。なお上昇イントネーションは必ずしも義務的ではない。

・タローン　クルマワ　アカカロー／アカカドー（太郎の車は赤いだろう）
・ムカシ　タローン　クルマワ　アカカッタロー／アカカッタドー（昔太郎の車は赤かっただろう）

〈条件〉の場合「－タラ」「－ナラ」で表現される。

・カワユシタラ／カワユスンナラ　コドモン　ヨロコブドー（可愛くしたら子供が喜ぶだろう）

〈逆条件〉の場合「－テモ」「－テ（ッ）チャ」を使用する。

・［バザーで］ドガン　ヤスシテモ／ヤスクシテモ／ヤスシタテ（ッ）チャ／ヤスクシタテ（ッ）チャ　ウレンネー（どんなに安くしても売れないねー）

〈中止〉は伝統的には「－シテ」あるいは「シトッテ」であるが、筆者や若い世代はあまり使用せず、標準語的な「－クテ」である。この「－シテ」は〈現在〉のことでも〈過去〉のことでも使用できるようだが、「－シトッテ」は〈現在〉では使用しづらい。

・キョーン　ユーヒワ　アコーシテ／アカクテ　キレーカネー（今日の夕陽は赤くてきれいだね）
・キョネン　ハジメテ　オキナワサン　イッタバッテン　ソラ　ウミノ　アオシテ／アオシトッテ　キレイダッタ（去年初めて沖縄に行ったけれど、それはそれは海が青くてきれいだった）

〈表出〉は専用形式の「－サ（ー）」「－サ－サ（ー）」を使用する。これについては後述する。

2.2. 第2形容詞の場合
2.2.1. 第1形容詞型の場合

表3　「器用な」の場合

機能	ムード		みとめ方　テンス	肯定	否定
終止	叙述	断定	非過去	キヨーカ	キヨーナカ
			過去	キヨーカッタ	キヨーナカッタ
	表出			キヨーサー／キヨーサキヨーサー	＊
連体				キヨーカ	キヨーナカ
中止			非過去	キヨーシテ／キヨクテ	キヨーノーシテ／キヨーナクテ
			過去	キヨーシトッテ	キヨノーシトッテ
条件				キヨーシタラ／キヨースンナラ／キヨーカナラ	キヨーノーシタラ／キヨーセンナラ／キヨーナカナラ
逆条件				キヨーシテモ／キヨークテモ／キヨーカテチャ／キヨーシタテチャ	キヨーノーシテ／キヨーノーテチャ／キヨーナクテモ／キヨーセンテチャ／キヨーナクテチャ

第2形容詞の場合でも、第1形容詞型の形式変化をする語の場合、第1

形容詞と同じであるため、〈連体〉の場合でも「キヨーカ（器用な）人」のように〈終止〉と〈連体〉はともに同じ形式が使用される。この第2形容詞型に属する語は以下の通りで、3つのタイプの中で最も少ない。なお「まっすぐな」以外はすべて当該方言の〈表出〉を表す形式「－サ」がつく。

　　器用な　意地悪な　かわいそうな　気の毒な　まっすぐな　利口な

2.2.2. 第1形容詞型と第2形容詞型の混合の場合

このタイプに属する第2形容詞は3つのタイプで最も多く、以下の通りである。
　　◎あわれな　あたりまえな　安心な　◎臆病な　おしゃれな　勝手な
　　◎頑丈な　頑固な　◎簡単な　◎几帳面な　◎綺麗な　◎けちな　元気な
　　◎強情な　◎残酷な　幸せな　◎上手な　◎親切な　◎贅沢な　◎大変な
　　◎達者な　◎丁寧な　生意気な　必要な　貧乏な　不安な　◎不潔な　平気な　◎真面目な　満足な　◎無邪気な　◎乱暴な

〈断定〉でカ語尾の使用が見られるものには〈表出〉を持ちやすい（◎の付いている語は〈表出〉がある）。

　混合にはさまざまな段階が見られる。例えば、以下の表で示している表4「あわれな」の場合、〈肯定〉ではほぼ第1形容詞型の形式変化であるが、〈否定〉で第1形容詞型と第2形容詞型が混在している。さらに表5「きちょうめんな」の場合には〈肯定〉〈否定〉ともに第1形容詞型と第2形容詞型が混在している。いずれも〈断定〉で第1形容詞型が使用されるためか、〈表出〉を持つ。

　この表5のタイプの語の場合、〈断定〉で第2形容詞型の語形変化もする。〈非過去〉の場合、第1形容詞型の「－カ」はよく使用されるが、第二形容詞型の「－ダ」で使用することはあまりなく、代わりに「－ダン」（標準語の「－だもの」に相当する）、語幹でおわる形、それに加えて終助辞を伴った形が使用される。

・［約束の10分前には必ず着いているので］タナカサンワ　キチョーメンダン／キチョーメン／キチョーメンカバイ／キチョーメンカタイ
（田中さんは几帳面だ）

表4 「あわれな」の場合（紙幅の都合上もあり、〈肯定〉と〈否定〉は併記する。）

機能	ムード	テンス	みとめ方	肯定	否定
終止	叙述	断定	非過去	アワレカ	アワレクナカ／アワレジャナカ
			過去	アワレカッタ	アワレクナカッタ／アワレジャッタ
	表出			アワレサー／アワレサワレサー	＊
連体				アワレカ／アワレナ	アワレクナカ／アワレジャナカ
中止			非過去	アワレシテ／アワレデ	アワレジャノーシテ／アワレジャナクテ／アワレクナクテ
			過去	アワレーシトッテ	アワレジャノーシトッテ
条件				アワレシタラ／アワレスンナラ／アワレカナラ	アワレジャノーシタラ／アワレジャナカナラ／アワレセンナラ
逆条件				アワレデモ／アワレカデモ／アワレシタテ(ッ)チャ／アワレカテチャ	アワレジャノーシテモ／アワレジャナクテモ／アワレジャノーテチャ／アワレジャナクテチャ／アワレセンデモ／アワレセンテチャ

表5 「きちょうめんな」の場合（紙幅の都合上もあり、〈肯定〉と〈否定〉は併記する。）

機能	ムード	テンス	みとめ方	肯定	否定
終止	叙述	断定	非過去	キチョーメンカ／キチョーメン（ダ）	キチョーメンジャナカ
			過去	?キチョーメンカッタ／キチョーメンダッタ	キチョーメンジャナカッタ
	表出			キチョーメンサー	＊
連体				キチョーメンカ／キチョーメンナ	キチョーメンジャナカ／
中止				キチョーメンシテ／キチョーメンデ	キチョーメンジャナクテ
条件				キチョーメンカナラ／キチョーメンニシタラ／キチョーメンニスンナラ	キチョーメンジャナカナラ／キチョーメンニセンナラ
逆条件				キチョーメンニシテモ／キチョーメンデモ／キチョーメンニシタテッチャ	キチョーメンジャナクテモ／キチョーメンニセンデモ／キチョーメンセンテチャ

2.2.3 第2形容詞型の場合

このタイプには、標準語の第2形容詞の一部が含まれる。このタイプの語は以下のとおりで、所属語数は多くない。

　　いっぱいな　嫌な　勝手な　真剣な　適当な　馬鹿な　暇な
　　下手くそな　本気な　立派な　わがままな

〈断定〉は、〈非過去〉の場合、実際には「－ダ」のままの形ではほとんど使用されず、「－ダン」、語幹でおわる形、あるいはそれに終助辞を伴った形を使用する。

　　・[盆踊りに参加しないのかとたずねられて] ボンオドリ　スットワ
　　　イヤダン／イヤ／イヤバイ／イヤタイ

またこのタイプの語は「－サ」の形式をもたない。
　なお第一形容詞や第二形容詞でも第一形容詞型の語形変化をする、あるいは混合型の場合、〈中止〉で「－シテ」「－シトッテ」の形式も持つが、「嫌な」「真剣な」「馬鹿な」にはみられないようである。

表6　「嫌な」の場合（紙幅の都合上もあり、〈肯定〉と〈否定〉は併記する。）

機能	ムード	みとめ方 テンス		肯定	否定
終止	叙述	断定	非過去	イヤ（ダ）	イヤジャナカ
			過去	イヤダッタ	イヤジャナカッタ
		表出		*	
連体				イヤナ	イヤジャナカ
中止				イヤデ	イヤジャナクテ
条件				イヤナラ	イヤジャナカナラ
				イヤダッタナラ	イヤジャナカッタナラ
逆条件				イヤデモ	イヤジャナクテモ
				イヤダッタテ（ッ）チャ	イヤジャナカッタテ（ッ）チャ

名詞述語の場合

表7　「小学生だ」の場合

機能	ムード	みとめ方 テンス		肯定
終止	叙述	断定	非過去	ショーガクセー（ダ）
			過去	ショーガクセーダッタ
連体				ショーガクセーノ
中止				ショーガクセーデ
条件				ショーガクセーナラ
逆条件				ショーガクセーデモ／ショーガクセーテチャ

機能	ムード	みとめ方 テンス	否定
終止	叙述 断定	非過去	ショーガクセージャナカ
		過去	ショーガクセージャナカッタ
連体			ショーガクセージャナカ
中止			ショーガクセージャナクテ
条件			ショーガクセージャナカナラ
逆条件			ショーガクセーデモ／ショーガクセーテチャ

　松橋方言の場合、〈断定〉の〈非過去〉は標準語と同じ「ショーガクセーダ」であるが、実際には「－ダ」はあまり使われず、「－ダン」、名詞、あるいは名詞に終助辞を伴った形を使用する。なお過去形では「ショーガクセーダッタ」「ショガクセーダッタバイ」「ショーガクセーダッタタイ」となる。

・［太郎は小学生かと聞かれて］タローワ　ショーガクセーダン／ショーガクセー／ショーガクセータイ／ショーガクセーバイ（太郎は小学生だ）

　また形容詞述語のように、〈表出〉を表す専用形式はない。
　なお第一形容詞や第二形容詞でみられた〈中止〉の「－シトッテ」は名詞述語では使いづらい（ただし、「ホン（本）シトル」のような言い方はできないが、「センセー（先生）シトル」や「カンゴシ（看護師）シトル」のような言い方は可能である）。

3. 一時的な状態を表す形式について

3.1. 形容詞述語の「－ヨル[1]」について
松橋方言における形容詞述語の特徴の1つとして、「－ヨル」が使用されることがあげられる。

- フユワ　サムカ／＊サムカリヨル（冬は寒い）「＊」は非文を表す。以下同じ。

このように〈恒常的特徴〉を表す場合は、〈断定〉の「－カ」であって、「－ヨル」は使用できないが、〈現在〉〈過去〉の〈一時的状態〉や〈反復習慣〉を表す場合は「－ヨル」も使用できる。

- ワタシワ　サムカ／サムカリヨル（私は寒い）
- コノマエワ　サムカッタ／サムカリヨッタ（この前は寒かった）
- コノゴロ　マイニチ　サムカ／サムカリヨル（この頃毎日寒い）
- センゲツマデワ　マイニチ　サムカリヨッタ（先月までは毎日寒かった）

「－カ」の場合、標準語と同じように感情・感覚形容詞における人称制限があって、2、3人称の場合、「－ダロ」などの推量を表す形式などを付けなければならない（例：カナシカッダロ）。しかし、「－ヨル」の場合このような人称制限はない。

- ワタシワ　カナシカ／カナシカリヨル（私は悲しい）
- アタワ　＊カナシカ／カナシカリヨル（あなたは悲しそうだ）
- アンコワ　＊カナシカ／カナシカリヨル（あの子は悲しそうだ）

注意しなければならないのは「－ヨル」の使用にあたっては、動作主体の様子を話し手が直接〈目撃〉していなければ、使用できない点である。

ただし、この「－ヨル」の使用には世代差があり、〈現在〉〈過去〉の〈一時的状態〉や〈反復習慣〉で使用できるのは80代であり、60代では〈過去〉の〈反復習慣〉でのみ使用される。60代では〈過去〉の〈反復習慣〉とはいっても、「昔は」や「子供の頃」などといった〈遠い過去の話し手が体験した出来事〉を思い出す場合に使用されることが多い。なお30代では基本

的に使用されず、衰退の傾向が強いといえる（詳細については村上（2004a）参照）。

3.2. 形容詞述語における2つの「－シトル」について

話し手が体験した〈現在〉〈過去〉の〈一時的状態〉や〈反復習慣〉を表す「－ヨル」は衰退傾向にあるのに対して、「ウレッシャシトル　サビッシャシトル　タカシャシトル　アカシャシトル」（以下A形式とする）や「オカシュシトル、オトロシュシトル、サムシトル、クロシトル」（以下B形式とする）のような「－トル」形式があって、60代はもちろん、30代でも比較的よく使用されている。

3.2.1. A形式「－シャシトル」について

A形式は、話し手が〈目撃〉した〈現在〉〈過去〉の〈一時的状態〉や〈反復習慣〉を表す点で「－ヨル」と同じであるが、「－ヨル」と違い、以下の3つの制限がある。

①主語（主体）は有情物でなければならない。

・*キョーワ　アメン　フリヨルケン　ヘヤン　クラシャシトル（今日は雨が降っているので、部屋の中が暗い）{「クラカ」「クラカリヨル」ならば可}

↓

・キョーワ　アメン　フリヨルケン　アンヒトワ　ヘヤンナカバ　クラシャシトラス（今日は雨が降っているので、あの人は部屋の中を暗いと感じている）

②感情・感覚形容詞の場合には、主語（主体）は2・3人称になる傾向が強い（1人称主体は使いづらい）。したがって基本的には標準語の「－がっている」に相当する意味・用法であると思われる。

・[たくさんの汗が流れているのを見て] アタワ／タローワ　ヌクシャシトル（あなたは／太郎は暑そうにしている）

③標準語の「-ガッテイル」は基本的には感情・感覚形容詞に付加するのが限定されているが、A形式は属性形容詞でも使用されている。さらに主語（主体）は〈評価主体〉でもあり、〈評価対象〉を〈マイナス評価〉しており、その場面を話し手が目撃しているのである。なお〈マイナス評価〉であることは絶対的でなく、〈プラス評価〉や〈中立的〉評価がないわけではないが、基本的には〈マイナス評価〉で使用されることが多い。

・[着にくそうにしているのを見て] アンコワ　コンフクバ　コマシャシトル（あの子は　この服を　小さそうにしている）
　　　　　　　　　　　　　（評価主体）（評価対象）（マイナス評価）

松橋方言では30代でもよく使用されているが、熊本市の20代では年配者の表現として避ける傾向にあり、以下のように表現される。

・アナタワ　アツカゴター（あなたは暑そうだ）

詳細は村上（2004b）を参照。

3.2.2. B形式「-シトル」について
60代男女各1名、30代女2名（計4名）について、第1形容詞100語[2]について、B形式の使用を調査した。1人も使用がなかった形容詞は以下の通りであった。
　　ありがたい　くすぐったい　しょっぱい　四角い　のろい　もろい
　　かいがいしい　いい　えらい　すさまじい　つまらない　ない

① B形式も話し手が直接体験、あるいは目撃した〈現在〉〈過去〉の〈一時的状態〉〈反復習慣〉の状況を言い表す表現で、60代・30代でも比較的よく使用されている。

- ［食べながら］コン　イチゴワ　アモシトルネ（このいちごは甘いね）〈現在〉〈一時的状態〉
- ［梅雨の頃］コノゴロワ　テンキンワルカケン　ヘヤンナカン　クロシトル（この頃天気が悪いので部屋の中が暗い）〈現在〉〈反復習慣〉
- コノゴロ　マイニチ　サムシトル（この頃毎日寒い）〈現在〉〈反復習慣〉
- コンマエマデ　マイニチ　サムシトッタ（この前まで毎日寒かった）〈過去〉〈反復習慣〉

② A形式は、以下のように感情・感覚形容詞において主体（主語）は2・3人称になりやすかったが、B形式にはそのような制限はなく、1人称主語でも可能である。2・3人称主語の場合どちらでも使用できるが、A形式で使用されることが多い（両者に意味上の差違はない）。

- ワタシワ　ウチン　イヌノ　シンダケン　カナシュシトル／*カナッシャシトル（私は飼い犬が死んだので悲しい）〈現在〉〈一時的状態〉
- サッカーン　シアイガ　マケテ　コドモガ　クヤシュシトル／クヤッシャシトル（サッカーの試合が負けたので、子供が悔しがっている）〈現在〉〈一時的状態〉
- アノコワ　コノマエ　オモチャバ　カソゴンナクテ　オシュシトッタ／オッシャシトッタ（あの子はこの前おもちゃを貸したくなくて惜しそうにしていた）〈過去〉〈一時的状態〉
- ［掻いている様子を何度も見て］コンコワ　ヨー　ムシニ　ササレテ　カユシトル／カイシャシトル（この子はよく虫に刺されてかゆそうにしている）〈現在〉〈反復習慣〉

- ［昔のことを思い出して］リカコチャンナ　クラカトコロバ　ソーニャ　オトロシュシトッタ／オトロッシャシトッタ（りかこちゃんは暗いところをとても恐ろしく思っていた）〈過去〉〈反復習慣〉

③B形式は、〈一時的状態〉や〈反復習慣〉を表現するので、ものの一般的な特性を規定するようなことがらでは使用できない。

- トマトワ　アッカ／*アコシトル（トマトは赤い）
- ナツワ　ヌッカ／*ヌクシトル（夏は暑い）

ただし〈直接体験〉している場合には、特性を表現しているような場合でもB形式を使用する。

- ［石を抱えて］コンイシワ　オモシトルネー／オモカネー（この石は重いねー）
- ［食べながら］コンセンベーワ　コーバシュシトル／コーバシカ（このせんべいは香ばしい）
- ［子供と石を見ながら］コンイシワ　マルシトンネー／マルカネー（この石は丸いね）

④なお筆者の内省では、第1形容詞に比べて第2形容詞ではB形式を使用しづらいようである。以下の第2形容詞42語について、60代女性にB形式を使用した文を作例してもらった。前述の用法で作例できた形容詞には◎を付す。

あたりまえな　あわれな　あんしんな　いじわるな　いっぱいな　いやな　おくびょうな　おしゃれな　かってな　◎かわいそうな　がんこな　◎がんじょうな　◎かんたんな　きちょうめんな　◎きのどくな　◎きような　きれいな　けちな　げんきな　ごうじょうな　◎ざんこくな　し

あわせな ◎じょうずな しんけんな しんせつな ぜいたくな たいへんな ◎たっしゃな ◎ていねいな てきとうな ◎なまいきな ◎ばかな ひつような ひまな ◎びんぼうな まっすぐな まんぞくな むじゃきな らんぼうな ◎りこうな ◎りっぱな わがままな

- [山下さんが川上さんのことを気にかけて、いろいろ世話をしているのを、(話し手が) たびたび目撃して] ヤマシタサンナ　カワカミサンバ　カワイソシトル (山下さんは川上さんを可哀想に思っている)
- [説明書を読みながら] コラ　カンタンシトルケン　ダレダッチャデクル (これは簡単だから、誰でもできる)

以上よりＢ形式は、松橋方言では 80 代でのみ使用されている「－ヨル」の後継にあたる形式ではないかと考えられるが、更なる精査が必要である。

4.〈表出〉を表す形式について

松橋方言の〈表出〉を表す形式は、「－サ（ー）」「－サーサ（ー）」である。この形式は基本形が「－カ」の語で使用できる。

- [突然雷が落ちる音がして] ワー　オトロシサー／オトロシサオトロシサー (わー、怖い！)
- [友人から珍しいお土産をもらって] アラー　ウレッサー／アラーウレッサウレッサ、コガン　メズラシカモノバ　モロテカー (あらぁ、嬉しい！／あらぁ、嬉しいこと、このような珍しいものをいただいて)

「－サーサ（ー）」は「－サ（ー）」に比べて、その程度がさらに強調されるだけでなく、上の例文のように、さらに文が続いていく場合でも使用が可能である (「－サ（ー）」にこのような用法はない)。またさらに〈過去〉の場合でも次のように使用できる場合がある。

- オトトイ　キンジョンヒトン　ソーシキデ　(私は)カナッサカナッサ　ホカン　ヒトタチモ　ミンナ　ナキヨラシタ(一昨日近所の人の葬式で(私は)悲しくて悲しくて、他の人たちも皆さん泣いていらっしゃった)
- *オトトイ　キンジョンヒトン　ソーシキデ　(私は)カナッサカナッサー

ただしこのような〈過去〉での使用は、「−サ−サ(−)」の後に文が続く場合でのみ使用可能である。

この「−サ(−)」「−サ−サ(−)」も高年層ではよく使用されているが、30代、さらには若い世代では衰退傾向にある。

5. まとめ

松橋方言は標準語と異なり、第1形容詞と第2形容詞が連続的であり、また形容詞述語において一時的な状態を表す形式が豊富である。しかしそれにも世代差や地域差があり、今後衰退していくことも十分考えられる。衰退の状況も含めて、今後さらに精査が必要である。

【注】

1　動詞の場合、西日本諸方言の場合と同じく、「−ヨル」は基本的に〈(動作、変化の)の進行〉を表す(「−トル」は〈結果〉を表す)。また〈反復習慣〉の場合は、運動動詞であっても「−ヨル」と「−トル」の対立がなくなる。
　　タローガ　マドバ　アケヨル(太郎が今窓を開けている最中だ)〈進行〉
　　タローガ　マドバ　アケトル(太郎が窓を開けている)〈結果〉
　　タローワ　マイニチ　ロクジニ　マドバ　アケヨル／アケトル(太郎は毎日6時に窓を開ける)〈反復習慣〉
　状態動詞の場合、「−トル」の使用が原則のようだが、「−ヨル」が使用できないわけではない。「−ヨル」と「−トル」の意味上の差違はない。

ハヨ　イコデ　オモットル／オモイヨル（早く行こうと思っている）〈進行〉

存在動詞の場合、〈過去〉の〈反復習慣〉で「－ヨル」を使用することが基本であるが、〈一時的状態〉の場合、「－ヨル」は原則として使用されず、基本形である。

2　100語は次の通り。100語の選定は「形容詞対応関係調査票」（工藤真由美編（2002）『方言のおける動詞の文法的カテゴリーの類型論的研究 No.1』科研報告書　大阪大学に所収）のものを使用した。

あさましい　ありがたい　いとしい　うらやましい　嬉しい　おかしい　おかしい　惜しい　おそろしい　面白い　悲しい　可愛い　悔しい　怖い　さびしい　楽しい　辛い　懐かしい　憎い　妬ましい　恥ずかしい　むごい　めでたい　痛い　かゆい　くすぐったい　苦しい　煙たい　だるい　眠い　ひもじい　まぶしい　明るい　暖かい　暑い　熱い　甘い　（味が）薄い　（味が）うまい　せからしい　重い　固い　辛い（からい）　軽い　臭い　暗い　（味が）濃い　香ばしい　寒い　渋い　しょっぱい　涼しい　酸っぱい　そうぞうしい　冷たい　苦い　ぬるい　（味が）まずい　やわらかい　青い　赤い　黄色い　黒い　四角い　白い　鋭い　平たい　丸い　浅い　新しい　厚い　粗い　（厚みが）薄い　美しい　大きい　幼い　遅い　汚い　険しい　細かい　狭い　高い　小さい　近い　強い　でかい　遠い　長い　のろい　早い　低い　広い　深い　太い　古い　細い　短い　みにくい　もろい　緩い　弱い　若い　大人しい　かいがいしい　詳しい　親しい　しぶとい　すばしこい　そそっかしい　たくましい　にぶい　ひとなつこい　優しい　危ない　いい　えらい　すごい　すさまじい　すばらしい　（値段が）高い　正しい　つまらない　ひどい　貧しい　むつかしい　やさしい　悪い　多い　少ない　ない　忙しい　欲しい

【参考文献】

秋山正次・吉岡泰夫（1991）『暮らしに生きる熊本の方言』熊本日日新聞社.

飯豊毅一他編（1982）『講座方言学 9　九州地方の方言』国書刊行会.

鈴木重幸（1972）『日本語文法・形態論』むぎ書房.

九州方言学会（1991）『九州方言の基礎的研究　改訂版』風間書房.

工藤真由美編（2004）『日本語のアスペクト・テンス・ムード体系—標準語研究を超えて—』ひつじ書房.

工藤真由美（2006）「愛媛県宇和島市方言の形容詞」工藤真由美編『方言における述語構造の類型論的研究Ⅱ』科研報告書．大阪大学．

西尾寅弥（1972）『形容詞の意味用法の記述的研究』秀英出版．

藤本憲信（2004）『熊本県菊池方言辞典』熊日出版．

村上智美（2003）「形容詞のパラダイム―熊本県松橋方言の場合―」工藤真由美編『方言における動詞の文法論的カテゴリーの類型論的研究 No.3』科研報告書．大阪大学．

村上智美（2004a）「形容詞に接続するヨル形式について―熊本県下益城郡松橋町の場合―」工藤真由美編『日本語のアスペクト・テンス・ムード体系―標準語研究を超えて―』ひつじ書房．

村上智美（2004b）「熊本方言における「寂ッシャシトル、高シャシトル」という形式について」工藤真由美編『日本語のアスペクト・テンス・ムード体系―標準語研究を超えて―』ひつじ書房．

八亀裕美（2004）「述語になる品詞の連続性―動詞・形容詞・名詞―」工藤真由美編『日本語のアスペクト・テンス・ムード体系―標準語研究を超えて―』ひつじ書房．

第4章　鹿児島県中種子方言の形容詞

木部暢子

1. はじめに

　鹿児島県熊毛郡中種子町は、種子島の中程に位置する。人口は約9,600人(2004年現在)で、農業を主な産業とする町である。歴史的には、中世から明治維新に至るまで一貫して種子島氏の統治下にあり、そのため、ことばも鹿児島県本土とはかなり趣を異にしている。特に古典語「けり」に由来する「ケリャー」や古典語「らむ」や「らむず」に由来する推量表現「ロー」「ローズ」に見られるように、日本語の古態を多く残している。

　本章では中種子町の形容詞について記述する。なお、方言の表記にあたっては、カタカナを使用し、必要に応じて共通語訳を（　）に入れて示す。カナ表記と音声との関係は共通語のそれに準じるが、テ、デに関しては [te] ～ [tʃe]、[de] ～ [dʒe] といった揺れが聞かれる。両者は音韻的に対立する音ではなく、自由に交替する異音である。本章ではこれらはすべてテ、デで表記する。

　インフォーマントは、『種子島方言辞典』の編著者植村雄太朗氏である。氏は1939年、中種子町生まれで、言語形成期を中種子町で過ごし、1959年から1965年まで東京在住。その後、2000年3月まで鹿児島県の種子島、高山町、屋久島、頴娃町、知覧町などで教鞭をとった。

2. 中種子方言の形容詞の概観

　最初に、中種子方言の形容詞の特徴を概観しておこう。

① 「アッカ（赤い）」「ウレシカ（嬉しい）」のようにカ語尾を持つグループと、「ゲンキジャ（元気だ）」「イヤジャ（いやだ）」のように「ジャ」をとるグループがある。前者を第1形容詞、後者を第2形容詞とする。
② 第2形容詞は「ジャ」の他に「ゲンキーアル（元気だ）」のような「ニアル」形を持つ。
③ 「気の毒」「まっすぐ」などは「キノドッカ／キノドクジャ」「マッスンカ／マッスグジャ」のように、カ語尾と「ジャ」形の両形を持つ。このことから分かるように、第1形容詞と第2形容詞は截然と分かれるわけではなく、連続的である。
④ 第2形容詞と名詞（述語）の間も連続的である。例えば、「イリョー（必要）」などは「イリョージャ／イリョーニアル」のように第2形容詞の特徴を持つ一方で、連体形が「*イリョーナ（モン）」ではなく「イリョーノ（モン）」であるなど、名詞的な特徴を持っている。
⑤ 名詞（述語）には「ジャ」の〈連体〉用法「先生ジャ人」がある。これは、多くの「人」から「先生である人」を区別する機能を持つ。
⑥ 第1形容詞、第2形容詞ともに〈推量〉の形式が豊富である。
⑦ 第1形容詞・第2形容詞ともに一時的状態を表す「アコーシチョル（赤い）」「ゲンキーシチョル（元気だ）」のような用法を持っている。
⑧ すべての述語において〈丁寧体〉が発達している。形容詞述語・名詞述語では「（赤コー・元気デ・先生デ）ゴザリモース」が使用される。

3. 形式的側面から見た第1形容詞と第2形容詞

本節では、第1形容詞、第2形容詞の語形変化について見ていく。まず、それぞれの形式を示し、簡単な説明を加える。次に、第2形容詞との関連で、名詞（述語）の語形変化について述べ、最後に第1形容詞、第2形容詞、名詞（述語）の連続性について述べる。なお、第1形容詞、第2形容詞、名詞（述語）ともに〈丁寧体〉のゴザリモース形が発達しているが、これについては後にまとめて述べることにして、ここでは〈普通体〉のみ取り上げることに

する。

3.1. 第1形容詞

「アッカ（赤い）」を例として、第1形容詞の語形変化を表1に挙げておく。表1に若干の説明を加えておこう。まず、中種子方言では〈終止〉と〈連体〉はどちらも「アッカ」で同形である。

　次に、〈推量〉の形式が豊富である。その理由は、古い形式と新しい形式が併存していること、音変化形が併存していること、意味の異なるいくつかの形式が併存していることなどによる。新旧関係でいうと、最も古いのが「アッカンローズ・アッカローズ」（「赤かるらむずる」に由来する形）で、かなり年配の人が使用する。次に古いのが「アッカンロー・アッカロー」（「赤かるらむ」に由来する形）、比較的新しいのが「アッカジャンロー・アッカジャロー」（「赤か・じゃるらむ」に由来する形）である。「アッカヤロー」は更に新しい形式で、「アッカジャロー」に比べて柔らかく、女性が使うことが多い。ただし、女性専用というわけではない（以下「ジャ」と「ヤ」の違いはすべてこれに準ずる）。

　音変化の関係でいうと、「アッカンローズ・アッカンロー・アッカジャンロー」のように「ン」のある形と「アッカローズ・アッカロー・アッカジャロー」のように「ン」のない形とでは、「ン」のある形の方が古い。この「ン」は「赤カル」「ジャル（←デアル）」の「ル」の名残である。

　意味の面でいうと、ロー形とジャロー形は推論のしかたが多少違っている。例えば、
　　・［テレビ番組で調味料をたくさん使うのを見て］あれだけ調味料を使えば、おいしいだろう
のように、自分の経験（調味料を使えばおいしくなる）に基づいて推量的判断を下す場合は「ンマカロー」より「ンマカジャロー」の方が相応しく、
　　・［味にうるさい太郎がおいしいと言うのを聞いて］あの太郎が言うのなら、おいしいだろう
のように、自分の経験ではなく他からもたらされた情報（太郎がおいしいと

表1 第1形容詞

機能	ムード	テンス	みとめ方	肯定	否定
終止	叙述	断定	非過去	アッカ／アカカ	アコーナカ アコーワナカ アッカコターナカ
			過去	アッカッタ／アカカッタ	アコーナカッタ アコーワナカッタ
		推量	非過去	アッカンローズ［古］ アッカローズ［古］ アッカンロー アッカロー アッカジャンロー アッカジャロー アッカヤロー	アコーナカンローズ［古］ アコーナカローズ［古］ アコーナカンロー アコーナカロー アコーナカジャンロー アコーナカジャロー アコーナカヤロー
			過去	アッカッツロー［最古］ アッカッタンローズ［古］ アッカッタローズ［古］ アッカッタロー アッカッタジャンロー アッカッタジャロー アッカッタヤロー	アコーナカッタンローズ［古］ アコーナカッタローズ［古］ アコーナカッタロー アコーナカッタジャンロー アコーナカッタジャロー アコーナカッタヤロー
	質問		非過去	アッカカイ	アコーナカカイ
			過去	アッカッタカイ	アコーナカッタカイ
	表出			アッカヤー	アコーナカヤー
連体			非過去	アッカ	アコーナカ
			過去	アッカッタ	アコーナカッタ
中止				アコーシテ	アコーノーシテ［古］ アコーナシー
条件				アッカレバ アッカトキャー	アコーナケレバ アコーナカトキャー
逆条件				アコーシテモ	アコーノーシテモ［古］ アコーナシーモ

言った）によって推量的判断を行う場合は「ンマカジャロー」より「ンマカロー」の方が相応しい。また、眼前の事実と話し手が下す推量的判断との開きが大きい場合、例えば、

　　・［現在は白い壁だが、赤い色がほのかに残っているのを見て］もとはこの壁は赤かったのだろう。

と推量する場合は「アッカッタロー」よりも「アッカッタジャロー」の方が相応しく、開きがそれほど大きくない場合、例えば、

　　・［現在も赤い壁だが、多少色があせているのを見て］以前はもっと赤かったのだろう。

と推量する場合は「アッカッタジャロー」よりも「アッカッタロー」の方が相応しい。この差は「ジャロー」が断定辞「ジャ」を含むのに対し、「ロー」がそれを含まないことに基づいている。ただし、この差は絶対的なものではなく、上記のいずれも「ロー」「ジャロー」の両方の使用が可能である。なお、標準語の「（赤い）らしい・みたいだ・ようだ・そうだ」に対応する推量表現としては「アッカゴター」という形がある。

　推量の「ロー」はときに文末詞の「ロー」と紛らわしくなることがある。中種子方言では［d］が［r］に変化するため、文末詞の「ド」が「ロー」になるからである。両者の混乱をさけるために、会話では〈推量〉の「ロー」の後ろにカラ等を付けて、「アッカローカラ」「アッカジャローカラ」のように言うことが多い。ただし、〈推量〉の「ロー」と文末詞の「ロー」は以下に示すように、アクセントが異なる。

　　文末詞　　ツ［ラ］ガ　［アッカ］ロー（顔が赤いよ）
　　　　　　　ツ［ラ］ガ　アッ［カッタ］ロー（顔が赤かったよ）
　　推　量　　ツ［ラ］ガ　アッ［カロ］ー（顔が赤いだろうから）
　　　　　　　ツ［ラ］ガ　アッ［カッタロ］ー（顔が赤かっただろうから）
　　（注）［ は音調の上がり目を、］は下がり目を表す。

〈質問〉は〈肯否質問〉、〈疑問詞質問〉ともに「カイ」を付けて表す。「カイ」

により質問文であることが明示されるため、音調は必ずしも上昇イントネーションでなくてもよい。むしろ下降イントネーションの方が普通（無標）で、上昇イントネーションにすると強い回答要求、不信感などの意味が加わる。

- アッカカイ↓（赤いか？　中立）
- アッカカイ↑（赤いか？　強い回答要求・不信感等）
- ドイガ　アッカカイ↓（どれが赤いか？　中立）
- ドイガ　アッカカイ↑（どれが赤いか？　強い回答要求等）

（注）↓は下降イントネーションを、↑は上昇イントネーションを表す。

〈表出〉は〈終止〉形に文末詞「ヤー」を付けて表す。

〈中止〉は〈肯定〉が「アコーシテ」、〈否定〉が「アコーノーシテ」と「アコーナシー」である。〈否定〉の2形式は、それぞれ「赤くなくして」「赤くなしに」に由来するが、「アコーノーシテ」の方が古い形である。おそらく、もとは「アコーシテ：アコーノーシテ」で〈肯定：否定〉が対立していた所へ、新しく〈否定〉の「アコーナシー」が入り込み、「アコーシテ：アコーナシー」という非対称形が生じたものと思われる。

〈逆条件〉もこれと同じで、もとは「アコーシテモ：アコーノーシテモ」の形で〈肯定：否定〉が対立していた所へ、「アコーナシーモ」が入り込み、「アコーシテモ：アコーナシーモ」という非対称形が生じたと考えられる。

〈感情・感覚形容詞〉の主語の人称制限については、共通語と同じように、主語が1人称の場合は〈終止〉形で文が終わってもよいが、3人称の場合は、話し手の認識を表す文末詞「トヤ」を付けなければ不自然となる。

- オラー　ウカッテ　ウレシカ（私は合格してうれしい）
- *タローワ　ウカッテ　ウレシカ（太郎は合格してうれしい）
- タローワ　ウカッテ　ウレシカ　トヤ（太郎は合格してうれしいのだ）

（注）*は非文を表す。

3.2. 第2形容詞

次に、第2形容詞について見ていこう。第2形容詞は基本的に「ジャ」を伴って述語となるが、その他に「ニアル」の形がある。まず「ジャ」について見ていこう。

3.2.1. 第2形容詞「ジャ」形について

「元気ジャ」を例として、第2形容詞の語形変化を表2に挙げておく。
　〈終止〉は「元気ジャ」、〈連体〉は「元気ナ」で、共通語に同じく〈終止〉と〈連体〉で形式が異なる。
　〈推量〉に「ジャンローズ・ジャローズ」「ジャンロー・ジャロー」「ヤロー」の3系列がある点は第1形容詞に同じで、それぞれの形式の新旧関係、音変化の関係、意味上の違いも第1形容詞のそれと同じである。
　〈質問〉、〈表出〉の特徴も第1形容詞に同じ。〈中止〉における〈肯定：否定〉の関係も第1形容詞のそれに準じ、もとは「元気デ：元気ジャノーシテ」の形で〈肯定：否定〉が対立していた所へ、新しく〈否定〉の「元気ジャナシー」が入り込み、「元気デ：気ジャナシー」という対立に変化してきたものと思われる。
　〈条件〉には、「元気ナイバ」と「元気ジャレバ」の2形式がある。「ジャレバ」は〈反実仮想〉で、実際は元気でないのに「元気なら」と仮定する場合に用いる。「元気ナイバ」は元気かどうかの前提を含まない中立的な仮定である。

　　・［元気でないので実際には行けないけれど］元気ジャレバ　オイモ
　　　行クトバッテン（元気なら俺も行くのだけれど）
　　・元気ナイバ　オイモ　行コー（元気なら俺も行こう）

　〈逆条件〉も同様に、実際は元気でないのに「仮に元気であっても」と仮定する場合に「元気ジャッテモ」が使われ、元気かどうかの前提なしの中立の仮定には「元気デモ」が使われる。

表2　第2形容詞「ジャ」形

機能	ムード	テンス	みとめ方	肯定	否定
終止	断定	非過去		元気ジャ 元気ヤ	元気ジャナカ 元気ジャーナカ 元気ナコターナカ
		過去		元気ジャッタ 元気ヤッタ	元気ジャナカッタ 元気ナコターナカッタ
	叙述	推量	非過去	元気ジャンローズ［古］ 元気ジャローズ［古］ 元気ジャンロー 元気ジャロー 元気ヤロー 元気ジャカモ	元気ジャナカンローズ［古］ 元気ジャナカローズ［古］ 元気ジャナカンロー 元気ジャナカロー 元気ジャナカジャンロー 元気ジャナカジャロー 元気ジャナカヤロー 元気ジャナッカモ
			過去	元気ジャッタローズ［古］ 元気ジャッタロー 元気ヤッタロー 元気ジャッタカモ	元気ジャナカッタローズ［古］ 元気ジャナカッタロー 元気ジャナカッタジャンロー 元気ジャナカッタジャロー 元気ジャナカッタヤロー 元気ジャナカッタカモ
	質問	非過去		元気カイ	元気ジャナッカイ
		過去		元気ジャッタカイ 元気ヤッタカイ	元気ジャナカッタカイ
	表出			元気ジャヤー	元気ジャナカヤー
連体		非過去		元気ナ	元気ジャナカ
		過去		元気ジャッタ 元気ヤッタ	元気ジャナカッタ
中止				元気デ	元気ジャノーシテ［古］ 元気ジャナシー
条件				元気ナイバ 元気ジャレバ 元気ヤレバ	元気ジャナカレバ［古］ 元気ジャナケレバ
逆条件				元気デモ 元気ジャッテモ 元気ヤッテモ	元気ジャノーシテモ［古］ 元気ジャナシーモ

- 元気ジャッテモ　マータ　寝込ムカラ　ヤメチョケ（仮に元気であっても、また寝込むから止めておけ）
- 元気デモ　無理ワスンナ（たとえ元気でも無理はするな）

3.2.2.　第2形容詞「ニアル」について

「ニアル」は中種子方言でも古い形式で、高年層が使用する。実際の発話では「ニアル」の形で現れることは少なく、「ニ」が「イ」に変化した後、語幹末の母音と融合して、「ヒマーアル（暇だ）」「ゲンキーアル（元気だ）」「シカキーアル（四角だ）」「シアワセーアル（幸せだ）」のように長音で現れることが多い。語幹末尾音が長音や撥音の場合だけ、「リコーニアル（利口だ）」のように「ニアル」の形で現れる。一時的状態を表し、1人称にも3人称にも使われる。

- オラー　ゲンキー　アラーヤ（俺は元気だよ）
- 太郎ワ　ゲンキー　アラーヤ（太郎は元気だよ）
  （注）「アラーヤ」は「アルワヤ」の変化形

　第2形容詞の中には、「ニアル」が使われにくい語がいくつかある。例えば、「アンドジャ（安堵ジャ＝安心だ）」「イヤジャ」「平気ジャ」「勝手ジャ」「立派ジャ」「そっくりジャ」などだが、これらの語は意味的に、一時的な状態を表しにくいという性質をもつ。そのため、「ニアル」が使われにくいのではないかと思う。

　表3に「ゲンキーアル（元気だ）」を例として、「ニアル」の語形変化を挙げておく。

　〈肯定〉は「ゲンキーアル」、〈否定〉は「ゲンキーナカ」である。〈推量〉の〈否定〉になると、「ゲンキーナカロー・ゲンキーナカジャロー」と「ゲンキーアルマー」の2系列が現れてくる。

　〈終止〉と〈連体〉は同形だが、〈連体〉はあまり使われない。また、〈表出〉

表3 第2形容詞「ニアル」

機能	ムード	テンス	みとめ方	肯定	否定
終止	叙述	断定	非過去	ゲンキーアル	ゲンキーナカ
			過去	ゲンキーアッタ	ゲンキーナカッタ
		推量	非過去	ゲンキーアンロー ゲンキーアッカモ	ゲンキーナカンロー ゲンキーナカロー ゲンキーナカジャロー ゲンキーアルマー ゲンキーナッカモ
			過去	ゲンキーアッタロー ゲンキーアッタカモ	ゲンキーナカッタロー ゲンキーナカッタカモ
	質問		非過去	ゲンキーアッカイ	ゲンキーナッカイ
			過去	ゲンキーアッタカイ	ゲンキーナカッタカイ
	表出			*	*
連体			非過去	ゲンキーアル	ゲンキーナカ
			過去	ゲンキーアッタ	ゲンキーナカッタ
中止				ゲンキーアッテ	ゲンキーノーシテ［古］ ゲンキーナシー
条件				ゲンキーアレバ	ゲンキーナカレバ［古］ ゲンキーナケレバ
逆条件				ゲンキーアッテモ	ゲンキーノーシテモ［古］ ゲンキーナシーモ

もほとんど使われない。

〈中止〉における〈肯定：否定〉の関係については、第1形容詞や第2形容詞「ジャ」形に同じく、もとは「ゲンキーアッテ：ゲンキーノーシテ」という対立だった所へ、新しく〈否定〉の「ゲンキーナシー」が入り込み、「ゲンキーアッテ：ゲンキーナシー」という対立に変化してきている。

3.3. 名詞（述語）

名詞（述語）と第2形容詞の語形変化は重なる部分が多く、両者は連続的で

表4 名詞（述語）

機能	ムード		テンス	肯定	否定
終止	叙述	断定	非過去	先生ジャ 先生ヤ	先生ジャナカ 先生ジャーナカ
			過去	先生ジャッタ 先生ヤッタ	先生ジャナカッタ
		推量	非過去	先生ジャンローズ［古］ 先生ジャローズ［古］ 先生ジャンロー 先生ジャロー 先生ヤロー 先生ジャカモ	先生ジャナカンローズ［古］ 先生ジャナカローズ［古］ 先生ジャナカンロー 先生ジャナカロー 先生ジャナカジャンロー 先生ジャナカジャロー 先生ジャナカヤロー 先生ジャアルマー 先生ジャナッカモ
			過去	先生ジャッタローズ［古］ 先生ジャッタロー 先生ヤッタロー 先生ジャッタカモ	先生ジャナカッタローズ［古］ 先生ジャナカッタロー 先生ジャナカッタジャンロー 先生ジャナカッタジャロー 先生ジャナカッタヤロー 先生ジャナカッタカモ
	質問		非過去	先生カイ	先生ジャナッカイ
			過去	先生ジャッタカイ	先生ジャナカッタカイ
連体			非過去	先生ノ 先生ジャ	先生ジャナカ
			過去	先生ジャッタ 先生ヤッタ	先生ジャナカッタ
中止				先生デ	先生ジャノーシテ［古］ 先生ジャナシー 先生ジャナカッテ
条件				先生ナイバ 先生ジャレバ 先生ヤレバ	先生ジャナカレバ［古］ 先生ジャナケレバ 先生ジャナカッタイバ
逆条件				先生デモ 先生ジャッテモ	先生ジャノーシテモ［古］ 先生ジャナシーモ

ある。これについては後に述べることにして、表4に「先生ジャ」を例として、名詞（述語）の諸形式を挙げておく。

　表4に示したように、第2形容詞「元気ジャ」とは〈連体〉の形式が大きく異なっている。すなわち、「元気ジャ」の〈連体〉は「元気ナ」だが、「先生ジャ」の〈連体〉は「先生ノ（物）」と「先生ジャ（人）」の2形である。このうち、「ノ」は共通語の「の」に同じく、「物」の種類や属性を規定する用法である。それに対し「ジャ」は、先生や役場の職員、農業、漁業など、いろいろな職業の人がいる中から「先生である人」を抽出し、区別する働きを持っている。「小学校ジャヤツ（小学生の人）」も同じで、中学生や小学生や幼稚園生やいろいろな子供がいる中で、「小学生である人」を区別する意味を表す。

　このように、「XジャY」は、Yという集団の中からYの構成要素の一員であるXを抽出して区別する用法である。従って、XとYが異種に分類される「*先生ジャ本」「*先生ジャ服」は非文となる。ただし、人間以外の犬や魚、植物などではXとYが同種であっても、「*秋田犬ジャ犬」「*石鯛ジャ魚」「*カターシー（椿）ジャ木」とは言わないから、「XジャY」は人間に限った用法のようである。

3.4. 第1形容詞、第2形容詞、名詞（述語）の連続性

第1形容詞、第2形容詞、名詞（述語）は表5に示したように、截然と分けられるわけではなく、連続的である。まず、第1形容詞と第2形容詞の連続性は、「キノドクジャ／キノドッカ（気の毒だ）」「マッスグジャ／マッスンカ（まっすぐだ）」のような、カ語尾と「ジャ」形の両方を持つ語の存在に見ることができる。これらの語はカ語尾と「ジャ」形の両方の語形変化を完全に備えており、第1形容詞・第2形容詞に二重所属する形となっている。一方、「元気ジャ」は「ジャ」形しか持っていない。両者の違いがどこにあるかというと、おそらく方言としての馴染み度の違いが関係しているのではないかと思われる。つまり、方言としての馴染み度が強いと「ジャ」形、カ語尾形の両方で現れ、弱いと「ジャ」形のみで現れるのではないかと思う。

ただし、この類がもっぱらカ語尾で現れる松橋方言や福岡方言に比べると、中種子方言の「気の毒」の類は、まだ「ジャ」形、カ語尾形併存の状態であり、カ語尾化の力はそれほど強くない。北部九州と南部九州におけるカ語尾の生産性の差をここに見ることができる。

次に、第2形容詞と名詞（述語）との連続性を示す例として、「イリョージャ（必要だ）」が挙げられる。この語は「ジャ」形の他に、第2形容詞の特徴である「ニアル」形を持つが、一方で、〈連体〉形が「イリョーノモン（必要な物）」のように、「ナ」形ではなく「ノ」形で現れる。中種子方言の「イ

表5 第1形容詞・第2形容詞・名詞（述語）の連続性

第1形容詞	アッカ〈終止〉／アッカ〈連体〉
	シロカ（白い）、クロカ（黒い）、クラカ（暗い）、ヌッカ（暑い）、ヒヤカ（寒い）、カシコカ（賢い）、キシャナカ（汚い）、オモシロカ（おもしろい）、ウレシカ（嬉しい）、ゴーラシカ（可哀想だ）、ミヤスカ（簡単だ）、キレイカ（きれいだ）、ワザイカ（大変だ）、ホトクナカ（不潔だ）
	キノドッカ・キノドクジャ・キノドキーアル〈終止〉／キノドッカ・キノドクナ〈連体〉
	シカッカ・シカクジャ（四角だ）、丁寧カ・丁寧ジャ、マッスンカ・マッスグジャ（まっすぐだ）
第2形容詞	元気ジャ・ゲンキーアル〈終止〉／元気ナ〈連体〉
	頑丈ジャ、気丈ジャ、器用ジャ、けちジャ、元気ジャ、幸せジャ、上手ジャ、丈夫ジャ、親切ジャ、贅沢ジャ、セワジャ（不安だ）、生意気ジャ、馬鹿ジャ、暇ジャ、貧乏ジャ、下手ジャ、便利ジャ、まじめジャ、ヨロクッソージャ（意地悪だ）、利口ジャ、ゼンモチジャ（金持ちだ）、ヒッカブリジャ（臆病だ）、
	イヤジャ〈終止〉／イヤナ〈連体〉
	アンドジャ（安堵ジャ＝安心だ）、平気ジャ、勝手ジャ、立派ジャ、そっくりジャ
第3形容詞	イリョー（必要）ジャ・イリョーニアル〈終止〉／イリョーノ〈連体〉
名詞（述語）	先生ジャ〈終止〉／先生ノ・先生ジャ〈連体〉
	ショーガッコー（小学生）ジャ

リョー（必要）」は格体系がほとんど揃っていないから、名詞というより村木（2002）の第3形容詞に当たるものである。「イリョー」のような語が他にどのくらいあるかは今回の調査では未詳で、今後の課題である。

4. 丁寧体について

中種子方言では〈丁寧体〉が発達している。動詞では「イキモース（行きます）」のような「モース」が使われるが、第1形容詞、第2形容詞、名詞（述語）では、「アコーゴザリモース（赤うございます）」「元気デゴザリモース・ゲンキーゴザリモース」「先生デゴザリモース」のような「ゴザリモース」が使われる。「ゴザリモース」の語形変化を表6に挙げておこう。

〈推量〉には「モーソーズ」「モーソー」「モースロー」の3つの系列がある。それぞれ「申さむず」「申さむ」「申すらむ」に由来する。〈否定〉にも3つの系列があり、それぞれ「申さぬらむず」「申さぬらむ」「申すまい」に由来する。

〈質問〉には、推量の「ロー」の入った形（ゴザリモースローカイ）と入ら

表6 形容詞、名詞（述語）の〈丁寧体〉

ムード	テンス	みとめ方	肯定	否定
叙述	断定	非過去	ゴザリモース	ゴザリモーサン
		過去	ゴザリモーシタ	ゴザリモーサンジャッタ
	推量	非過去	ゴザリモーソーズ［古］ ゴザリモーソー ゴザリモースロー	ゴザリモーサンローズ［古］ ゴザリモーサンロー ゴザリモースマー
		過去	ゴザリモーシタローズ［古］ ゴザリモーシタロー	ゴザリモーサンジャッタローズ［古］ ゴザリモーサンジャッタロー
質問		非過去	ゴザリモースローカイ ゴザリモースカイ	ゴザリモーサンローカイ ゴザリモーサンカイ
		過去	ゴザリモーシタローカイ ゴザリモーシタカイ	ゴザリモーサンジャッタローカイ ゴザリモーサンジャッタカイ

ない形（ゴザリモースカイ）がある。これらは標準語の「ございましょうか」「ございますか」に当たり、「ロー」の入った方が丁寧度が高い。

5. 一時的状態を表す「シチョル」について

第1形容詞、第2形容詞ともに「シチョル」で一時的状態を表す用法がある。1人称主語にも3人称主語にも使われ、人称制限はない。

- ［孫が東京へ行って］オラー　寂シューシチョル（俺は寂しい）
- ［孫が東京へ行って］太郎ワ　寂シューシチョル（太郎は寂しい）
- オラー　ゲンキーシチョラーヤ（俺は元気だ）
- 太郎ワ　ゲンキーシチョラーヤ（太郎は元気だ）

「シチョル」は一時的な状態を表すため、「もともと元気だ」「子供というのは元気だ」のような特性を表す場合には使えない。このような時はカ語尾や「ジャ」形を使う。

- *カターシーノ　ハノー　モトモト　アコーシチョル（椿の花はもともと赤い）
- 　カターシーノ　ハノー　モトモト　アッカ（〃）
- *太郎ワ　モトモト　ゲンキーシチョラーヤ（太郎はもともと元気だよ）
- 　太郎ワ　モトモト　ゲンキジャラーヤ（〃）
- *子供チュートワ　ゲンキーシチョラーヤ（子供というのは元気だね）
- 　子供チュートワ　ゲンキジャラーヤ（〃）

また、一時的な状態が想定しにくい語では「シチョル」が使われにくく、逆に、一時的な状態が想定しやすい語では「シチョル」が使われやすい。以

下に第2形容詞の例を挙げておこう。

(a)「シチョル」が使われにくい語（第2形容詞の例）
　　当たり前ジャ、イヤジャ、イリヨージャ（必要だ）、頑丈ジャ、気丈ジャ、気の毒ジャ、器用ジャ、けちジャ、上手ジャ、親切ジャ、セワジャ（不安だ）、馬鹿ジャ、ヒッカブリジャ（臆病だ）、暇ジャ、貧乏ジャ、下手ジャ、便利ジャ、ヨロクッソージャ（意地悪だ）、立派ジャ
(b)「シチョル」が使われやすい語（第2形容詞の例）
　　元気ジャ、幸せジャ、四角ジャ、丈夫ジャ、贅沢ジャ、丁寧ジャ、生意気ジャ、まじめジャ、マッスグジャ、利口ジャ

「シチョル」の諸形式を表7に挙げておく。〈肯定〉が主で〈否定〉はほとんど使われない。

表7 「シチョル」形

機能	ムード		みとめ方 テンス	肯定
終止	叙述	断定	非過去	シチョル
			過去	シチョッタ
		推量	非過去	シチョンロー
			過去	シチョッタロー
	質問		非過去	シチョンローカイ
			過去	シチョッタローカイ
連体			非過去	シチョル
			過去	シチョッタ
中止				シチョッテ
条件				シチョレバ
逆条件				シチョッテモ

【参考文献】

植村雄太朗（1970）「種子島方言の実態」平山輝男博士還暦記念会編『方言研究の問題点』明治書院.

植村雄太朗（1984）「種子島中部方言文法の記述的研究」平山輝男博士古稀記念会編『現代方言学の課題2　記述的研究編』明治書院.

植村雄太朗（2001）『種子島方言辞典』武蔵野書院.

上村幸雄（1959）「鹿児島県西之表市西之表」国立国語研究所編『日本方言の記述的研究』明治書院.

木部暢子（2003）「種子島中種子方言の文末詞」『国語国文薩摩路』50. 鹿児島大学国語国文学会.

工藤真由美編（2004）『日本語のアスペクト・テンス・ムード体系―標準語研究を超えて―』ひつじ書房.

工藤真由美編（2006）『方言における述語構造の類型論的研究II』科研費成果報告.

工藤真由美（2006）「アスペクト・テンス」小林隆編『方言の文法』岩波書店.

小林隆（1999）「種子島方言の終助詞『ケル』」黒田成幸・中村捷編『ことばの核と周縁』くろしお出版.

村木新次郎（2002）「第三形容詞とその形態論」佐藤喜代治編『国語論究10　現代日本語の文法』明治書院.

第5章　鹿児島県大島郡大和村　　　　大和浜方言の形容詞

須山名保子

1. はじめに

大和浜とは、鹿児島県大島郡に属する奄美大島の中西部、東シナ海に面した大和村の北寄りの1集落である。遠く奈良時代遣唐使の船が寄港したという古い土地柄で、今は村役場がある。大和川を渡って東南に思勝、思勝湾に沿って東側に津名久という集落がある。

　大和浜と思勝・津名久の3集落は、古く三箇字とよばれ、大和村に11ある字のうち例外的に、思勝湾に臨んで隣接し合っている。奄美大島の諸方言は、かつては隣のシマ（集落）に行くにも峠を越えねばならないような地形が多いためもあって、方言の語形が少しずつ異なっているのが普通であった。そんな中で、サンカアザはことばがほとんど違わないと言われてきた。

　今回の報告にあたっては、17～14年前に作成した録音の文字化資料（後出）を基礎資料として用いた。そして70歳代の話者によるここ数年来の調査結果と突き合わせてみることにした。両者の年齢差はちょうどひと世代、親子の開きであるが、その間の社会の変動には激しいものがあった。

1.1. 方言の特徴

奄美琉球方言は、本土方言との差が大きいので、本題に入る前に、本方言の音韻や文法面の特徴のいくつかを記しておく。

　奄美大島の音韻体系は、母音6、半母音2、子音20、成拍音素の撥音・促音・長音あわせて3、計31の音素を持ち、音節は大和浜方言の場合、175を数える。音節構造はCVを基本とし、その点では大島北部と同じである。

（大島南部は、CV と CVC とをあわせ持つ。）母音体系にはイ列エ列の中舌母音が存在する。子音には、母音・鼻音の前の声門閉鎖の有無による対立、閉鎖音・破擦音には喉頭化の有無の対立がある。アクセントは一型。北部名瀬金久方言（現、奄美市）とはこの点でも異なる。

　文法面では次の 3 点のみ挙げておく。奄美方言の多くは、動詞・形容詞のいわゆる終止形（標準語のスルなどにあたる）の形式に、m 語尾と ri 語尾の 2 種（それぞれ形には変異がある）を持つという特徴がある。地域によって文法的意味の対立の明確なもの・曖昧なものと一定しないが、対立を保有しているほうが北部でも南部でも一般である（本編では「与論島麦屋方言」の記述を参照）。その対立が、本方言には無い。終止形非過去はリ語尾 1 種であり、過去の「た」はタ 1 種である。

　動詞の語尾変化は強変化型化が著しい。形容詞の語形に関係の深いアリ（ある）とシュリ（する）は不規則変化動詞である。

　強めの助詞ドゥ（「ぞ」に対応）、疑問の助詞ガ（「か」に対応）が係りになり、古い連体形－ルで結ぶ、いわゆる係り結びがあるが、現在は慣用的な表現に限られている。

　本方言にはジェンダーによる位相差はない。

　敬語法は主に尊敬体と丁寧体とが発達している。近世の身分階層を背景にして、語彙的には人称名詞（対称）、親族名称（尊属 2 親等まで）の使い分けがあった。近代から現代にかけて、身分社会が解体される種々の段階で、親族名称は複雑な推移を見せている。

1.2. 方言の表記法

本章では、研究の目的に必要な情報を伝え得る範囲で、表記を簡略なものにした。発音上の特色、それによる語義の差異などの認識を省く結果を伴うが、やむをえないと考えた。簡略表記の原則は次のとおりである。

　1) 喉頭化の有無の対立は、書き分けない。

　2) 中舌母音はナミ字の片仮名（近似の音節）に小字ィ、ェを添えて表す。

　3) 撥音はン、促音はッ、長音は―。

1.3. 方言の資料と話者情報
本章の末尾に掲げる。

2. 形容詞述語

2.1. 形容詞概観
本方言の形容詞には第1形容詞と第2形容詞とがある。

　第1形容詞は標準語のいわゆる「く活用」に相当する－サ形と、「しく活用」に相当する－シャ形とがある。－サ・－シャとは語幹部分を「－」で表す。たとえばハー（赤）・スィー（酢）・キョラ（清ら）など。それに名詞性を与える接辞のついた形をいう。語幹末尾にシがあるものはシャとなる。ムィズィラシャ（珍しい）・ウトゥルシャ（恐ろしい）など。この形は以下に扱う語形変化ではサと同じ動きをするので、サ形で両者を代表させる。

　第1形容詞はこの－サそのものが述語となるほか、－サ　アリ（－く　ある）と－サ　シュリ（－く　する・している）の形がある。－サはほかに表出文にも使われ、副詞的に動詞述語を修飾もする。

　第2形容詞は状態を表す名詞に断定の助動詞ジャ（だ）、あるいは聞き手への念押しを含むド（だよ）を伴ったもの。語幹相当の名詞にムン（者）が付いて人の性格を表すような使い方が目立ち――ダイタンムン・キロムン（度胸のあるもの）など――語幹にナの付いた連体形を具える語は数えるばかりである。語幹に方言固有の語が少なく漢語が多いことからも、第2形容詞は本方言に本来的なものとはいえないと推される。未発達というべきで、限られた数の－ナを連体詞とし、名詞述語の一類とする見方も現況では可能であろう。

2.2. 第1形容詞

2.2.1. 基本の形
第1形容詞の形づくりは奄美琉球の諸方言に共通している部分も多いのだが、機能を考えるのに関わることもあり、ここでは詳しく扱ってみる。終止

形非過去の形で挙げる。

語幹［対応形］名詞語尾［対応形］＋Aアリ（である）／＋Bシュリ（している）

ハー［あか］　サ［さ］　　アリ［あり］　／　シュリ［しをり］

(1) 語幹の対応形に、本土の古語がよく見られる。例、(腹立たしい) ネェタ［ねた］　(固い) コハ［こは］　(惜しい) アタラ［あたら］

(2) 語幹の対応形が標準語に見出せないものも少なくない。例、(うるさい) コテナ（サ）　(軽はずみだ) オハロ（シャ）　(憎らしい) ハゴ（サ）　(汚い・いやだ) ヤナゲェ（サ）

(3) 語幹も体言性が強く、造語力がある。例、ハーウシ（赤牛）　ハーバナ（赤い花）　ハーガルリ（明るくなる）

(4) 名詞が主部、形容詞が述部の短い文と同じ内容の新しい複合形容詞を造る力が旺盛である。例、カミダハサ（霊性が高い）　キモダハサ（気位が高い）　ハダギョラサ（肌がきれいだ）

(5) アリは、存在動詞の「ある」。このアリと第２形容詞や名詞の述語を形づくるアリ（である）との違いは、否定形が第１形容詞はネェン（無い）で、第２形容詞や名詞はアランであること。アリはサ形に続くか融合するかして使われる。間に係助詞・副助詞などの挿入は可能である。

融合形ハーサリを以て終止形の代表形とするが、実際の会話では終助詞抜きの用法は少ないと観察される。

(6) シュリは、能動（他動）性・状態（自動）性を併せ持つ点では、標準語の「する」と共通した語彙的性質を持つ。語尾変化は不規則なので、一部を記しておく。括弧内は、動詞にはあるが、形容詞には無いもの。

基本語幹 sïr, sj, sjur- 現代　　音便語幹 sj, sjut-　　連用形シ

〈基本語幹に続く語尾の語形〉

　　完成相終止形シュリ　継続相終止形シュリ現代

　　（否定スィラン・シュラン意志スィロ命令スィルィ）

　　連体シュン（結びシュル）推量シューロー

　　条件形スィルィバ

〈音便語幹に続く語尾の語形〉
　過去シャ・シュタ　過去連体形シュタン・シュタル
　過去推量シュタロー
　（第1中止形シ）第2中止形シュティ

sir- は発音が不安定な語形で sj- に音韻変化しやすく、シュリという語形は完成相の「する」と継続相の「している」を共に表すようになった。この「している」がサ形に接続して、アリ形とは別にはたらく。

2.2.2.　語形変化
ここでは、〈普通体〉と、〈丁寧体〉の一部の順に形容詞の述語の形を一覧する。ここに挙げる語形は、最近数年の調査の際、いずれも70歳代の話者の確認を経たものである。

第1形容詞ハーサリの語形について
(1) 融合形のサリ形を挙げた。サ　アリ形も使われるが省略した。
(2) サ　シュリは否定形では原則として使用しない。例外は196ページ参照。話し手が目にしている事実を捉え、伝える用法だからである。記憶や、数少ないが予期にも使うので、過去形はあり、推量形もある。
(3) サ（ア）リの否定はサ　ネェンである。第2形容詞の肯定も形式としては同じアリが基本だが、その否定はアラン（ではない）で、第1と第2のアリの差異が見える。
(4) アリもシュリも従えないサ形だけのハーサが複数の使われ方をする。文の主部に立って名詞として・動詞を修飾する副詞として・述語となって、はたらく。表出は、サか終助詞ヤが付いた形の末尾母音を延ばすことと、イントネーションで、断定と区別される。

　　・ワキャダカ　モレェチャサーチ　オモティ…（私も貰いたいと思って…）
　　　　　　　　　　　　　　　　　　　　　　　〔長Ⅰ: 15〕

表1 「赤い」ハーサリ 〈普通体〉

			肯定	否定
終止	叙述	断定 非過去	ハーサ／ハーサリ／ハーサ シュリ	ハーサ ネン／ハーサン クトゥ ネン
		断定 過去	ハーサタ／ハーサ シュタ	ハーサ ネンタ
		推量 非過去	ハーサロー	ハーサ ネンダロー
		推量 過去	ハーサタロー	ハーサ ネンタロー
	質問	肯否質問 非過去	ハーサ／ハーサンニャ／ハーサ シュンニャ	ハーサ ネンナ
		肯否質問 過去	ハーサティナ／ハーサ シュティナ	ハーサ ネンティナ
		疑問詞質問 非過去	ハーサリ／ハーサ シュリ／〜ガ ハーサル	ハーサ ネン
		疑問詞質問 過去	ハーサタ／ハーサ シュタ	ハーサ ネンタ
	表出		ハーサー／ハーサヤー／ハーサヨー／ハーサチバー	
連体		非過去	ハーサン／ハーサ シュン	ハーサ ネン
		過去	ハーサタン／ハーサ シュタン	ハーサ ネンタン
中止			ハーサティ／ハーサ シ／ハーサ シュティ	ハーサ ネンティ／ハーサ ネーズィ
条件			ハーサルィバ／ハーサ スィルィバ	ハーサ ネンバ
逆条件			ハーサティン／ハーサ シュティン	ハーサ ネンティン

　大島北部の龍郷町のことわざに断定の好例があるので引く。「これこれはこういうものだ」という内容である。

　　・ヌスィド　シュン　クヮヤ　カナシャ（泥棒する子はいとしい）
　　　　　　　　　　　　　　　　　　　　　　　　　　〔石 0650〕
　　・ムンギョラサヤ　ドゥーギョラサ（物をきちんとしている人は自分の

身辺もきちんとしている）　　　　　　　　　　〔石 0830〕

(5)〈断定〉に、強めの係りドゥの結びの連体形ハーサルがあり得るのだが、動詞の場合より更に慣用化が進んでおり、一般には終止形になりがちである。この古い連体形－サルは、〈疑問詞質問〉の係助詞ガ（か）の結びとしてもある。

　・ディルガ　イッチャル。（どれが　よいのか。）　　　　〔会話〕

(6) 大島北部の奄美市（旧名瀬市）等都市部では、いわゆるく活用・かり活用も一部の語に混用されているのだが、本方言ではフェク（速く）を副詞として取り込んでいるのみで、(はやい)にはフェッサリの系列があり、混用の兆しは今のところ無い。

(7) 本方言の長音は文末で、また文中の区切れなど息継ぎに際して、意識的に発音される。殊に文末に来る音節は決まって長くなる。たとえば〈推量〉の（いいだろう）はイッチャローであるが、〈反語〉の（いいだろうか）はイッチャロガーと、ロは短くガは長い、など。ヨンニャラ（ゆったり・慇懃）ユムタ（もの言い）だという定評の大和浜の特徴と思われる。大和浜では長く伸びる母音が、津名久では短く歯切れよく言われることがある。

〈丁寧体〉について

表2　「赤い」ハーサリ　〈丁寧体〉

				肯定	否定
終止	叙述	断定	非過去	ハーサリョーリ／ハーサ　シュリョーリ	ハーサ　アリョラン
			過去	ハーサリョータ／ハーサ　シュリョータ	ハーサ　アリョランタ
	連体		非過去	ハーサリョーン／ハーサ　シュリョーン	ハーサ　アリョラン
			過去	ハーサリョタン／ハーサ　シュリョタン	ハーサ　アリョランタン

(1) 形容詞は第1・第2共に〈丁寧体〉が発達している。連体形の規定語用法にも〈丁寧体〉を使うのが、標準語と違う特徴。
(2) 第1の否定形ネェンの〈丁寧体〉はアリョーリの、第2の否定形アランの〈丁寧体〉はダリョーリの、それぞれ否定形を使う。
(3) 語尾変化は存在のアリと同じであり、述語として形態面で特に注意すべき事象をみいだしていないので、断定と連体のみを挙げる。

第1形容詞サリ形例文

・ウン　チュヌ　チー　トゥティ　ケンキュー　スィルィバ　イッチャタロヤー。(その人の血を採って研究すればよかっただろうねえ。) 推量過去　　　　　　　　　　　　　　　　　　　〔長II: 14〕
・Bドゥクサンニャー、Aオー、ドゥクサリョット。(B元気か。Aはい、元気でございますよ。) 肯否質問非過去　応答　断定非過去丁寧体　　　　　　　　　　　　　　　　　　　　　　　〔長II: 185〕
・Bチーナー、ドゥクサティナー、Aオー、オカゲェサマシ　ドゥクサリョタットー。(B来たか。元気だったか。Aはい、お蔭さまで元気でございましたよ。) 肯否質問過去　応答―断定過去丁寧体
　　　　　　　　　　　　　　　　　　　　　　　〔長II: 198〕
・シマヌ　ナツィヌ　テェダヌ　チューサチバー。(大島の夏の日照りの強さったら。) 表出　　　　　　　　　　　〔長II: 22〕
・キョラサン　モーリ　シカタ。(きれいな亡くなり方。) 連体
　　　　　　　　　　　　　　　　　　　　　　　〔長II: 21〕
・ソラヤー　アマサティ　ニッチャリョーリ。([甘蔗の]先は味が薄くてまずいです。) 中止、断定丁寧体　　　　　　〔長II: 1〕
・ウン　イチュビヌ　ホシャティ　マンティ　アンマトゥ　ビチ　ナティ。(その苺がほしくてそこでお母さんと別になった。) 中止
　　　　　　　　　　　　　　　　　　　　　　　〔長II: 7〕
・ヌガガ　アロー　クヮー　ホシャテェン　アリョランチョー。(なぜだろうか子が欲しいのにありませんのですよ。) 逆条件丁寧体

〔長 II: 15〕
・ウン　トゥシヌ　ジューイチグヮツィ　ドヤッサ　イェングヮヌ　クヮー　ナショタンチバ。(その年の11月やすやすと男の子を産みましたって。) 副詞的用法　〔長 II: 15〕

2.3. 第2形容詞
2.3.1. 語形変化

表3 「元気だ」ギンキジャ 〈普通体〉

			肯定	否定
終止	叙述	断定推量	非過去	ギンキジャ／ギンキド／ギンキ　シュリ	ギンキ(ヤ)　アラン／ギンキナ　クトゥ　アラン
			過去	ギンキ　アタ／ギンキ　シュタ	ギンキ(ヤ)　アランタ
		推量	非過去	ギンキダロー	ギンキ(ヤ)　アランダロー
			過去	ギンキ　アタロー	ギンキ(ヤ)　アランタロー
	質問	肯否質問	非過去	ギンキ　アンニャ／ギンキ　シュンニャ	ギンキ　アランナ
			過去	ギンキ　アティナ／ギンキ　シュティナ	ギンキ　アランティナ
		疑問詞質問	非過去	ギンキジャ／ギンキ　シュリ	ギンキ　アラン
			過去	ギンキ　アタ／ギンキ　シュタ	ギンキ　アランタ
	表出			ギンキジャヤー	
連体				ギンキナ／ギンキ　シュン	ギンキ(ヤ)　アラン
中止				ギンキ　シュティ	ギンキ(ヤ)　アラズィ
条件				ギンキ　ナルィバ／ギンキ　スィルィバ	ギンキ(ヤ)　アランバ
逆条件				ギンキ　アティン／ギンキ　シュティン	ギンキ(ヤ)　アランティン

第2形容詞ギンキジャの語形について

(1) 本方言の第2形容詞相当の語は、語尾変化が揃って具わっていない語のほうが多い。表に取りあげたギンキはおそらく近代になって入ったために例外的に形が出揃ったのではないか。ただしギンキも、挨拶など伝統的表現の好まれる場では、ドゥクサリ（健康だ）という第1形容詞がためらいなく口にされる。最も丁寧に言う場面には、シュリの尊敬＋丁寧体を使って、ドゥクサ　シモリョーンニャ（お元気でいらっしゃいますか）と言うのが良い。逆に、現在の公的な場面ではギンキは理解はされるが使用されなくなりつつあるようで、ゲンキという標準語語形が主流である。にも拘らずギンキを採用したのには理由がある。①「へんな」という語が本土から入るとヒンナになる。「べつ」はビチになる。本土のゲンキがギンキになるのは、方言として当然だと認識されている音韻変化である。②標準語の「元気だ」には「健康だ」のほかに「活発だ」の意味があり、調査した項目にもその用法があった。方言のドゥクサには「活発だ」の意味は無く、その意味を含めるならキマイェヌ　イッチャかキマイェックヮヌ　アリだという報告が1話者からあった。両面を表すのは「元気」から来たギンキである。

(2) 断定非過去にアリ（である）は言わずジャがくるが、否定形がアラン、丁寧体はダリョーリやダリョット、否定形丁寧体はアリョランであることを参照すれば、ジャが本土から入る前にアリが使われていたことは認めてよいであろう。

(3) 断定にドを加えた。ドには判断（である）に加えて聞き手への念押しがある。たとえば、人を訪ねて・電話をかけて、名のりをするとき、ワン　ド（私だ）、ワン　ダリョット（私ですよ）というように。

(4) 断定のジャや推量のダローのダに本土の影響が見える。

(5) 強めのドゥ、疑問のガの結びとしての連体形アル／シュルは、動詞ならびに第1形容詞において慣用化しており、第2形容詞では確実な使用例をまだ得ておらず、保留としたい。

2.3.2. 〈丁寧体〉

表4 「元気だ」ギンキジャ 〈丁寧体〉

			肯定	否定
終止	叙述	非過去	ギンキダリョーリ／ ギンキ シュリョーリ	ギンキ アリョラン
	断定	過去	ギンキダリョタ／ ギンキ シュリョタ	ギンキ アリョランタ
連体		非過去	ギンキ アリョン／ ギンキ シュリョーン	ギンキ アリョラン
		過去	ギンキ アリョタン／ ギンキ シュリョタン	ギンキ アリョランタン

(1) 第2形容詞丁寧体は、状態名詞、たとえばギンキやフーアンベェ（体調が悪い状態）などの語にアリ（である）の丁寧体ダリョーリをつける。

(2) 第2形容詞尊敬体は、同じく名詞にアリ（である）の尊敬語ダリンショルリ（でおありになる〈普通体〉）、ダリンショリョーリ（でおありになります〈丁寧体〉）をつける。

3. 形容詞の述語機能

第1形容詞については、サリとサ シュリの対比に主眼を置いて述語としてのはたらきを見、第2形容詞については、名詞述語との関係を考える。

3.1. 第1形容詞 サリとサ シュリ

(1) 第1形容詞はサリ形のほかにサ シュリという形がある。シュリが受けるサには、次の2種類がある。

a) 〈属性〉を表すもの

・サタヌ サタ ナロチ シュン メェーヤ ムィズィアムィヨンマ ヤワラサ シ、ドロドロ シュリ。(砂糖が砂糖になろうとする前は

　　　　水飴よりもやわらかくて、どろどろしている。）　　　　　〔長II: 3〕
　・ヤシェティ　ハギヤ　イェナサックヮ　ショーティ　ワタベェーリ
　　フィッサ　ツィキジャショーティ。（[弟は]痩せて足は細うございま
　　して腹ばかり大きく突き出していました。）　　　　　　　〔長II: 19〕
　・ホカヌ　ハブヨンマ　フィーサ　シ　ドゥクダカ　マタ　ショゴシャ
　　アンチ　ヤットゥリ。（他のハブよりも大きくて毒もまたたくさんあ
　　ると言われている。）　　　　　　　　　　　　　　　　〔長I: 71〕

b)〈感情・感覚〉により状態を表すもの
　・ティーツィヌ　ヤーバ　ツィクタンガニーシ　オモトゥティ　ホラ
　　シャ　シ　アスィドゥタ　ムンヤー。（[兄がさとうきびの搾り滓など
　　で小さな家を作ってくれた]一軒の家を作ったように思っていてうれ
　　しがって遊んでいたものだなあ。）　　　　　　　　　　〔長I: 3〕
　・キャシ　シャットゥ　カシュン　ムィー　オータカイチ　ハツィカ
　　シャ　シュンガニーシ　シュン　クトゥヌ　ムィンカールリ。（[ハブ
　　に襲われることは]どうしたからこんな目に会ったのかと恥ずかしが
　　るようにすることが見かけられます。）　　　　　　　　〔長I: 11〕
　・クヮーヌ　ウラダナ　トゥディンナサ　シュタンチバ。（子がいない
　　ので寂しがっていたとさ。）　　　　　　　　　　　　　〔長I: 34〕

(2) aは、製糖の過程に現れるさとうきび汁の変化の状態、病弱の赤子の体
つき、小島に棲むハブの特徴をいうが、共通しているのは、語り手が見聞き
した体験（伝聞情報も含めて）をありありと描写して聞き手に伝えようとい
う意図である。規定語の例が多い。

　・アッタダン　ウミヌ　フィーサ　シュン　ゴー　マチュンチ　オモ
　　タ　ムン、ウン　フィッサン　ゴーヌ　マワリナン　イェナサ、
　　フィッサ　シュン　チョーチンニーシ　シュー　ムンダカ　マージン
　　グルグル　マキャガティ、ウン　ゴーヤ　ティンガデェ　ツィナ

ガットゥ　ムンナ　アランカイチ　オモヨーティー。（［子守りだった
ヤスグリが龍を見たという話］突然海が大きな渦を巻いていると思っ
たところ、その大きな渦の周りに小さいのや大きいのや提灯みたいに
している物も一緒に巻き上がって、その渦は天までつながっている
のではないかと思いましたよ。）　　　　　　　　　　〔長I: 21〕

　同じゴー（渦巻き）を話の中に2度目に出すときはサ形で言っている。話
題の一部として特別な扱いから外されたといおうか。一時的か恒常的かはサ
リ形もサ　シュリ形も表せる性質で、サ　シュリaは見聞きしたなまの情報
を提示する形である。

・ウッカ　コー　ハゲィバ　ナハーラ　シルサ　シ　マンマル　シュー
　ン　タマックヮヌ　イジティクンチバ。（それの皮をむけば中から白
　くてまん丸な玉が出て来るって。）　　　　　　　　〔長I: 104〕
・イビチチバ　ナマ　ウドゥラン　オーサ　シュン　バシャンムィー
　ニーシ　シュティ　ド。（［ハブの毒が回った母の］指ったらまだ熟し
　ていない青いバナナの実のようだったよ。）　　　　〔長II: 9〕

(3) サ　シュリaの話し手は自分のことは取り上げない。人称制限がある。
次のAとBのやりとりに、質問にサ　シュリ、応答にサリが使われている
のはそのためである。サリは質問にも出るが、応答にサ　シュリは出ない。

・Aナゲェサ　オガミョータ。　　ドゥクサ　シモリョータカイ。（お
　久しぶりにお目にかかります。　お元気でいらっしゃいましたか。）
　［シュリの尊敬語・丁寧体］
　Bイー、ドゥクサタット。　ヤーヤ　キャシー。（ああ、元気だったよ。
　お前はどう。）
　Aワンダカ　ドゥクサリョーリ。（私も　元気でございます。）［サリ
　の丁寧体］　　　　　　　　　　　　　　　　　　　〔長II: 186〕

(4) サ　シュリの用法bについて。感情・感覚の主は3人称の例がほとんどだが、初めに挙げた例は、思い出の語り手が主語である。用例を更に見よう。

・ボーヤ　ジュートゥ　ターリ　トゥディンナサ　シュティ　クラサンバ　ナランガニーシ　ナタン　チュカナ。(坊やはお父さんと二人寂しく暮らさねばならないようになったそうだよ。)　　　　〔長I: 41〕
・チキ　カナシャ　シ　チューダカ　オレマシャ　シ　イーナカ　シ　クラチュタン　トゥジュトゥヌ　ウタンチュカナ。(とても思い合っていて人も羨むほど仲むつまじく暮らしていた夫婦がいたそうな。)　　　　〔長I: 54〕
・クヮー　ナチンゲェーラヌ　オナグヤー　チュヌ　メェンティ　チーイジャチ　ヌマス　ムンバ　ハツィカシャ　スィラン。(子を産んでからの女は人の前で乳を出して飲ますのを恥ずかしがらない。)　　　　〔会話〕

　このハツィカシャの例が否定形であることも、例外的に見えるが理由がある。脳裡に生じた感情、身体が捉えた感覚がその主体の表情や全身の動きに見てとれるのが、bのシュリである。上の例は、逆に、期待される「恥ずかしい」という感情が現れないことに不満を表明した発話である。社会習慣に関わる語義のせいで、このような否定形の使われ方もしたのであろう。
　感情・感覚が話し手(1人称)の内面表白の文に現れる場合は、サリ形でしか言わない。

・ガシシ　モーリ　シャン　チュンキャヌ　ウーティ。キモチャゲェサリヤー。(そうして亡くなった人たちがいた。気の毒だねえ。)　　　　〔長II: 41〕
・ワンナー　ヒマヌ　ネェーダナ　アタラシャタンバン　イキャランティド。(私は暇が無くて惜しかったが行かれなかったよ。)　　　　〔長II: 41〕

(5) ここで、サ　シュリの成り立ちについて、確認しておきたい。標準語の「する」にも、他動詞的な用法と、色・音・匂い・温感・湿感など話し手の感覚を通してはじめて存在する事象を捉える自動詞的用法とがある。本方言でもイル（色）シュリ・ウトゥ（音）シュリ・ニウェ（匂）シュリという。個々の事象についても、状態性の名詞、名詞＋ニーシ（のように―直喩）　副詞（中でもオノマトペが多い）、第2形容詞語幹（副詞形「に」）がシュリを伴う。第1形容詞のサ　シュリもこの類である。以上の例を挙げる。

　　　ギンイル（銀色）シュリ［以下ではシュリを省略する。］　マンマル（真丸）　ヨーリクヮ（そっと静かに）　グルグル（くるくる・手早く）　ドロドロ　ナビロナビロ（つるつる）　キーギートゥ（黄色っぽく）　ハベェベェートゥ（赤々と）［以上、名詞・副詞］

　　　キョラサ（清ら）　クイサ（濃）　ターサ（高）　ナガサ（長）　ハーサ（赤）　フカサ（深）　マルサ（丸）［以上、く活用語幹にサ］

　　　ホシャ（欲し）　ウトゥルシャ（恐ろし）　カナシャ（愛し）　ホラシャ（嬉し）［以上、しく活用語幹にサ］

(6) 形容詞調査のデータ作成の作業過程で、次のことを考察した。

　述語には〈発見〉と〈想起〉の用法がある。〈発見〉では強め乃至は感動の表現の形をとるが、過去形タは用いない。第1形容詞では、―サーリ、―サッカナ。第2形容詞と名詞の文では、―ジャヤー・ジャッカ・ジャッカナあるいは―ドゥ　アッカ。私自身も標準語として―ンダ形を使い、―タ・タンダ形は使わないし新しい形という認識がある。〈想起〉については、質問が説明不足の間は回答に〈現在〉の形が出たが、後にタ形が全面的に出た。

(7) サリ形にはシュリ形のような人称制限は無い。

　サ、サリ・サット、サチ、サティ、サ（ン）ムンなどがサリの述語の形として現れる。

〈特性〉の〈類〉と〈個〉

　　・ハブヤ　チュー　クウ（ン）ムンナー　チューヌ　<u>ウトゥルシャンカナンドゥ</u>　クウンチュト。（ハブは人を咬むのは人が恐ろしいからこ

そ咬むというよ。) 〔長II: 13〕
- マツィゲィヌ　<u>イッキャサ</u>　ムンヌ　ショゴシャ　タッチュリョーリ。(松の低いのがたくさん立っています。) 〔長II: 65〕
- ヨネェンシェー　ナタンベェーリナティ　<u>ホラシャダカ</u>　アティ　モドリンナー…　(四年生になったばかりでうれしくもあって［学校の］帰りには…) 〔長II: 7〕

〈一時的状態〉
- イングヮー　<u>ヒグルサリョーカイ</u>。(縁側は寒いですかしら。) 丁寧体
〔長II: 62〕
- キュッキュ　ナラスィバ　<u>ホラシャタン</u>　クトゥー。(［ほおずきを］きゅっきゅと鳴らすとうれしかったこと。) 〔長II: 75〕

〈恒常的状態〉
- サタヤドリヤ　<u>ヌクサヨー</u>。(砂糖たき小屋は暖かいよ。) 〔長II: 3〕
- シュインヌ　ヨハシャヌ　<u>タハサティ</u>…(書院の床下が高くて…)
〔長II: 43〕

〈存在〉の形容詞の「多い・少ない」はショゴシャリ・イキラサリだが、前者は、ショゴシャ　アリ（たくさんある）、ショゴシャ　ウリ（大勢いる）のように存在動詞と共に使い、また、ズィン　<u>ショゴシャ</u>　モーケティムッチュリ（金をたくさん儲けて持っている）、チュヌ　<u>ショゴシャ</u>　ケィンブツィ　シュリ（人が大勢見物している）のように、サ形を副詞に使っての表現が多い。後者は述語として次のように言う。

- ケィウヤー　ウミヌ　アレトゥティガ　アロー　ユーヌ　<u>イキラサリ</u>。(今日は海が荒れていたのか魚が少ない) 〔辞下　数量114〕

〈関係〉を表す形容詞も語彙は少ない見込みである。「親しい」はチキャサ

ナルリ（近くなる）と距離の副詞法の隠喩であり、「仲むつまじい」は〈関係〉以外の要素もはいるが）イーナカ ナルリと言い、名詞による言い換えを用いる。「同じ」もティツィムン（1つ物）という名詞で状態表現になる。

3.2. 第2形容詞について
(1) 連体形が－ナの語を第2形容詞と認めて『奄美方言分類辞典 下巻』の「性質」の部から抽き出すと次のごとくである。

　　アクセェナ［古］ ガンジョナ キヌドゥクナ ギンキナ（現在ゲンキナが優勢） ケェットナ［古］ ショージキナ ダイタンナ ダクナ タシカナ テェースィツィナ バカナ ヒンナ フシギナ ベェンリナ マジメェナ ミョーナ ヤッケェナ

(2) 漢語出自の語（下線を引く）が多いが、その3分の1が語幹にムン（者）が添った名詞を併せ持つ。－ムンは方言固有語に多い造語である。
(3) ナ形は1回的なできごとに言い、－ムンは人の特性を言う。たとえばダイタンナとダイタンムンのように。類義の方言にはキロムン・ツィバムンがある。
(4) ダイタンには「大胆に忍び込んだ」のような副詞法の語尾はみいだせない。一方、テェーニン シュリ（大事に する・かわいがる）のテェニ（「丁寧」に対応）はン形（に）はあるが、連体形ナを持たない。

　　・ウトゥルシャ インバ テェーニン シュタン オナグヌ ウタンチバ。（すごく犬をかわいがった女がいたとさ。）　　〔長I: 62〕

　漢語語幹テェースィツィ（「大切」に対応）は、次のようにナ形とン形とを持つ。

　　・ハビザヌ カマチックヮ ナデェティ テェースィツィン シュリ。（赤ん坊の頭を撫でてかわいがっている。）　　〔辞下 行動157〕
　　・キヌ アンマン モラタン テェースィツィナ ノノキリバ カンゴシーヤン ハクーラ ヨーリックヮ イジャチ。（昨日お母さまから

貰った大切な布切れをしまっておいた箱からそっと出した。)

〔長I: 44〕

　以上を見ると、第2形容詞漢語語幹に付いたン(「に」に対応)語尾は、連体形のナ語尾同様、本土から来たものと思われる。
　連用・副詞法のン「に」格は、本方言ではゼロのことが多い。状態の「に」まで広げると、次のごとくであることも、参考になると思う。第1形容詞<u>クラサ</u>　ナティチ(暗くなって来て)、<u>ホラシャ</u>　ナティチ(うれしくなって来て)、第2形容詞　クラシャー　ジンジン　<u>ダク</u>　ナティチャンチバ(暮らしはだんだん楽になって来た) 名詞　<u>シェンシェー</u>　ナティ(先生になった)、ウトゥルシャン　<u>ウミ</u>　バケェティ(恐ろしい鬼に化けて)、副詞　カマヌ　ナハダカ　<u>ヨーリックヮ</u>　ナタン　チバ(竈の中も静かになったとさ)

4. 形容詞述語と名詞述語

4.1. 名詞述語の語形変化と特徴

(1) 名詞述語の形が第2形容詞述語の形と違う点は、①シュリを伴う形が無い。②ジャに連体形が発達していない。ジャンという形はあるが、1つの用法しか持たない。所有格の助詞ヌ(の)は、連体形の「…である…」の意(同格)も表す。シェンシェーヌ　アシェックヮ(先生であるお嬢さん)。文脈によって使い分ける。③名詞は、ジャが無くても述語になれる。
(2) ジャは〈断定〉の他に次の接続法に現れる。①ジャンカナン(だから)②ジャッカ(だが)　他方言や島唄のジャスィガの短縮形。

4.2. 名詞述語と第2形容詞の語形

昔話や思い出話を聞いていると、話全体を組み立てたものをまた、ダリョーンチ(ですってさ)で締め括る表現に出会うことがある。そのダリョーリに比べて〈普通体〉のジャは聞くことが少なく、よく使われるのはド(だよ)のほうである。しかしジャもドも体系をなすような語形を発達させていな

表5 「先生だ」シェンシェージャ〈普通体〉

				肯定	否定
終止	叙述	断定	非過去	先生ジャ／先生ド	先生（ヤ）　アラン
			過去	先生　アタ	先生（ヤ）　アランタ
		推量	非過去	先生ダロー	先生（ヤ）　アランダロー
			過去	先生　アタロー	先生（ヤ）　アランタロー
	質問	肯否質問	非過去	先生　アンニャ	先生（ヤ）　アランナ
			過去	先生　アティナ	先生（ヤ）　アランティナ
		疑問詞質問	非過去	先生ジャ	先生（ヤ）　アラン
			過去	先生　アタ／先生　アタル	先生（ヤ）　アランタ
連体			非過去	先生ヌ	先生（ヤ）　アラン
			過去	先生　アタン	先生（ヤ）　アランタン
中止				先生　アティ	先生（ヤ）　アラズィ
条件				先生　ナルィバ／ナティ	先生（ヤ）　アランバ
逆条件				先生　アティン	先生（ヤ）　アランテン

（表を小さくまとめるためにここでは「先生」を漢字で書いた。）

表6 「先生だ」 シェンシェージャ〈丁寧体〉

				肯定	否定
終止	叙述	断定	非過去	先生ダリョーリ	先生　アリョラン
			過去	先生ダリョタ	先生　アリョランタ
連体			非過去	先生ダリョン	先生　アリョラン
			過去	先生ダリョタン	先生　アリョランタン

い。表を一覧すれば分かることだが、ジャより古い層の断定のアリ（である）の語尾変化が全体を支えている。

　両者を分ける要素。①連体形がナかヌか。しかし第2形容詞かと見えてもナの連体形を持たない語のほうが多いという事実がある。②丁寧体連体形の違い、すなわちアリョーン／シュリョーンかダリョーンか、という見分けもあるが、③形容詞にはシュリ形も使えるという点が、大事だと思う。

5. 大和浜方言の形容詞、形容語のあり方

最後に本方言の形容詞について特徴と思われることをまとめる。①形容詞のはたらきは第1形容詞のサリ形（シャリ形も含む）が圧倒的に担っていること。②同じ第1形容詞のサ　シュリ形が人称制限をもって（1人称には使えない）、話し手が直接観察あるいは伝聞したものごとの状態を再現すること。③第2形容詞はコピュラのジャ／ドとシュリとを使い分けているが、語幹に当たる漢語語彙ほかの状態名詞性が強いため、新しい系列の語尾形態が発達していない。④名詞性は第1形容詞の派生語幹ともいうべきサ形にも、もともと強く具わる性質である。本来の語幹に更に名詞語尾を具えたサ形は、単独で名詞・副詞・述語としてはたらく。次にアリ／シュリを従えてはたらく。その点で状態表現としての本質は、第2形容詞と変わらないといえる。豊富な状態名詞語彙と、この名詞的第1形容詞とで、本方言の形容語は運用されてきた、とみる。

方言の資料と話者情報　（1.3より）

A) 辞典、録音文字化資料の類。
1. 『奄美方言分類辞典　上巻』長田・須山共編　藤井協力　1977　笠間書院
『同　下巻』長田・須山・藤井共編　1980　笠間書院
例文の出典は、〔辞〕と分類部名と収録項目番号で記す。
2. 『長田須磨の奄美の民話と昔がたり―奄美大島大和浜方言の記録―』琉球列島班編　『日本語音声』成果報告書 1990
『同, その2』琉球列島班編　『日本語音声』成果報告書 1993
例文の出典は〔長Ⅰ〕〔長Ⅱ〕とそのページ数で記す。
3. 『住用村和瀬の民話』本田碩孝 1979
4. 「奄美大島中部南部方言文例資料―文法記述のために―」須山名保子
『消滅に瀕した琉球語に関する調査研究』狩俣・津波古・加治工・高橋編
「環太平洋の言語」日本班報告書　A4-019　2002
例文の出典は〔中南〕とそのページ数で記す。

5.『石崎公曹の奄美のことわざ』 狩俣繁久・上村幸雄編 「環太平洋の言語」日本班成果報告書 A4-016 2003
　例文の出典は〔石〕と収録項目番号で記す。
B) 話者情報
　この数年間次の3名の方に方言についての質問に答えていただいた。
　中山高栄氏　　1928年生　大和村津名久出身　　ご両親も津名久出身
　津村俊光氏　　1932年生　大和村津名久出身　　ご両親も津名久出身
　大崎忠通氏　　1935年生　大和村大和浜出身　　ご両親は徳之島出身

【参考文献】
上村幸雄 (1992)「琉球列島の言語 (総説)」亀井孝他編『言語学大辞典　第4巻』三省堂.
工藤真由美 (2002)「現象と本質―方言の文法と標準語の文法」『日本語文法』2(2). 日本語文法学会.
工藤真由美 (2004)「ムードとテンス・アスペクトの相関性をめぐって」『阪大日本語研究』16. 大阪大学大学院文学研究科日本語学講座.
寺師忠夫 (1985)『奄美方言の文法』根元書房.
八亀裕美 (2004)「述語になる品詞の連続性―動詞・形容詞・名詞―」工藤真由美編『日本語のアスペクト・テンス・ムード体系―標準語研究を超えて―』ひつじ書房.

第6章　鹿児島県大島郡与論町麦屋方言の形容詞

仲間恵子

1. はじめに

　鹿児島県大島郡与論町は奄美諸島の最南に位置し、南に沖縄島を臨む。周囲22キロメートルほどのなだらかな島に現在9つの字[1]がある。奄美諸島は方言の特徴から「奄美・徳之島諸方言」と、沖永良部島・与論島方言は沖縄島北部と共に「沖永良部与論沖縄北部諸方言」をなし、南北2つの諸方言に分かれる。

　本章で報告する与論町麦屋集落は与論町の役場のある北の茶花集落から離れた島の南東に位置する。麦屋集落は西区と東区に分かれているが、本論は麦屋東区在住の菊千代氏にご協力をいただいたものである。

　菊千代氏は1927年生。18歳前後に鹿児島市内で3ヶ月ほど滞在したほかは与論町麦屋で生活なさっている。両親、配偶者ともに麦屋出身。「与論民俗村」の主宰者で与論の言語や民俗、文化に精通。鹿児島県で数少ない芭蕉布の織り手でいらっしゃる。与論方言の記録、保存について情熱をもって取り組んでおり、民話テキストなども刊行されている。『与論方言辞典』著者のお1人である。

1.1. カナ表記について

　麦屋方言をふくむ与論島方言は母音と半母音の語頭において喉頭化／非喉頭化の音韻的な対立がみられる。また、沖縄島方言や沖永良部島方言などで特徴的な口蓋化による破擦音化はみられない。本章の用例はカナ表記をもちいているが、標準語にはない麦屋方言の音声についての表記を下記のようにお

こなっている[2]。
(1) 喉頭化したまえ舌の半母音 /ʔj/ を含む音節は /ʔja/「イャ」/ʔju/「イュ」/ʔjo/「イョ」/ʔje/「イェ」、喉頭化した唇の半母音 /ʔw/ を含む音節は /ʔwa/「ウァ」のように表記する。
(2) 拗音のうち、標準語では例外的な /tj//dj/ を含む音節は /tja/「テャ」/tju/「テュ」/tjo/「テョ」/dja/「デャ」/dju/「デュ」などと表記する。
(3) 合拗音については関連するウ段の表記に小さい「ァ」をそえる。/twa//dwa/ については例外的に「トァ」「ドァ」とオ段に「ァ」を添えて表記する。

2. 形容詞について

第1形容詞の終止形に相当する形に2つの語形があるのがこの方言の特徴である。「赤い」を例にすると、アーサイ「形容詞語幹＋サ＋アリ (ri 語尾)」とアーサン「形容詞語幹＋サ＋アム (m 語尾)」である。与論方言では、工藤真由美他 (2007) で述べたように、存在動詞「フン／フイ (いる)」「アン／アイ (ある)」は特別な場合以外使用されず、「フユン／フユイ (いる)」「アユン／アユイ (ある)」という「シオル相当形式」の方が使用される。一方、形容詞では、「アーサ (赤さ)」に「アン／アイ (ある)」が接続・融合している。このことによって、形容詞の用法と存在動詞の用法との違いが生じる場合がある。

麦屋方言の第1形容詞にはク活用に相当するアーサンなどの−サン形と、シク活用に相当する−シャン形がある。

・ク活用相当形式
　アーサン (赤い)、ウンサン (重い)、ニジャサン (苦い) など
・シク活用相当形式
　プーラシャン (誇らしい)、ムチカシャン (難しい)、ウトゥナシャン (おとなしい) など

－サン形と－シャン形は、否定の形においても、－サン形はアークネン（赤くない）、－シャン形はイショーシクネン（うれしくない）となり、ク活用とシク活用の違いが確認できる。また、否定の形はアークネンに対してアークヮーネン（赤くはない）、イショーシクネンに対してイショーシクヮーネン（うれしくはない）のように使用されることもある。

標準語の第2形容詞に相当する語は麦屋方言では少なく、ほとんどみられない。連体詞的に、ウンナ　ムヌ（そんな物）デージナ　フトゥ（大変なこと）など形式名詞がつづく場合が多い。本章では比較的あたらしい語とみられる「ギンキナ（元気な）」を例として第2形容詞の表をあげているが、連体形の〈非過去〉において「ギンキナ」がみられるものの、語形変化に関しては名詞述語と重なる部分がおおい。

2.1. 第1形容詞

麦屋方言の第1形容詞の語形変化について表をあげる。－サン形と－シャン形を分けて提示する。

2.1.1. 非過去「アーサン／アーサイ」

アーサン／アーサイというふたつの形のうち、アーサイは話し手の目撃をあらわす。目撃してない場合には、アーサンを使用する。

- カラシャー　クルサン（カラスは黒い）
- ［からすが目の前にいる］カラシャー　クルサイ（カラスは黒い）
- タラ　フラジャー　アーサン（太郎の髪は赤い）
- ［本人を目の前にして］タラ　フラジャー　アーサイ（太郎の髪は赤い）

また、ヌクサン／ヌクサイ（暖かい）イショーシャン／イショーシャイ（うれしい）など感情・感覚をあらわす形容詞では1人称の場合はヌクサイとなる。3人称の場合はヌクサンである。

表1　第1形容詞①（ク活用相当）

(赤い)				〈肯定〉	〈否定〉
終止	直説法	断定	一般むすび	非過去	アーサン アーサイ	アークネン アークネー
				過去	アーサタン アーサタイ	アークネンタン アークネンタイ
			ドゥむすび	非過去	アーサル	アークネンヌ
				過去	アーサタル	アークネンタル
		推量		非過去	アーサラ アーサル　パジ	アークネンダラ アークネンヌ　パジ
				過去	アーサタラ アーサタル　パジ	アークネンタラ アークネンタル　パジ
	質問法	肯否質問		非過去	アーサイイー アーサミー	アークネーイー アークネンヌイ
				過去	アーサティー アーサタミー	アークネンティー／アークネーティー アークネンタミー
		疑問詞質問		非過去	アーサンガ アーサイガ	アークネンガ アークネーガ
				過去	アーサティガ	アークネンティガ
	うたがいたずね			非過去	アーサダライ	アークネンダライ
				過去	アーサタライ	アークネンタライ
	表出				アーソー	アークネー
連体				非過去	アーサル	アークネンヌ
				過去	アーサタル	アークネンタル
中止					アーサヌ	アークネーダナ
条件					アーサリボー アーサンボー	アークネンボー
逆条件					アーサリバン アーサタンチン	アークヮー　ネンタンチン

表2　第1形容詞②（シク活用相当）

				（うれしい）〈肯定〉	〈否定〉
終止	叙述	断定	一般むすび	非過去	イショーシャン イショーシャイ	イショーシクネン イショーシクネー
				過去	イショーシャタン イショーシャタイ	イショーシクネンタン イショーシクネンタイ
			ドゥむすび	非過去	イショーシャル	イショーシクネンヌ
				過去	イショーシャタル	イショーシクネンタル
		推量		非過去	イショーシャラ イショーシャル　パジ	イショーシクネンダラ （イショーシクネンヌ　パジ）
				過去	イショーシャタラ イショーシャタル　パジ	イショーシクネンタラ （イショーシクネンタル　パジ）
	質問	肯否質問		非過去	イショーシャイイー イショーシャミー	イショーシクネーイー イショーシクネンヌイ
				過去	イショーシャティー イショーシャタミー	イショーシクネンティー／ イショーシクネーティー イショーシクネンタミー
		疑問詞質問		非過去	イショーシャンガ イショーシャイガ	イショーシクネンガ イショーシクネーガ
				過去	イショーシャティガ	イショーシクネンティガ
		うたがいたずね		非過去	イショーシャダライ イショーシガ　アイラ	イショーシクネンダライ
				過去	イショーシャタライ	イショーシクネンタライ
	表出				イショーショー	イショーシクネー
連体				非過去	イショーシャル	イショーシクネンヌ
				過去	イショーシャタル	イショーシクネンタル
中止					イショーシャヌ	イショーシクネーダナ
条件					イショーシャンボー イショーシャリボー	イショーシクネンボー
逆条件					イショーシャリバン イショーシャタンチン	イショーシクヮー　ネンタンチン

- [暖房のスイッチをいれたので] トゥナイヌ　ヘヨー　ヌクサン（隣の部屋は暖かい）
- [暖房の効いた部屋にはいって] ヘヨー　ヌクサイ（部屋は暖かい）
- [1人暮らしで] ワナー　フヌグル　サビサイ（私はこの頃寂しい）
- [可愛がっていた犬が死んだので] トゥナイヌ　ウプァー　フヌグル　サビサン（ヤー）（隣のおじちゃんはこの頃寂しそう（ね））
- タロー　ゴーカクシチ　イショーシャン（太郎は合格して嬉しい）
- タラガ　ゴーカクシチ　ワナー　イショーシャイ（太郎が合格して私は嬉しい）
- [畑仕事を終えて帰ってきて] アッシェー　アグマシャイ（ああ、疲れた）
- [畑仕事から帰ってくるなり横になった人を見て] アッシェー　アグマシャン（ヤー）（あらまあ、疲れた（ね））

2.1.2. ①過去「アーサタン」

アーサタンは〈過去〉をあらわす。

- タラ　フラジャー　ムッカシャー　アーサタン（太郎の髪は昔赤かった）
- ウリャー　キヌー　キチュル　キパダヌ　スデャー　クルサタン（あなたが昨日着ていた着物の袖は黒かった）

現在の状況から過去の状態や特徴、感情を推測する[3]ときにも「アーサタン」を使う。下記の例の場合、話し手は花の特徴や、太郎、友子の性格をよく知っている。

- [枯れかけの花をみて] アッシェー　フヌ　パノー　パジミャー　アーサタン（あらまあ、この花ははじめは赤かった（にちがいない））
- タロー　ゴーカクシチ　イショーシャタン（太郎は合格して嬉しかっ

た（にちがいない））
- トモコヤ　ムールガ　メンノーティ　パナシ　シチ　パンチカシャタン（友子は皆の前で話をして恥ずかしかった（にちがいない））

また、「イショーシャタン」など感情・感覚をあらわす形容詞において1人称が主語の場合アクセントが上昇調（「）になる。

- タラガ　ゴーカクシチ　ワナー　イショーシャ「タン（太郎が合格して私は嬉しかった）
- ［転んだのを人に見られて］ワナー　パンチカシャ「タン（私は恥ずかしかった）

なお、前掲の表にはあげられていないが、とくに驚きが強いときはアーサタタンを使用することがある。この場合、アーサタンを使用してもよい。話し手の予測から大きくはずれる場合にもちいられるようであるが、今後の詳細な調査が必要である[4]。

- タラ　フラジャー　アーサタタン（太郎の髪はまっかっかだった）
  ※アーサタンでも可。

2.1.2. ②過去「アーサタイ」

アーサタイも過去をあらわすが、話し手自身のことは言えない。アーサタンとことなり、昔の写真をみたり、本人を目の前に昔の話をするというような現在（発話時の）知覚がとられることもある。

- ［過去に博物館に行って実物をみたことがある］オダノブナガヌ　カブトァー　クルサタイ（織田信長の兜は黒かった）
- ［昔のまだ髪を染めていない太郎の写真をみながら］タラ　フラジヤムッカシャー　クルサタイ（太郎の髪は昔は黒かった）

また、次のような「気づき」などもあらわすようである。

- ［太郎が車を持っていることは知っていたが、そのはじめて車を見た場面で］タラ　クルモー　クルサタイ（太郎の車は黒かった（んだ））
- ［髪の毛を染めることは知っていたが、こんなにまで赤くしてるとは思ってなかった場面で］アッシェー　アーサタイ（あらまあ、赤くなった（まっかっかになった））
- ［つかれるような仕事ではないと思っていたにも関わらず、ぐったりしている太郎を見て］アッシェー　キノーヌ　シグトァー　アグマシャタイ（あらまあ、昨日の仕事は疲れたんだねえ）
- ［本をもらった時にうれしくなさそうな顔をしていたので、好みの本ではないのだろうと思っていたが、「実はうれしかった」と後から聞いた場面で］フン　ムローティ　タローヤ　イショーシャタイ（本をもらって太郎はうれしかったのだ）

なお、感情・感覚をあらわす形容詞では表にあげていないが「ミジラシャタタイ」という形がみられた。ミジラシャタイに言い換え可能だが、驚きの度合いがよりつよい場合に使われる。また、名詞述語においても「エータタイ」で同じような用法がみられた。今後さらに詳細な調査が必要である。

- ［相手が面白がって報告しているのをみて］キノーヌ　ミームナー　ミジラシャタイ（昨日の催し物はおもしろかったんだ）
- ［私はそうでもなかったが、相手が次の日もはしゃぎながら報告しているのをみて］キノーヌ　ミームナー　ミジラシャタタイ（昨日の催し物はおもしろかったんだ）

2.1.3.「ドゥむすび」の形式

他の琉球諸方言と同じく麦屋方言にも、次のような「ドゥむすび」の形式が

ある。〈連体〉で文末をむすぶ。

- ［どちらの染料がより赤いかときかれ］フリガドゥ　アーサル（これが赤い）
- ハイビスカスドゥ　アーサル（ハイビスカスが真っ赤だ）

また、ドゥむすびにおいて必ずしも〈連体〉にならず、終止・断定のままとなることがある。

- テレビガドゥ　イショーシャル（テレビがおもしろい）
- テレビガドゥ　イショーシャン[5]（テレビがおもしろい）

2.1.4. 推量の形式

推量には2つの形式がある。1つは、イショーシャラというラ推量の形である。もう1つは、連体形イショーシャルに、標準語の「はず」に相当する「パジ」をくみあわせたイショーシャル　パジというパジ推量の形である。用法の差はないようで、言いかえ可能な場合がほとんどである。

- ［染料の本をみながら］フリシ　スミリボー　アーサラ／アーサル　パジ（これ（染料）で染めると赤いらしい）
- ［茶色の染料の中にある布をみて］プクギチ　スミタクトゥ　キーサラ／キーサル　パジ（福木で染めたから（仕上りは）黄色いだろう）
- アヌピチュヌ　マサ　シュール　カシ　エークトゥ　イショーシャラ／イショーシャル　パジ（あの人の好きな菓子だから喜ぶだろう）

過去の推量もそれぞれアーサタラ（ラ推量）、アーサタル　パジ（パジ推量）となる。意味用法に重なる部分があり、言いかえ可能な場合がおおいが、下記のような場合にはアーサタラ（ラ推量）に言いかえにくいようである。

- [昔着たことのある色のさめた着物をみて] フヌ　キパドー　ムッカシャー　アーサタル　パジ（この着物は昔は赤かったはずだ）

逆に下記のような例はアーサタル　パジ（パジ推量）に言いかえにくい。

- [黒に変色したもとは赤かったと思われる古い着物を見て] フヌ　キパドー　ムカシャー　アーサタラ（この着物は昔赤かっただろう）

2.1.5.「肯否質問」の形式

麦屋方言の「肯否質問」にはアーサイイーとアーサミーという2つの形式がみられる。アーサイイーは、目の前にあるものについてたずねる。アーサミーは目の前であることを問わない。

- [ご飯を食べている人に] マーサミー（おいしいか）
- [見たことのない食べものを目の前に] フリャー　マーサイー（これはおいしいか）
- [ドラゴンフルーツ[6]を食べるかと聞かれて] ウリャー　アーサイイー　シューサイー。シューエンボー　コレン（それは赤いか、白いか。白なら食べる）

アーサミーは沖縄方言では質問となるが、与論方言では反語的になることがある。「おいしいものか」「あかいものか」に近い意味である。

- [熟れてないパパイヤを生で食べているのを見て] ナマ　オーサルムン　マサミー（まだ青いのに、おいしいものか）
- [私の顔赤い？と聞かれて] アーサミー（赤いものか）

過去の事象に対する質問はアーサティーを使う。

- [ドラゴンフルーツをたべたよと言われ、はじめて聞く食べ物の名前

だったので］フリャー　マーサティー（それはおいしかったのか）
- ［ドラゴンフルーツを食べたよ言われ、話し手は赤が好きなので］フリャー　アーサティー（それは赤かったか）

アーサタミーは反語的になり、「おいしかったはずがない」「綺麗だったはずがない」が含意される。

- ［ぜったいに食べられないと思っていた物をおいしそうに食べるのをみて］ウラガ　フリャー　マサタミー（あなたはこれがおいしかったの）
- ［呉服屋で話し手は綺麗と思わなかった着物を余りにも褒めていたので、店を出た後に］ウラガ　ミーボー　チュラサタミー（あなたから見ると綺麗だったの）

また、アーサティーは、次のように独白的に使う。聞き手に向かっていうことはあまりない。

- ［呉服屋で話し手は綺麗と思わなかった着物を余りにも褒めていたので、店を出た後に］ウラガ　ミーボー　チュラサティー（あなたから見ると綺麗だったんだ）

2.1.6. 「疑問詞質問」の形式

麦屋方言の疑問詞には、イドゥル（どれ）、タル（だれ）、イチャサ（どのくらい）などがある。「疑問詞質問」の場合、形容詞はアーサンガ／アーサイガとなる。質問時に話し手も聞き手も事象を知覚している場合には、アーサイガを使用する。知覚してない場合にはアーサンガは使用できない。

- ［2つの布を目の前にならべて］ウラガ　ミーボー　イドゥルガ　アーサイガ（あなたが見たらどちらが赤いか）

- ［海を目の前にして岸と沖の］イドゥルガ　オーサイガ（どちらが青いか）
- ［家で海の話になり、岸と沖の］イドゥルガ　オーサンガ（どちらが青いか）
- ［本を2冊持ってきて］イドゥルガ　ミジラシャンガ（どちらがおもしろいか）
- ［2つの染料についてどのように染まるか知っている人にたずねる］イドゥフ　ナッター　チカロー　イドゥルガ　アーサンガ（どちらの染料がより赤いか？）

〈過去〉はアーサティガとなる。

- イドゥルガ　アーサティガ（どちらが赤かったか）
- ダルガ　ミジラシャティガ（だれがおもしろかったか）
- オキナワカティ　イキー　ヌーガ　ミジラシャティガ（沖縄にいって何がおもしろかったか）

2.1.7.「うたがいたずね」の形式

うたがいたずねはアーサダライ、過去はアーサタライとなる。

- ［染めた布を染料からひきあげて］アッシェー　フリャー　アーサダライ（あら、これは赤いかなぁ？）
- ［記憶に自信がなくて］フリャー　アーサタライ（こんなに赤かったかなぁ）

2.1.8.「表出」の形式

表出はアーソー、イショーショーとなる。感動詞アッシェーと共起することが多い。

・[久しぶりに会った友達が髪を染めている] アッシェー アカソー（あら、赤い！）
・[プレゼントをもらって] アッシェー イショーショー（あら、うれしい！）

2.1.9. 連体
〈非過去〉はアーサル、〈過去〉はアーサタルである。

・アーサル ヌン（赤い布）
・[果物を見て] ナマ オーサル ムン コーランティ（まだ青いものを買わないって）
・アーサタル ヌン（赤かった布）
・イショーシャタル ムン（嬉しかったもの）

2.2. 第2形容詞
麦屋方言の第2形容詞は先にものべたが、数がとてもすくない。下記に「ギンキナ」をあげているが、比較的新しい語と思われる[8]。連体・非過去に「ギンキナ」があるほかは、名詞述語に似た語形変化をし、コピュラ（繋詞）エン／エイが結びつく。

　連体詞と言われることが多い語に、標準語の第2形容詞に近い形がある。イポーナ（異風な）、デージナ（大変な）、ウンナ（そのような）、ガンナ（そんな）などである。この中には沖縄中南部方言で第2形容詞となるものもあり、それとくらべても麦屋方言は第2形容詞が未発達といえるだろう。名詞述語と重複する部分もあり、ここでは簡単にのべる。

　〈終止・非過去〉では、コピュラ（繋詞）として、エン／エイと2つの形式がある。「ギンキ エン」は一般的なことがら、非目撃を、「ギンキ エイ」は目撃をあらわす。

表3 第2形容詞

				〈肯定〉	〈否定〉
		(元気な[8])			
終止	叙述	断定 一般むすび	非過去	ギンキ エン ギンキ エイ	ギンキャー アランヌ
			過去	ギンキ エータン ギンキ エータイ	ギンキャー アランタン
		推量	非過去	ギンキ エーラ ギンキ エール パジ ギンキダラ	ギンキャー アランヌ パジ ギンキャー アランダラ
			過去	ギンキ エータラ ギンキ エータル パジ	ギンキャー アランタラ ギンキャー アランタル パジ
	質問	肯否質問	非過去	ギンキイー ギンキ エーミー	ギンキャー アランヌイ
			過去	ギンキ エーティー ギンキ エータミー	ギンキャー アランタミー
		疑問詞質問	非過去	ギンキ エイガ(ギンキガ) ギンキ エンガ	ギンキャー ネーガ[9] ギンキャー ネンガ
			過去	ギンキ エーティガ	ギンキャー ネンティガ
		うたがいたずね	非過去	ギンキダライ	ギンキャー アランダライ
			過去	ギンキャー エータライ	ギンキャー アランタライ
	表出			ギンキ エータル	ギンキャー ネー
連体			非過去	ギンキ エール ギンキナ	ギンキャー アランヌ
			過去	ギンキ エータル	ギンキャー アランタル
中止				ギンキシ	ギンキヌ ネーダナ[10]
条件				ギンキ エンボー	ギンキャー アランボー
逆条件				ギンキ エーリバン	ギンキャー アランバン

・ワラビ チュル ムヌァー ギンキ エン(子どもというものは元気だ)

・[元気に遊ぶ子どもを見ながら] ワラビ チュル ムヌァー ギンキ エイ(子どもというものは元気だ)

エータンはエンの過去である。

- ムカシャー　タナカサンヤ　<u>ギンキ　エータン</u>（昔は田中さんは元気だった）
- キノー　ハナコー　<u>ギンキ　エータン</u>（昨日花子は元気だった）
エータイの方は、なんらかの証拠を見て、〈過去〉の出来事を確認している。
- ［元気なころの田中さんの写真をみて］ムカシャー　タナカサンヤ　<u>ギンキ　エータイ</u>（昔は田中さんは元気だった）
- ［昨日元気だった花子が寝込んでいるのをみて］キノーヤ　ハナコー　<u>ギンキ　エータイ</u>（昨日は花子は元気だった）

3.　名詞述語について

麦屋方言の名詞述語は、コピュラ（繫詞）エン／エイが接続する。〈否定〉には形式上は標準語の「ある」の否定に相当するアランが接続する。

　第2形容詞の〈連体〉ではギンキ　エールとギンキナの2つの形がみられるが、名詞の〈連体〉の場合はシンシェー　エールとシンシェーヌという形がみられる。与論方言の連体詞と言われるものにイポーナ（変な）など「～ナ」となるものだけでなく、ソートーヌ（相当の）アッピンヌ（あんなに大きな）、イチャヌ（どのくらいの）など「～ヌ」となるものがある。

3.1.　シンシェー　エン／シンシェー　エイ

〈断定・非過去〉はシンシェー　エン／シンシェー　エイとふたつの形式がみられる。シンシェー　エイは目撃をあらわす。

- タモー　<u>クルミャンカ　エン</u>（たまは黒猫だ）
- ［たまを見て］タモー　<u>クルミャンカ　エイ</u>（たまは黒猫だ）

シンシェー　エータンは過去である。

表4 名詞述語

			〈肯定〉	〈否定〉
終止	叙述	断定 非過去	シンシェー エン / シンシェー エイ	シンシェーヤ アランヌ
		断定 過去	シンシェー エータン / シンシェー エータイ	シンシェー（ヤ） アランタン
		推量 非過去	シンシェー エーラ / シンシェー エール パジ / シンシェーダラ	シンシェー（ヤ） アランヌ パジ / シンシェー（ヤ） アランダラ
		推量 過去	シンシェー エータラ / シンシェー エータル パジ	シンシェー（ヤ） アランタラ / シンシェー（ヤ） アランタル パジ
	質問	肯否質問 非過去	シンシェーイー / シンシェー エーミー	シンシェー（ヤ） アランヌイ
		肯否質問 過去	シンシェー エーティー / シンシェー エータミー	シンシェー（ヤ） アランタミー
		疑問詞質問 非過去	シンシェー エイガ	（シンシェー（ヤ） アランヌガ） / （シンシェー（ヤ） アランティガ）
		疑問詞質問 過去	シンシェー エータラガ	（シンシェー（ヤ） アランタラガ）
		うたがいたずね 非過去	シンシェーダライ	シンシェー（ヤ） アランダライ
		うたがいたずね 過去	シンシェー エータライ	シンシェー（ヤ） アランタライ
	表出		シンシェー	シンシェー（ヤ） アラジ
連体		非過去	シンシェー エール / シンシェーヌ	シンシェー（ヤ） アランヌ
		過去	シンシェー エータル	シンシェー（ヤ） アランタル
中止			シンシェー エイ	（シンシェー（ヤ） アランガネー） / （シンシェー（ヤ） アラジ）
条件			シンシェー エンボー / シンシェー エークトゥ	シンシェー（ヤ） アランボー / シンシェー（ヤ） アラヌムヌ / （シンシェー（ヤ） アラヌクトゥ）
逆条件			シンシェー エーリバン / シンシェー エータンチン	シンシェー（ヤ） アランバン / シンシェー アランタンチン

- ノブナゴー　チカノートゥタルー　<u>クルミャンカ　エータン</u>（信長は飼っていたのは黒猫だった）
- アヌ　ピチュァー　ムッカシャー　<u>シンシェー　エータン（ダー）</u>（あの人は昔先生だった（よ））
- ムカシ　タモー　ヤマミャー　<u>エータン</u>（昔たまは野良猫だった）

シンシェー　エータイは形式上はシンシェー　エイの過去に相当するが、過去・目撃、過去の話の証拠を現在（発話時に）目撃していることをあらわすようである。

- ［信長の自画像に黒猫が書かれていたのを見たことがある］ノブナゴー　チカノートゥタルー　<u>クルミャンカ　エータイ</u>（信長が飼っていたのは黒猫だった）
- ［今は人になついている様子をみながら］ムカシ　タモー　<u>ヤマミャー　エータイ</u>（昔たまは野良猫だった）
- ［教壇に立っている写真をみながら］アヌ　ピチュァー　ムッカシャー　<u>シンシェー　エータイ</u>（あの人は昔は先生だった）

なお、表にはあげていないが、シンシェー　エータタン／エータタイという形式も使用される。驚きの度合いが強い場合に使う。第1形容詞におけるアーサタタン／アーサタタイに似た用法と思われる。

- ［小さいころ猫を飼っていたとは聞いていたが、はじめて写真を見て］<u>クルミャンカ　エータイ／クルミャンカ　エータタイ</u>（黒猫だったんだ！）
- ［茶花（集落名）で見かけたのは太郎だと思っていた。家に帰ったら太郎がいて、次郎が茶花に出かけたと聞いて］アッシェー　アリャー　<u>ジャー　エータイ／ジャー　エータタイ</u>（あらまあ、あれは次郎だったんだね）

また、忘れていたことを思い出す場合にも使うことができる。このとき、忘れていた度合いが大きいほどエータイよりもエータタイを使うようである。

・［忘れかけていたが、カレンダーを見て］アチマイヤ　<u>アッチャー　エータイ</u>（集会は明日だった）
　※このときはエータタイでもいいかえが可能である。
・［近所の人が家にきて「あなた、今日の集まりはどうしてこなかったの」ときかれ、今思い出して］<u>シュー　エータタイ</u>！（今日だった）
　または、アッシェー　<u>ガン　エータタイ</u>！（ああ、そうだった）
　※このときはエータイではいいかえられない。
・［話し手が忘れていて行けなかった集会の話題で］アチマイヤ　<u>キノー　エータタンダー</u>（集会は昨日だったんだよなあ）

【注】
1　2006年現在。
2　なお、これらの表記法はおもに菊・高橋（2005）『与論方言辞典』に準じた。
3　菊氏はこのときよく「〜にちがいない」と訳す。
4　なお、感情・感覚をあらわす形容詞ではこの形式（ミジラシャタタンなど）はもちいず、ri語尾系のミジラシャタタイを使うようである。
5　このとき、イショーシャンのみでイショーシャイとは結ばない。
6　ドラゴンフルーツは実の色に赤と白がある。
7　「ギンキナ」は第1形容詞「ガンジューサン」を使うことが多いと菊氏のコメントをいただいた。
8　適当な第2形容詞が与論方言では見つからず「元気」で調査した。
9　「ギンキャー　ネーガ」「ギンキャー　ネンガ」は「ギンキャー　アランガ」とアラヌ系の否定の形で言えない。今後の詳細な調査が必要である。
10　「ギンキヌ　ネーダナ」は「ギンキヌ　アランダナ」と「アラン」の否定の形では言えない。注9とあわせ、今後の詳細な調査が必要である。

【参考文献】

菊千代・高橋俊三 (2004)『与論方言辞典』武蔵野書院.

菊千代・松本泰丈 (1984)「与論島方言の文法―民話資料をとおして―」『国文学解釈と鑑賞』49(1) 至文堂.

菊千代・松本泰丈 (1980)「琉球方言の動詞の活用体系―与論方言の動詞形態論序説―」『言語生活』342. 筑摩書房.

工藤真由美・仲間恵子・八亀裕美 (2007)「与論方言動詞のテンス・アスペクト・エヴィデンシャリティー」『国語と国文学』84(3). 至文堂.

工藤真由美編 (2004)『日本語のアスペクト・テンス・ムード体系―標準語研究を超えて―』ひつじ書房.

松本泰丈 (1984)「方言文法の体系性」『国文学解釈と鑑賞』49(1).

町博光 (1981)「与論島朝戸方言の形容詞［san］［ʃan］両活用語の意味・用法差」『広島女子大学文学部紀要』16.

町博光 (1994)「鹿児島県大島郡与論町朝戸方言のアスペクト」『方言資料叢刊』4.

第7章　沖縄県うるま市安慶名方言の形容詞

かりまたしげひさ

1. はじめに

本章で記述の対象にする安慶名集落のある沖縄県うるま市は、2005年4月、具志川市、石川市、与那城町、勝連町が合併してできたあたらしい市である。安慶名集落は合併するまえの旧具志川市にあり、中心地のみどり町に隣接する。農村であったが、戦後は周辺地域から流入した人々によって形成された商業地としてさかえた。首里、那覇からの移住者集落の西原、川崎などの集落と隣接し、安慶名にも首里、那覇からの移住者がすくなくなかった。安慶名方言は、これまでの調査で語彙、とくに親族名称、および敬語に首里方言とことなる点があるが、音韻や文法の面でおおきなちがいはみとめられない。安慶名方言には語頭の半母音、はねる音に喉頭／非喉頭の音韻的対立がある。また、喉頭破裂音と結合して音節を形成する母音と子音と結合せず単独で音節を形成する母音とが音韻的に対立する。喉頭音化した半母音があり、これを「イャ」「ウヮ」と表記するが、それ以外は現代日本語の音声とほぼ同じ音声の単語を語例として使用し、特殊な表記を使用しない。

2. 形式的側面からみた第1形容詞と第2形容詞

安慶名方言の形容詞には、第1形容詞と第2形容詞があり、語形変化のし方が異なる。第1形容詞（タカサン（高い）、ヒクサン（低い）など）は、語構成的には「語幹＋サ＋アン（有る）」から成り、ものの存在動詞アン（有る）と似た語形変化をする[1]。語幹に接辞サのついた形を「サ連用形」とよぶ。

第2形容詞（イフーナ（妙な）、デージナ（たいへんな）など）は、連体形を標準語の第2形容詞の連体形の語尾とおなじ「ナ」にするが、それ以外の活用形は、はだかの形（語幹）にコピュラ「ヤン（である）」をくみあわせる。ヤンをくみあわせ、その語形変化によってさまざまな文法的な意味をあらわすのは名詞とおなじだが、名詞は連体ガ格、連体ヌ格が連体修飾語になる。
　第1形容詞、第2形容詞ともにみとめかた、ていねいさの形態論的なカテゴリーを有するが、動詞とことなりアスペクト、ヴォイス、やりもらいのカテゴリーを欠いている。形容詞、名詞述語は動詞とおなじように直説法、質問法のムード形式をもつが、はたらきかけ法（命令形、さそいかけ形）の形式をもたない。文のなかでの機能にしたがって終止形、連体形、中止形、条件形にわかれる。
　テンスによって非過去と過去が対立するが、過去形が1つしかない。動詞は、話者による直接確認を明示する第2過去形（スタン・しよった）と直接確認について明示しない第1過去形の2つの過去形があるのとことなる。第1過去形（次のはじめの例のヌダン）は人称制限がないが、第2過去形（2つめの例のヌマタン）は話し手自身のことをあらわせず人称制限がある。動詞の否定形式（ヌマンタン飲まなかった）、名詞述語（シンシー　ヤタン先生だった）にも直接確認をあらわす第2過去形がない。

　　・イャーヤ　チヌー　サキ　ヌディー？　ワンネー　ビール　ヌダン。
　　　（お前は　昨日　酒を　飲んだ？　私は　ビールを　飲んだ。）
　　・ウヌ　ワラバー　チヌー　サキ　ヌムティー？　ヌムタンドー。
　　　（あの　子、　昨日　酒　飲んだ？　飲んだよ。）

2.1.　第1形容詞

第1形容詞にはミジラシー　ハナシ（珍しい話）、ウスマシー　ッチュ（恐ろしい人）のように連体形の語尾にシーをもつものがあり、標準語のシク活用型形容詞に相当するものであったことをしめす。また、否定形式には「アカク（赤く）」に係助辞ヤ（は）が融合したアカコーにネーン（ない）がくみ

あわさったものと[2]、ミジラシコー　ネーン（珍しくない）、ハジカシコーネーン（恥ずかしくない）などのように、否定形式の語幹末に「シ」のあらわれるものがある。前者は標準語のク活用型形容詞に相当するもので、後者は、標準語のシク活用型形容詞に相当するものである。一部に標準語のク活用型とシク活用型の違いをのこすが、全体としてはその区別をうしなっている。

表1　肯定形式の普通体

終止形			非過去	過去
直説法	断定	一般むすび	アカサン	アカサタン
		ドゥむすび	アカサル	アカサタル
	推量	ハジ推量	アカサル　ハジ	アカサタル　ハジ
		ラ推量	アカサラ	アカサタラ
質問法	肯否	一般質問	アカサミ	アカサティー、アカサタミ
		ドゥむすび	アカサルイ	アカサタルイ
	疑問詞質問		アカサガ	アカサタガ
連体形			アカサル	アカサタル
中止形			アカサイ、アカサヌ	
条件形			アカサクトゥ、アカサタクトゥ、アカサラー、アカサレー、アカサイネー、アカサティン、アカサラワン、アカサルムン、アカサタルムン	

表2　否定形式の普通体

終止形			非過去	過去
直説法	断定	一般むすび	アカコー　ネーン	アカコー　ネーンタン
		ドゥむすび	アカコー　ネールン	アカコー　ネーンタル
	推量	ハジ推量	アカコー　ネーン　ハジ	アカコー　ネーンタル　ハジ
		ラ推量	アカコー　ネーンラ	アカコー　ネーンタラ
質問法	肯否	一般むすび	アカコー　ネーニ	アカコー　ネーンティー
		ドゥむすび	アカコー　ネールイ	アカコー　ネーンタルイ
	疑問詞質問		アカコー　ネーンガ	アカコー　ネーンタガ
連体形			アカコー　ネーン	アカコー　ネーンタル

主語、状況語などの文の部分に係助辞ドゥが後接すると、その文の部分の

さししめすことがらがとりたてられる[3]。そのとき、ドゥむすび形がドゥと呼応してあらわれると、強調文になる。非強調文の述語形式が一般むすび形である。ドゥむすび形は連体形と同音形式である。

- イッター　シンシーヤカ　ワッター　シンシーガル　ワカサル。
 （お前たちの　先生より　うちの　先生が　若いんだ。）

ハジ推量形は「アカサル　ハジ（赤いだろう）」「アカサタル　ハジ（赤かっただろう）」のように連体形に形式名詞のハジをくみあわせる。ハジは、標準語の「筈」に対応するが、客観的な根拠に基づく推定をあらわすほかに、根拠のとぼしい推量もあらわす。ラ推量形は、話し手が推量した出来事のただしさを聞き手に確認要求する文の述語に使用される。このばあい、終助辞ヤーの後接が義務的である。

- ウヌ　クヮーシン　マーサル　ハジドー。
 （その　お菓子も　おいしいだろう。）
- タラーヤカ　ジラーガガ　タカサラヤー。
 （太郎より　次郎が　（背が）高いだろう。）
- アマヌ　スバー　マーサタラヤー。
 （むこうの　蕎麦は　おいしかっただろう。）

聞き手を必ずしも前提にせず、話し手がうたがわしいとおもうできごとを自問するとき、うたがわしいとおもわれるものをさししめす文の部分に係助辞「ガ」がつき、いいおわりの述語をラ推量形にする。

- トーキョーガガ　チカサラ。タイワンガガ　チカサラ。
 （東京が　近いのだろうか。台湾が　近いのだろうか。）
- ジルガガ　マーサラ、ワッターガー　ムサットゥ　ワカラン。
 （どれが　うまいのか、私たちには　さっぱり　わからない。）

肯否質問をあらわす形式には、主語、状況語などの文の部分に係助辞ドゥをともなったときとドゥをともなわないときとでは述語の形がことなる。係助辞ドゥが後接しないときには「アカサミ（赤いか）」「アカサタミ（赤かったか）」「アカサティー（赤かったか）」となり、係助辞ドゥが後接すると、「アカサルイ（赤いか）」「アカサタルイ（赤かったか）」となる。前者を一般むすび質問、後者をドゥむすび質問とよぶ。一般むすび質問のばあい、肯定形式、否定形式をとわず直説法・断定形に終助辞ナをつけて質問文の述語にすることができる。疑問詞質問をあらわす専用形式「アカサガ（赤いか）」「アカサタガ（赤かったか）」がある。肯否質問、疑問詞質問であることを明示し、上昇イントネーションは義務的ではない。

- ジラーガ　ムッチョール　クルマン　クルサミ。
 （次郎が　持っている　車も　黒い？）
- タラーガ　コータル　クルマン　クルサティー？
 （太郎が　買った　車も　黒かった？）
- ジルガ　マーサガ？　イャーガ　コータシヌドゥ　マーサルイ？
 （どれが　おいしい？　おまえの　買ったのが　おいしい？）
- クネーダー　シワーシ　ヤタクトゥドゥ　イチュナサタルイ？
 （この間は　師走　だったから　忙しかったのかい？）
- チヌーヤ　ヌーガ　イチュナサタガ？
 （昨日は　何故　忙しかったの？）
 ヌーガ　ヤラ　ワッターガー　ムサットゥ　ワカヤビラン。
 （何故　なのか　私たちには　さっぱり　わかりません。）

　第1形容詞の肯定形式の丁寧体は、サ連用形にアン（有る）の丁寧体のアイビーン（あります）を融合させた形で、否定形式の丁寧体は、ク連用形の係助辞ヤ（は）を融合させた形に、ネーン（ない）の丁寧体ネーヤビラン（ありません）をくみあわせてつくる。

表3 肯定形式の丁寧体

終止形			非過去	過去
直説法	断定	一般むすび	アカサイビーン	アカサイビータン
		ドゥむすび	アカサイビール	アカサイビータル
	推量	ハジ推量	アカサイビール　ハジ	アカサイビータル　ハジ
		ラ推量	アカサイビーラ	アカサイビータラ
質問法	肯否	一般質問	アカサイビーミ	アカサイビーティー
		ドゥむすび	アカサイビールイ	アカサイビータルイ
	疑問詞質問		アカサイビーガ	アカサイビータガ
連体形			（アカサイビール）	（アカサイビータル）

表4 否定形式の丁寧体

終止形			非過去	過去
直説法	断定	一般むすび	アカコー　ネーヤビラン	アカコー　ネーヤビランタン
		ドゥむすび	アカコー　ネーヤビランル	アカコー　ネーヤビランタル
	推量	ハジ推量	アカコーネーヤビランハジ	アカコー　ネーヤビランタル　ハジ
		ラ推量	アカコーネーヤビランラ	アカコー　ネーヤビランタラ
質問法	肯否	一般質問	アカコー　ネーヤビラニ	アカコー　ネーヤビランティー
		ドゥむすび	アカコー　ネーヤビランルイ	アカコー　ネーヤビランタルイ
	疑問詞質問		アカコー　ネーヤビランガ	アカコー　ネーヤビランタガ
連体形			アカコー　ネーヤビラン	アカコー　ネーヤビランタル

　サ連用形にアン（ある）の尊敬動詞アミセーンをくみあわせて融合させたワカサミセーン（お若いです）、チュラセミセーン（お美しいです）などの形で、主語がさしだす特性の持ち主に対する敬意をあらわす尊敬形容詞がある。尊敬形容詞の語尾をビーンにとりかえ、チュラサミセービーン（お美しゅうございます）、ワカサミセービーン（お若こうございます）などのように、丁寧体にすることができる。

　・コーチョーシンシーヤ　ナマー　**イチュナサミセーンディ**。
　　（校長先生は　　　　今は　　お忙しいのだそうです。）
　・ウンジュナー　ハンシーヤ　ワカサイネー　**チュラサミセービータン**。
　　（あなた方の　おばあさんは　若い頃　　おきれいでしたよ。）

2.2. 第2形容詞

第2形容詞にはシジカナ（静かな）、アチラカナ（明らかな）、ユタカナ（豊かな）、タシカナ（確かな）、イルンナ（いろんな）などの和語系のもの、デージナ（大変な）、ディッパナ（立派な）、グドゥンナ（愚鈍な）、グヮンクナ（頑固な）、ジョージナ（上手な）、ジョートゥーナ（上等な）、カンヌーナ（肝要な）、ハンタナ（多忙な）、ハクジョーナ（薄情な）、フユーナ（不精な）、ブクーナ（不器用な）、イフーナ（変な）などの漢語系のもの、ジャーフェーナ（しまつにおえない）、ジママナ（わがままな）、ブククチナ（不愉快な）、ダンダンナ（たいそうな）、ダテーンナ（たいそうな）、ユチクナ（豊かな）、ウヮーバナ（余分な）など語源がよくわからないものなどがある[4]。ゲンキナ（元気な）、ベンリナ（便利な）など標準語形をそのままとりいれているものが増え

表6　肯定形式の普通体

終止形			非過去	過去
直説法	断定	一般むすび	デージ、デージ　ヤン	デージ　ヤタン
		ドゥむすび	デージ　ヤル	デージ　ヤタル
	推量	ハジ推量	デージ　ヤル　ハジ	デージ　ヤタル　ハジ
		ラ推量	デージ　ヤラ	デージ　ヤタラ
質問法	肯否	一般質問	デージ　ヤミ	デージ　ヤティー
		ドゥむすび	デージ　ヤルイ	デージ　ヤタルイ
		疑問詞質問	デージ　ヤガ	デージ　ヤタガ
連体形			デージナ、デージ　ヤル	デージ　ヤタル

表7　否定形式の普通体

終止形			非過去	過去
直説法	断定	一般むすび	デージ　アラン	デージ　アランタン
		ドゥむすび	デージ　アランル	デージ　アランタル
	推量	ハジ推量	デージ　アラン　ハジ	デージ　アランタル　ハジ
		ラ推量	デージ　アランラ	デージ　アランタラ
質問法	肯否	一般質問	デージ　アラニ	デージ　アランティー
		ドゥむすび	デージ　アランルイ	デージ　アランタルイ
		疑問詞質問	デージ　アランガ	デージ　アランタガ
連体形			デージ　アラン	デージ　アランタル

ている。

　第2形容詞の否定形式は、はだかの形に否定をあらわすコピュラの「アラン（ではない）」をくみあわせる[5]。これも名詞述語とおなじである。肯定・普通・直説法・断定・非過去のばあい、コピュラをつけずに、はだかのまま、あるいは、ドー（よ）などの終助辞をつけていうことができる。

・タラーヤ　ゲンキ。ヤシガ、　チューヌ　ハナコー　イフーナードー。
　（太郎は　元気。けれど、　今日の　花子は　　変だよ。）
・アチャー　ガッコーガ　ヤスミンリシェー　タシカ　ヤミ？
　（明日　　学校が　　休みだというのは　　確かか？）
・ゲンキ　　アイビラン。ヤーンジ　ニントーミセーン。
　（元気では　ありません。　家で　ねていらっしゃいます。）
・ターガ イチバン　ゲンキ　ヤガ？ ターガガ　イチバン　ヤイビーラ。
　（誰が　一番　　元気だ？　　誰が　　一番なんでしょう。）

　第2形容詞の丁寧体は、コピュラのヤンをヤイビーン、アランをアイビランにかえてつくる。コピュラのヤンをヤミセーンにかえて尊敬形容詞にしていうこともできる。

・ウンジュナー　ハンシーヤ　ガンジュー　ヤミセービーンヤー。
　（おたくの　　おばあさんは　お元気でいらっしゃいますね。）
・トゥナイヌ　アヤーヤ　ワカサイネー　チュラサミセービータンドー。
　（隣の　　お母さんは　若い頃　　　おきれいでしたよ。）

　丁寧体と尊敬形容詞は、普通体にくらべて連体形、中止形、条件形の活用形がすくなく、ほとんど使用されない。

表6　肯定の形の普通体

終止形			非過去	過去
直説法	断定	一般むすび	イチク、(イチク　ヤン)	イチク　ヤタン
		ドゥむすび	イチク　ヤル	イチク　ヤタル
	推量	ハジ推量	イチク　ヤル　ハジ	イチク　ヤタル　ハジ
		ラ推量	イチク　ヤラ	イチク　ヤタラ
質問法	肯否	一般質問	イチク　ヤミ、(イチクイ)	イチク　ヤティー
		ドゥむすび	イチク　ヤルイ	イチク　ヤタルイ
		疑問詞質問	イチク　ヤガ	イチク　ヤタガ
連体形			イチクヌ、イチク　ヤル	イチク　ヤタル

表7　否定の形の普通体

終止形			非過去	過去
直説法	断定	一般むすび	イチク　アラン	イチク　アランタン
		ドゥむすび	イチク　アランル	イチク　アランタル
	推量	ハジ推量	イチク　アラン　ハジ	イチク　アランタル　ハジ
		ラ推量	イチク　アランラ	イチク　アランタラ
質問法	肯否	一般質問	イチク　アラニ	イチク　アランティー
		ドゥむすび	イチク　アランルイ	イチク　アランタルイ
		疑問詞質問	イチク　アランガ	イチク　アランタガ
連体形			イチク　アラン	イチク　アランタル

2.3. 名詞述語

名詞述語は、コピュラのヤン、アランをくみあわせる。これは第2形容詞とおなじである。名詞のばあい、連体ガ格、連体ヌ格の名詞が連体修飾語になるのだが、第2形容詞のばあい、語幹（はだかの形）に語尾「ナ」のついた形が連体修飾語になる。肯定形式の直説法・断定・非過去のばあい、はだかの形のまま、あるいは終助辞をともなうのがふつうである。また、名詞のはだかの形に終助辞イをつけて質問文の述語にすることができる。

　コピュラのヤン、アランを丁寧体、尊敬の形式にかえていうことができる。

・トゥナイヌ　タンメーヤ　ワカサイネー　シンシー　ヤミセータンリ。
　（隣の　　　おじいさんは　若いころ　先生でいらっしゃったって。）

3. 一時的状態

クルー ソーン（黒くしている）、アカー ソーン（赤くしている）、オールー ソーン（青くしている）のように色をあらわす形容詞の語幹にソーン（している）をくみあわせて、一時的状態をあらわすことができる。

- イャー チンヌ スデー クルー ソーシガ、チャーサガ？
  （君の 服の 袖は 黒いが、 どうしたの。）
- サキ ヌドータラヤー。ミミマディン アカー ソータンドー。
  （酒を 飲んでいただろう。耳までも 赤くしていたよ。）

第1形容詞のサ連用形に、ソーン（している）をくみあわせて一時的状態をあらわすことができる。ハゴーサ スン（汚がる）、ヒーサ ソーン（寒い、寒がる）、イチュナサ スン（忙しい）などがある。

- ヌーガ アンシ ウッサ ソール。
  （どうして そんなに うれしいんだい。）
  ワッター タラーガ ゴーカクサーニル ウッサ ソーンドー。
  （うちの 太郎が（大学に） 合格して、 嬉しいんだ。）
- ッチュヌ メーウティ アビーンリチ ハジカサ ソータン。
  （人前で 話すといって 恥ずかしがっていた。）
- ヌーガ、 カシマサ ソール。
  （どうして、 かしましがっているんだ。）
  ワンネー カシマサ シェー ネーンドー。
  （おれは かしましく して ないよ。）
- ジコー アタラサ ソーシガ、デーダカール ヤティー。
  （とても もったいながっているが、高いもの だったのか。）
  メーカラ フサ ソータシ ヤクトゥル、アタラサ ソーンドー。
  （以前から 欲しかったの だから、 大切に しているんだよ。）

・ヌーガ　イッター　ヤーヤ　ジコー　ディッパングヮー　ソール。
　（どうして　お前の　家は　とても　立派なの。）

　名詞のはだかの形にソーン（している）がくみあわさって、時間状況をあらわすつきそい文や連体修飾的なつきそい文の述語になることがある。

・ワラビ　ソーイニ　ウマウティ　ユー　アシダン。
　（子供の　ころ、　ここで　よく　遊んだ。）
・ヒンスー　ソーイネー、アンシ　マーサムノー　カマランタン。
　（貧乏　していたころ、こんな　美味しいものは　食えなかった。）
・ワッター　タンニン　ソータル　シンシーガ　クルマ　コータンリ。
　（うちの（学級）担任していた　先生が　車を　買ったって。）

4. 表出

　原因・理由をあらわすつきそい文の述語になる中止形をいいおわりの述語にして、表出をあらわすことができる。このばあい、第1形容詞の非過去のばあいに限定されているようである。

・アイエーナー　ハジカサヌ！
　（ああっ、　恥ずかしい。）
・アーッ　ユンガシマサヌ！
　（ああっ、　うるさい。）
・フジサンヤ　タカサヌ　ヌブララン。
　（富士山は　高くて、　登れない。）
・ユンガシマサヌ　ジンヌ　サンミヌン　ナラン。
　（うるさくて、　お金の　計算も　できない。）

　ドゥむすび形を述語に使用した文も表出をあらわす。このばあい、係助辞

ドゥはともなわれなくてよい。宇和島方言の形容詞の表出のばあいと同様に程度・量を表す副詞と共起することがおおい[6]。第2形容詞もこれに類する表現が可能である。

- アキサミヨー、アンシ　<u>クルサル</u>！
  （ああっ、　　　なんて　黒いんだ。）
- シンカンセンリシェー　アンシ　<u>フェーサル</u>！
  （新幹線というのは　　　なんて　　速いんだ。）
- イッター　ハナコー　アンシ　<u>ゲンキ　ヤル</u>！
  （お宅の　花子は　なんて　元気なんだ。）

サ連用形をいいおわりの述語にして表出をあらわすこともできる。

- アイエーナー、<u>ハジカサヨー</u>！　ナー　チラン　ムッチアッカラン。
  （ああっ、　　　恥ずかしい！　もう　顔出しが　　　　できない。）
- <u>マーサヨー</u>！　　ムヌン　ウマーラン　アタイドゥ　ヤル。
  （おいしいなあ！　ことばに　いえない　　　ほどだ。）

5.　推定とエヴィデンシャリティー

形容詞にも名詞述語にも形跡などの間接的な結果（証拠）にもとづいて過去の状態や特性を推定するテーン形式がある。エヴィデンシャリティーとかかわる認識的ムード形式であり、1人称を主語にできないという人称制限がある。形跡などの知覚をもとにおこなう推定をあらわすのは、動詞のテーン形式とおなじだが、主体動作客体変化動詞が客体の変化結果の継続をあらわし、主体動詞動詞、主体変化動詞が効力、経験、記録などのパーフェクトをあらわすのとことなる。第1形容詞のタカサテーン（高かった）、クルサテーン（黒かった）、イチュナサテーン（忙しかった）は、サ連用形にアン（有る）の推定をあらわす形式のアテーンが融合した形で、第2形容詞ゲンキ　ヤ

テーン（元気だった）と名詞述語シンシー　ヤテーン（先生だった）は、はだかの形にコピュラのヤンの推定をあらわす形式のヤテーンをくみあわせた形である。

　ハジ推量形、ラ推量形が未来、現在、過去の出来事について客観的な根拠に基づく推定や根拠のとぼしい単なる推量もあらわすのとことなり、テーン形式は、過去の推定しかあらわさない。

- ウマンカイ　アタル　キーヤ　タカサテーン。
 （そこに　あった　木は　高かったにちがいない。）［切り株から推定。］
- トゥナイヌ　ハンシーヤ　ワカサイネー　チュラサテーン。
 （隣の　おばあさんは　若いころ　美しかったにちがいない。）
- マーサギサ　カドータシガ、フントーヤ　ニーサテーン。
 （おいしそうに　食べていたが、本当は　まずかったにちがいない。）
- ナマー　フルドーシガ、メーヤ　ディッパ　ヤテーン。
 （今は　古くなっているが、以前は　立派だったに　ちがいない。）
- ゲンキグヮー　ソータシガ、ジチェー　ヤンメー　ヤテーン。
 （元気に　していたが、実は　病気だったに　ちがいない。）

　テーン形式は、驚きの感情をともないながら、発話現場で確認した話し手が予想していなかった意外な事実の確認（発見）や話し手の予想が発話現場で確認できたことをあらわす[7]。

- ハナコ　クルマー　クルサテーサヤー。
 （花子の　車って　黒かったんだ。）［初めて花子の車を見て。］
- サキヌ　イッチョータクトゥル　マーサテーサ。
 （酒が　入っていたから、美味かったんだ。）［隠し味に気付いて。］
- エンダサンリ　ウムトータシガ、アヤコンリル　クヮーヤ　ゲンキ

ヤテーサヤー。(おとなしいと　思っていたが　綾子って　子は　元気だったんだ。)
・ワカランタッサー。タラーヤ　イチクル　ヤテーサヤー。
　　(しらなかった、　太郎は　　いとこだったんだ。)
・ヤッパシ　キマツシケンヤ　ゲツヨービル　ヤテーサヤー。
　　(やっぱり　期末試験は　　月曜日だったんだ。)[試験が月曜日だったことを発話現場で手帳などで確認して。]

形容詞も名詞述語もテーン形式を述語にして反実仮想文をつくることもできる。これは動詞のセーン形式が反実仮想文の述語になるのと同じである。

・ナー　クーテン　マース　イットーケー、マーサテーン。
　　(もう　少し　塩を　入れていれば、おいしかった。)[実際は塩が少なかった。]

動詞にはエヴィデンシャリティーとかかわって直接知覚を明示する第2過去形があるが、形容詞や名詞述語には直接知覚を明示する形式がない。動詞の第2過去形が「中止形＋ウタン（居た）」から成り、過去の動作や変化の進行をあらわす形式に由来していることとかかわっている。

【注】
1　奄美諸方言、八重山諸方言の形容詞もサ連用形に「有る」に対応する存在動詞が文法化してくみあわさってできている。宮古諸方言の形容詞は、ク連用形（タカフ（高く）、アサフ（浅く）など）にものの存在動詞アイ（有る）が文法化してくみあわさって融合している。また、宮古諸方言の形容詞には、タカータカ（高い）、アサーアサ（浅い）など、語幹を重ねてつくる重複型の活用形があって、並存している。なお、重複型の連体形は、タカータカヌ（高い）、アサーアサヌ（浅い）などのように語幹に助辞－ヌ（の）をつけてつくる。助辞－ヌは、名詞の連体格をつくる格助辞－ヌとおなじもので

ある。くわしくは、かりまた（2003）を参照。
2　ネーラン（ない）というバリアントがあるが、意味的なちがいはない。ネーンもネーランも語尾に形容詞に固有の語尾－サンをもたないことなどから動詞に分類され、『沖縄語辞典』など複数の琉球語の辞書が不規則変化動詞としている。
3　係助辞 du は、古代日本語の係助辞「ぞ」に対応するもので、いいおわりの述語の専用形式があること、その形式が連体形と同音形式になることなど、古代日本語のばあいと似る。接続する語の語末のフォネームによっては異形態「ル」もある。
4　ガンジューサン（丈夫な、頑丈な）は、「頑丈な」に由来するとおもわれるが、語尾が－サンで、第1形容詞に分類される。また、ナマサン（①生である、②ずうずうしい）も第1形容詞に属すが、「生の」に由来する。
5　アランは、形式的にはアン（有る）の否定に相当する。
6　工藤（2006: 173）
7　工藤（2006: 179）

【参考文献】
奥田靖雄（1994）「動詞の終止形（2）講座・教師のための文法」『教育国語』2(12)．むぎ書房．
奥田靖雄（1996）「文のこと・その分類をめぐって」『教育国語』2(22)．むぎ書房．
奥田靖雄（1997）「動詞（その1）・その一般的な特徴づけ」『教育国語』2(27)．むぎ書房．
かりまたしげひさ（2003）「琉球語宮古諸方言の形容詞についてのおぼえがき―城辺町保良方言の形容詞の活用を中心に―」宮岡伯人編『消滅に瀕した琉球語に関する調査研究』科学研究費成果報告書）
かりまたしげひさ（2004）「沖縄方言の動詞のアスペクト・テンス・ムード―沖縄県具志川市安慶名方言のばあい―」工藤真由美編『日本語のアスペクト・テンス・ムード体系―標準語研究を超えて―』ひつじ書房．
かりまたしげひさ・島袋幸子（2006）「琉球語の終止形―沖縄謝名方言と沖縄安慶名方言―」『日本東洋文化論集』12．琉球大学法文学部．
工藤真由美編（2004）『日本語のアスペクト・テンス・ムード体系―標準語研究を超えて―』ひつじ書房．
工藤真由美（2006）「愛媛県宇和島市方言の形容詞」工藤真由美編『方言における述語構造の類型論的研究Ⅱ』科学費成果報告書．大阪大学文学部．
国立国語研究所（1963）『沖縄語辞典』大蔵省印刷局．

島袋幸子（1992）「沖縄北部方言」『言語学大辞典　第 3 巻下巻 2』三省堂.
鈴木重幸（1972）『日本語文法・形態論』むぎ書房.
津波古敏子（1992）「沖縄中南部方言」『言語学大辞典　第 3 巻下巻 2』三省堂.
八亀裕美（2004）「述語になる品詞の連続性―動詞・形容詞・名詞―」工藤真由美編『日本語のアスペクト・テンス・ムード体系―標準語研究を超えて―』ひつじ書房.

第8章　沖縄県那覇市首里方言の形容詞

高江洲頼子

1. はじめに

　本論は那覇市首里方言についての記述である。首里はかつての琉球王国の首都であり、15世紀ごろから1879（明治12）年の廃藩置県まで琉球の政治・文化の中心地として栄えた。王府時代は首里三平等（しゅりみひら）といわれていたが、1896年には首里区となり、その後隣接の地域を編入して1921年には首里市となった。第二次世界大戦で多大な戦災をうけたが、戦後は住宅地として復興、1954年に那覇市と合併した。

　那覇市の人口は316,437人（2006年11月末現在）、そのうち、首里の人口は58,377人である。

　首里方言は奄美沖縄方言群の沖縄中南部方言に属する。琉球王国時代の王府の方言として権威と規範性をもち、琉球列島全体の共通語としての役割をになっていた。他の方言に対しても大きな影響力をもっていた。

　他の方言にくらべて文化的な単語を多くもち、sjanpin シャンピン（お茶＜香片）、janzin ヤンジン（ニッケル＜洋銀）など、中国語から直接借用された単語もある。首里王府の階層制度を反映して敬語を発達させていて、かつては階級、性、年齢によってきびしく使い分けられていた。

　また、首里方言は、経済の中心地である那覇の方言とともに、琉歌、組踊りの脚本などの言語作品の基盤となっている。

　本論の方言資料は久手堅憲夫氏におこなった調査で得たものである。久手堅氏は1933年生まれ。11～14歳まで学童疎開で熊本県阿蘇郡で過ごしたほかは、那覇市首里で生活し、現在にいたっている。幼いときから、祖父母

と親密であったため、同世代の人よりも古い表現を聞く機会に恵まれた。

　久手堅氏は首里方言の記録保存につよい関心をもち、以前からいろいろなかたちで協力をしてくださっている。また、ご自身は地名の研究を長年続けている。

　本論は「沖縄県那覇市首里方言の形容詞」(2006)の報告後、補充調査をおこない、その結果によって訂正と大幅な加筆をおこなったものである。

1.2. カナ表記について

本論にでてくる表記にかぎって、標準語と異なるカナ表記について説明する。

　①首里方言は母音、半母音において、喉頭音化の有無による対立がある。
　　それをつぎのように表記した。
　　イ ʔi／ヰ 'i　　イッペー ʔiQpe:（とても）、　ヰー 'i:（絵）
　　ウ ʔu／ヲゥ 'u　　ウトゥ ʔutu（音）、　ヲゥトゥ 'utu（夫）
　　イャ ʔja／ヤ ja　　イャー ʔja:（おまえ）、　ヤー ja:（家）
　　ウヮ ʔwa／ヮ wa　　ウヮー ʔwa:（豚）、　ワン waN（私）
　②語頭にあらわれるはねる音 N は、喉頭音化の有無の対立がある。
　　ゥン ʔN／ン N　　ゥンム ʔNmu（さつまいも）、　ンカシ Nkasi（昔）
　③語頭につまる音がくる単語があるが、「ッ」であらわす。
　　ッチュ Qcu（人）、　ックヮ Qkwa（子）、　ッシ Qsi（するの中止形、して）
　④合拗音（くちびる音化した子音からなる音節）については　クィ（kwi）、クヮ（kwa）、グヮ（gwa）、フヮ（hwa）、フォ（hwo）と表記した[1]。
　　クィーン kwi:N（くれる）、クヮッチー kwaQci:（ご馳走）、
　　アットーメーグヮー ʔaQto:me:gwa:（娘さん）、テーフヮ te:hwa（冗談）
　　ウフォーク ʔuhwo:ku（たくさん）

2. 形容詞について

首里方言の形容詞は第1形容詞と第2形容詞があり、終止形のなりたちが異

なる。

　第1形容詞の終止形は「語幹＋サ＋アン」の融合した形（「サアリ」系）である。第2形容詞は日本語からの借用によるもので、数はかなり限られている。第2形容詞の連体形は語尾「－ナ」の形をもつ（グヮンクナ（頑固な）など）。述語になるときは名詞と同じように、コピュラの「ヤン（だ、である）」とくみあわさって語形変化するが、述語としてはあまり発達していない。

2.1. 第1形容詞

第1形容詞の終止形は、肯定のばあい、「語幹＋サ＋アン」の融合した形で、語形変化は動詞「アン（ある）」に準じている。否定のばあいは「語幹＋ク＋ヤ（は）＋ネーン／ネーラン」の形であり、語形変化は「ネーン／ネーラン（ない）」に準じている。ネーンとネーランの意味の区別はないため、パラダイムはネーンで代表させる。首里方言では肯定の形は「サアリ系」を、否定の形は連用形（-ku で終わる形）の「ク系」を用いている。

　かつては、「ク活用」のグループは、アカサン（赤い）、グマサン（小さい）のように語尾が－サンの形をとり、「シク活用」のグループは、ミジラシャン（珍しい）、ウジラーシャン（かわいい）のように語尾が－シャンの形をとるという区別が、士族の発音にあったが、現在では失われて－サンに統一されている。しかし、連用形には区別が保たれている。また、「シク活用」のグループには、連体形が「ク活用」と同様の形（ミジラサル）のほかに、ミジラシーの形がある[2]。

	〈終止形〉	〈連用形〉	〈連体形〉
「ク活用」	アカサン	アカク	アカサル
「シク活用」	ミジラサン	ミジラシク	ミジラサル／ミジラシー

　「シク活用」由来の感情形容詞は、話し手の感情をあらわすとき、1人称にしか使えないが、1人称以外のときは「語幹＋サ」に「スン（する）」がくみあわさって、ミジラサ　スン（めずらしがる）のようにもちいる[3]。

- ワンネー　イノー　ウトゥルサン。（私は犬は恐ろしい）
- タルーヤ　イン　ウトゥルサ　スン。（太郎は犬を恐ろしがる）

「語幹＋サ」の形は、名詞的にも使われる。また、終助詞をともなって感嘆をあらわす文の述語にも使われる[4]。

- ヤンメー　タキチキチティ　ウカーサル　ウフサル。
  （病気が進むところまでいって命が危ない。　危険（ゾ）多い）
- アンシ　アヌ　ムイヌ　チュラサヨー。（なんとあの山の美しいことよ）
- ウヌ　サーターヌ　クフヮサヨー。（この黒砂糖の固いことよ）

また、「語幹＋サ」をくりかえし、強調をあらわす。

- タルーヤ　チャー　マーサ　マーサ　ムヌ　カムン。（太郎はいつもおいしそうにごはんを食べる）

表１　第１形容詞（普通体・肯定）

				非過去	過去
終止形	叙述法	断定	一般むすび	アカサン	アカサタン
			ドゥむすび	アカサル	アカサタル
		推量	ハジ推量	アカサル　ハジ	アカサタル　ハジ
			ラ推量	アカサラ	アカサタラ
	質問法	肯否	一般むすび質問	アカサミ	アカサティー
			ドゥむすび質問	アカサルイ	アカサティー
			疑問詞質問	アカサガ	アカサタガ
連体形				アカサル	アカサタル
中止形				アカサイ／アカサヌ	
条件形				アカサレー／アカサラー／アカサクトゥ	
逆条件形				アカサティン／アカサラワン　アカサルムン／アカサルムンヌ	

表2 第1形容詞（普通体・否定）

			非過去	過去
終止形	叙述法	断定 一般むすび	アカコー　ネーン	アカコー　ネーンタン
		ドゥむすび	アカコー　ネールン	アカコー　ネーンタル
		推量 ハジ推量	アカコー　ネーン　ハジ	アカコー　ネーンタル　ハジ
		ラ推量	アカコー　ネーンラ	アカコー　ネーンタラ
	質問法	肯否 一般むすび質問	アカコー　ネーニ	アカコー　ネーンティー
		ドゥむすび質問	アカコー　ネールイ	アカコー　ネーンティー
		疑問詞質問	アカコー　ネーンガ	アカコー　ネーンタガ
連体形			アカコー　ネーン	アカコー　ネーンタル
中止形			アカコー　ネーン	
条件形			アカコー　ネーンレー／アカコー　ネーンラー　アカコー　ネーンクトゥ	
逆条件形			アカコー　ネーンティン　アカコー　ネーンムン／アカコー　ネーンムンヌ	

2.1.1. 断定

断定をあらわす形には〈一般むすび〉と〈ドゥむすび〉がある。

〈一般むすび〉

・ガラサーヤ　<u>クルサン</u>。（カラスは黒い）

・タルー　カラジェー　ムトー　<u>クルサタン</u>。（太郎の髪はもとは黒かった）

・タンメーヤ　スグイヤ　シミソーランタクトゥ　<u>ウトゥラシコーネーンタン</u>。（おじいさんは殴りはなさらなかったから、恐ろしくはなかった）

〈ドゥむすび〉とは、係助辞「－ドゥ」が文の部分をとりたてるとき、それと呼応してとる述語の形（アカサル）である。「－ドゥ」は古代日本語の係助辞「ぞ」と同じと考えられている。この呼応関係は沖縄方言に広くみられ、動詞、形容詞、名詞がこの形式をとることができる。「ドゥ」は「ル」とも発音される[5]。

- ワン　カラジヤカー　イャー　カラジガル　クルサル。(私の髪より はおまえの髪が（ゾ）黒い)
- チューヌ　チョーギンヤカー　メーニ　ンーチャル　チョーギンヌ ル　ウムサタル。(きょうの狂言よりはまえに見た狂言が（ゾ）おもし ろかった)

　副詞「アンシ（なんと、そんなに）」とも呼応する。そのばあい〈表出〉 をあらわす。

- イャー　カラジェー　アンシ　クルサル。(おまえの髪はなんと黒 い！)
- アンシ　ウフヤッサル　ウヌ　ワラバーヤ。(なんとおとなしい！　こ の子は)

2.1.2. 推量

〈推量〉をあらわす形が2つある。ハジ推量形（アカサル　ハジ）とラ推量形 （アカサラ）である。ハジ推量は推量する根拠の有無には関係ない。ラ推量形 は「疑問詞＋－ガ」と呼応する形でもちいられ、判断する情報をもっていな いため、疑問詞であらわされることについて特定できず、推量している[6]。

- ウヌ　ゥンモー　ナーカー　アカサル　ハジ。(このさつま芋は中身 は赤いだろう)
- タルーヤ　ワラビ　ソーイネー　ハーエーヤ　ヘーサタル　ハジ。 (太郎はこどものころは、走りは速かっただろう)
- チカグロー　タンメー　ニーンカイ　ワンネー　タンニテー　ネーン クトゥ　イチガ　ユタサラ。([あなたのおじいさんを訪ねたいがいつ がいいかと聞かれて] 最近はおじいさんのところに私は訪ねてはいな いので、いつがいいんだろう)

・ナマー　タルーガル　チャックヤー　ヤシガ　クーサイネー　ジルートゥ　タルートゥ　ターガガ　エンダサタラ　（ワカラン）。(今は太郎が（ゾ）おっちょこちょいだが、幼い時には次郎と太郎と誰がおとなしかったんだろう（わからない))

　主語が3人称のとき、終止形に終助詞「テー」をつけて推量をあらわすことができる。これは動詞も同様である。

・タルーヤ　ジコー　ウッサンテー。(太郎はとてもうれしいだろう)
・クリガル　マギサンテー。([2つのうち]これが（ゾ）大きいだろう)

2.1.3. 質問

〈質問〉をあらわす形は3つある。肯否を問う形に〈一般むすび質問〉と〈ドゥむすび質問〉があり、疑問詞をもちいて、たずねる形に〈疑問詞質問〉がある。
　首里方言ではイントネーションは上昇調にならない。

〈一般むすび質問〉
・イャーガ　カドーシェー　マーサミ。(おまえが食べているのはおいしいか)
・ミーユメー　シコーエー　チュラサティー。(花嫁さんは姿（仕度）は美しかったか)

　〈ドゥむすび質問〉は「－ドゥ」でとりたてた名詞について質問する形である。非過去形「アカサルイ」は末尾の母音が融合して「アカサリー」とも発音される。過去形は「アカサティー」である。

・キーヌ　ナーカンジェー　イチバン　クルチヌル　クフヮサルイ。(木のなかでは一番黒木が（ゾ）堅いか)

- ンカシェー　ウヌ　カーヌ　ミジヌル　マーサティー。(昔はこの井戸の水が（ゾ）おいしかったか)

〈疑問詞質問〉
- イッター　シンカンジェー　タケー　ターガ　イチバン　タカサガ。(おまえたちの仲間では背丈は誰が一番高いか)
- ヒルギラットール　クヮッチー　ナーカンジ　イチバン　ヌーヌ　マーサタガ。(広げられているご馳走のなかで一番何がおいしかったか)

2.1.4. 連体形

非過去形は「アカサル」、過去形は「アカサタル」である。

- チルーヤ　ミーサル　チンカラ　イラビ　イラビ　カティ　ハイタン(鶴子は新しい着物から選んで借りていった)
- ワラビ　ソーイニ　イチバン　ウッサタル　アシベー　ヌー　ヤタガ。(こどものころ一番おもしろかった遊びは何だったか)
- タルーヤ　チャー　ユタサル　ドーグ　ムッチョーンヤー。(太郎はいつもいい道具をもっているよね)
- イッターヤ　チャー　スリティ　アッチュシガ　ウカーサル　クトーシェー　ナランドー。(おまえたちはいつも揃って歩き回るが、危ないことはしてはいけないよ)

「シク活用」由来の感情形容詞は「ミジラサル」のほかに「ミジラシー」の形もある[7]。

- アンスカナー　ムングヌミ　スタル　バーイ。ウトゥルシー　ッチュヤテールムンナー。(そんなに詐欺をはたらいたのか。恐ろしい人だったんだなあ)

- ナンジュ　チチンーダンヤー。ヒルマシー　クトゥヤー。(あまり聞いたことがないね。不思議なことだねえ)
- ウレー　ウフヤッシー　ワラバー　ヤッサー。(この子はおおらかな子だなあ)

2.1.5. 中止形

中止形には「アカサイ」と「アカサヌ」の2つの形があるが、意味的な違いについて明らかではない。

- アミヌヒーネー　ヒルマ　ヤティン　クラサイ　マタ　ヒーサンアン。(雨の日は昼間でも暗いし、また寒さもある)
- アミヌヒーネー　ヒルマ　ヤティン　クラサヌ　マタ　ヒーサンアン。(雨の日は昼間でも暗くて、また寒さもある)

「アカサヌ」の形は原因・理由もあらわす。

- タルーヤ　イチュナサヌ　ウヌ　シクチェー　ナラン。(太郎は忙しくて、その仕事はできない)

2.1.6. 条件形

〈条件形〉には「アカサレー」「アカサタレー」「アカサクトゥ」「アカサタクトゥ」「アカサラー」の形があるが、意味的な違いの確認は不十分である。

- オーダーヌ　マギサレー　チュケーンサーニ　ウワイル　シクチン　オーダーヌ　クーサクトゥ　タケーン　ミケーン　アッキワル　ナイル。(もっこが大きければ、1回で終わる仕事も、もっこが小さいから、2回も3回も通わなければならない)
- オーダーヌ　マギサタレー　チュケーンサーニ　ウワイタルムン　チューヤ　クタンディティ　ネーン。(もっこが大きかったら1回で

終わったのに、今日は疲れてしまった）
- チューヤ　カジヌ　<u>チューサクトゥ</u>　キー　チキティ　イキヨー。（今日は風が強いから、気をつけて行きなさいよ）
- オーダーヌ　<u>マギサタクトゥ</u>　チューヤ　ニカイサーニ　ウワタン。（もっこが大きかったから、今日は2回で終わった）

アカサレーはアカサラーと言いかえ可能だが後者はぞんざいな言い方になる。

- チンヌ　<u>アカサラー</u>　クヌ　ワラベー　チーシガ　エーズミ　ヤクトゥ　チラン。（着物が赤かったらこの子は着るけど、藍染だから着ない）

2.1.7.　逆条件形

〈逆条件〉をあらわす形をあげる。意味的な違いは明らかでない。アカサラワンの形はアカサティンに比べてぞんざいな言い方になる。

- タルーヤ　<u>マーサティン</u>　<u>ニーサティン</u>　チャー　マーク　マークカムン。（太郎はおいしくてもまずくてもいつもおいしそうに食べる）
- タルーヤ　<u>マーサラワン</u>　<u>ニーサラワン</u>　キヌグトゥ　マーサギサカムン。（太郎はおいしくてもまずくても同じようにおいしそうに食べる）
- チルチャノー　ニジヤー　ヤクトゥ　チャッサ　<u>ヤッサティン</u>　アリガー　コーラン。（鶴ちゃんはケチだからどんなに値段が安くても彼女は買わない）
- チルチャノー　ニジヤー　ヤクトゥ　チャッサ　<u>ヤッサラワン</u>　アリガー　コーラン。（鶴ちゃんはケチだからどんなに値段が安くても彼女は買わない）
- タルーヤ　ヒージーヤ　<u>エンダサルムン</u>　ワジラチ　ネーン。（太郎

はふだんはおとなしいのに、怒らしてしまった）

・タルーヤ　ヒージーヤ　エンダサルムンヌ　ワジラシーネー　ティーン　チキララン　ナインドー。（太郎はふだんはおとなしいのに、怒らすと手がつけられなくなるよ）

2.2. 第2形容詞

第2形容詞は第1形容詞にくらべて数が少なく、日本語からの借用とみられる。「語幹＋ナ」の形で連体形としてはたらく。述語になるときは、名詞と同様に語幹にコピュラ「ヤン」をつけるが、第2形容詞は第1形容詞と違って、述語になりにくく、「ゲンキ　ヤン（元気　である）」よりは「ガンジューサン（頑丈である）」、「ジョートゥー　ヤン（上等で　ある）」よりは「ユタサン（よい）」と第1形容詞を述語に使う傾向がある。第1形容詞にかわる単語がないばあいは、第2形容詞の連体形＋「クトゥ（こと）／ムン（もの）」にコピュラ「ヤン（である）」がくみあわさり、名詞述語文にする。

・イフーナ[8]　ハナシヌ　チカリーシガ　フントー　ヤイビーミ。（変な話が聞こえるが、本当ですか）

・アンシ　グヮンクナ　ッチュ　ヤミシェーンヤー。（とても頑固な人でいらっしゃいますね）

・アリガ　グトゥ　ダンダンナ　クトゥ　シェー　ユヌナカ　ワタティイカランドー。（彼のようにたいそうなことをしては世の中を渡っていけないよ）

・マヤーヌ　ヒジ　チーネー　デージナ　クトゥ　ナインドー。（猫のひげを切るとたいへんなことになるよ）

・イャーガ　イシェー　タシカナ　クトゥ　ヤサ。（おまえが言うのは確かなことだ）

・アンシ　ナンジヤ　サンタルムン　カフーナ　クトゥ　ヤル　イャーヤ。（そんなに難儀はしなかったのに運がいいことだ、おまえは）

第2形容詞が述語になるばあいは、名詞とおなじように、肯定は「ヤン（である）」、否定は「アラン（でない）」とくみあわさって語形変化するが、単語がかぎられていて、比較的新しい形式のようである。パラダイムについては、次節を参照のこと。

2.3. 名詞述語について

名詞が述語になるとき、肯定のばあいは、コピュラ「ヤン」が、否定のばあいは、「アラン（あるの否定形に相当）」がくみあわさり、語形変化する。

　〈終止形・断定・非過去〉のばあい、コピュラ「ヤン」をつけずに述語になることもできる。しかしぞんざいな言い方になる。

表3　名詞（普通体・肯定）

			非過去	過去
終止形	叙述法	断定	一般むすび	シンシー　ヤン	シンシー　ヤタン
			ドゥむすび	シンシー　ヤル	シンシー　ヤタル
		推量	ハジ推量	シンシー　ヤル　ハジ	シンシー　ヤタル　ハジ
			ラ推量	シンシー　ヤラ	シンシー　ヤタラ
	質問法	肯否	一般むすび質問	シンシー　ヤミ	シンシー　ヤティー
			ドゥむすび質問	シンシー　ヤルイ	シンシー　ヤティー
			疑問詞質問	シンシー　ヤガ	シンシー　ヤタガ
連体形				シンシー　ヤル シンシー　ソール	シンシー　ヤタル シンシー　ソータル
中止形				シンシー　ヤティ	
条件形				シンシー　ヤレー／シンシー　ヤラー／ シンシー　ヤクトゥ	
逆条件形				シンシー　ヤティン／シンシー　ヤラワン シンシー　ヤルムン／シンシー　ヤルムンヌ	

表4 名詞（普通体・否定）

			非過去	過去
終止形	叙述法	断定		
		一般むすび	シンシー　アラン	シンシー　アランタン
		ドゥむすび	シンシー　アランル	シンシー　アランタル
	推量	ハジ推量	シンシー　アラン　ハジ	シンシー　アランタル　ハジ
		ラ推量	シンシー　アランラ	シンシー　アランタラ
	質問法	肯否		
		一般むすび質問	シンシー　アラニ	シンシー　アランティー
		ドゥむすび質問	シンシー　アランルイ	シンシー　アランティー
		疑問詞質問	シンシー　アランガ	シンシー　アランタガ
連体形			シンシー　アラン	シンシー　アランタル
			シンシー　ソーネーン	シンシー　ソーネーンタル
中止形			シンシー　アラン	
条件形			シンシー　アランレー／シンシー　アランラー	
逆条件形			シンシー　アランティン	
			シンシー　アランムン／シンシー　アランムンヌ	

・エンチュヌ　カタチェー　マヤー　ヤン／マヤー。（ねずみの敵は猫だ）
・タマー　ミキー　ヤタン。（たまは三毛猫だった）
・タルーヤ　シンシー　アラン。（太郎は先生ではない）

〈ドゥむすび〉

・ジルーヤ　アランドー　タルーガル　シンシー　ヤル。（次郎ではないよ、太郎が（ゾ）先生だ）
・クーサイネー　ジルーガル　マク　ヤタル。（小さい時には次郎が（ゾ）やんちゃだった）
・タルー　チュイガル　シンシー　アランル。フカヌ　ヤーニンジョー　ムル　シンシー　ソーミシェーン。（太郎1人が（ゾ）先生ではない。ほかの家族はみんな先生なさっていらっしゃいます）

〈推量〉

・タルーヤ　シンシー　ヤル　ハジ。（太郎は先生だろう）

- タルーヤ　ワラビ　ソーイネー　ハーエーヤ　マク　ヤタル　ハジドー。(太郎はこどものころには走りは上手だっただろう)
- ワカサイネー　タルーン　シンシー　ヤタル　ハジ／ソータル　ハジドー。(若いときには太郎も先生だっただろう)
- ターガガ　シンシー　ヤラ　(ワカランサーヤー)。([大勢の人のなかでは]誰が先生だろう(わからないねえ))

終止形に推量の終助詞「テー」をつけて推量をあらわす。

- フカヌ　チョーデーンチャーン　シンシー　ソークトゥ　タルーン　シンシー　ヤンテー／ソーンテー。(ほかのきょうだいたちも先生だから、太郎も先生だろう)

〈質問〉
- チューヌ　ユーマーイトーバノー　タルー　ヤティー。(今日の夜回り当番は太郎だったか)
- ンカシェー　ウヌ　カーヌ　ミジヌル　マーサミジ　ヤティー。(昔はこの井戸の水が(ゾ)おいしい水だったか)
- チューヤ　イャーガル　トーバン　ヤルイ。(今日はおまえが(ゾ)当番か)
- チヌーヤ　タルーガル　トーバン　ヤティー。(昨日は太郎が(ゾ)当番だったか)
- チヌーヤ　タルーガル　トーバン　アランティー。(昨日は太郎が(ゾ)当番ではなかったか)

〈疑問詞質問〉は疑問詞と呼応してとる形で、コピュラ「ヤン」は「ヤガ」になるが、非過去のばあい、コピュラ「ヤン」を使用せず、述語名詞に直接「－ガ」をつけてあらわすこともできる。

- チューヤ　ターガ　トーバン　ヤガ／トーバンガ。(今日は誰が当番か)
- チヌーヤ　ターガ　トーバン　ヤタガ。(昨日は誰が当番だったか)
- ヒルギラットール　クヮッチー　ナーカンジ　イチバン　ヌーヌ　アジクーター　ヤタガ。(広げられているご馳走のなかで一番何がうまいものだったか)

〈連体形〉[9]

連体形が職業や姿勢などで名詞を規定するときは、継続相の「シンシー　ソール」の形がよく使用される。

- ヒサマンチュー　ソール　ワラバーヤ　マーヌガ。(正座をしている子はどこの子か)
- ウヌ　ワジャー　シンシー　ソール　ッチュヌ　ナイル　ワジャー　アランクトゥ　シンシー　アラン　タルー　ユディクヮー。(この仕事は先生ができる業ではないから、[太郎は2人いるが]先生じゃない太郎を呼んできなさい)
- ワラビ　ソーイニ　イチバン　タヌシミ　ヤタル　アシベー　ヌーヤタガ。(こどものころ一番楽しみだった遊びは何だったか)

〈中止形〉

- ウレー　タルーガ　テーシチニ　ソール　シムチ　ヤティ　ナマー　ワンガ　カクグ　ソーン。(これは太郎が大切にしている本で、今は私が保管している)

〈条件形〉

- ドゥク シキヌンカイ ヒルガトール ハナシー アランシガ アリガ タルー <u>ドゥシ ヤレー</u> シッチョーサ。(あまり世間に広がっている話ではないが、彼が太郎の友だちなら知っているよ)
- タルーガ <u>エーキンチュ ヤレー</u> ワンネー アリカラ ジン カイタルムン。(太郎が金持ちなら私は彼から金を借りたのに)
- チューヤ <u>マーミメー ヤクトゥ</u> タルーヤ ウフォーク カムンドー。(今日は豆ご飯だから太郎はたくさん食べるよ)
- アリガ イーシガ <u>ユクシムニー アランレー</u> イヤーガ イールグトゥッシ シムンドー。(彼の言うことが嘘でなければおまえが言うようにしていいよ)

〈逆条件形〉

- アリガ チャッサ <u>クビチリドゥシ ヤティン</u> ウヌ クトー イラン。(彼がどんなに親友であっても、そのことは言わない)
- <u>ヰキガ アランティン</u> ウヌ アタイヤ ナイン。(男でなくたってそのくらいはできる)

3. 丁寧体について

第1形容詞のばあい、肯定は「語幹＋サ」に接辞「－イビーン」がついた形、否定は「語幹＋ク＋ヤ＋ネーイビラン／アイビラン（ありません）」の形である。第2形容詞、名詞のばあいは、肯定はくみあわさるコピュラ「ヤン」がヤイビーンに、否定は「アン」がアイビランになる。

- ウヌ ウジノー <u>アカサイビーン</u>。(このお膳は赤いです)
- ウヌ クトー カチトゥミティ ウチュシェー <u>マシ ヤイビーンドー</u>。(そのことは書き留めておくのがいいですよ)
- ワンネー <u>シンシー アイビラン</u>。(私は先生ではありません)

表5　丁寧体

		肯　定	否　定
第一形容詞	非過去	アカサイビーン	アカコー　ネーイビラン アカコー　アイビラン
	過去	アカサイビータン	アカコー　ネーイビランタン アカコー　アイビランタン
名詞	非過去	シンシー　ヤイビーン シンシー　ソーイビーン	シンシー（ヤ）　アイビラン シンシー（ヤ）　ソーイビラン
	過去	シンシー　ヤイビータン シンシー　ソーイビタン	シンシー（ヤ）　アイビランタン シンシー（ヤ）　ソーイビランタン

4. 尊敬をあらわす形

首里方言は他の方言にくらべて敬語が発達している。親族名称や返事（はい、いいえ）は階級によって、使用単語が異なっていることがよく知られている。

　形容詞、名詞の尊敬をあらわす形は以下のとおりである。

表6　尊敬をあらわす形

		肯　定	否　定
第一形容詞	非過去	アカサミシェーン	アカコー　ネーミソーラン
	過去	アカサミシェータン	アカコー　ネーミソーランタン
名詞	非過去	シンシー　ヤミシェーン シンシー　ソーミシェーン	シンシー（ヤ）　アミソーラン シンシー（ヤ）　ソーミシェーラン
	過去	シンシー　ヤミシェータン シンシー　ソーミシェータン	シンシー（ヤ）　アミソーランタン シンシー（ヤ）　ソーミシェーランタン

・タンメーヤ　タキヌ　<u>タカサミシェーン</u>。（おじいさんは背丈が高くていらっしゃる）
・タルー　チュイガル　シンシー　アランル　フカヌ　ッチョー　ムル

シンシー　ソーミシェーン。(太郎1人が(ゾ)先生ではない。ほかの人はみんな先生なさっていらっしゃる)
- タルーヤ　ナマー　シンシー　ソーミシェーラン。(太郎は今は先生なさっていらっしゃらない)

5. 一時的な状態

一時的な状態をあらわすばあい、第1形容詞の「ク活用」のグループは名詞形に「ソーン(している)」を、「シク活用」由来の形容詞は「語幹＋サ」に「ソーン」をくみあわせる。第2形容詞は語幹に「ソーン」をくみあわせる。ソーンは「スン(する)」の継続相の形である。感情形容詞が主体の感情をあらわすとき、「スン」は1人称しかとることができないが、「ソーン」とくみあわさって状態をあらわすばあいは人称制限がない。

- キッサ　ガジャンニ　クヮーッタル　トゥクマヌ　アカー　ソーン。(さっき蚊にさされたところが赤い＜赤さ　している)
- ウヌ　キーヤ　アンシ　マギー　ソール。(この木はなんと大きい＜大きさ　している)
- タルーヤ　ウトゥルサ　ソーン。(太郎は怖がっている。＜恐ろしさ　している)
- ワンネー　ウヌ　クトゥ　チチ　ウッサ　ソーンドー。(私はそのことを聞いて嬉しいよ。喜んでいるよ＜うれしさ　している)
- チューヤ　ハナコーヤ　ゲンキ　ソーンドー。(きょうは花子は元気だよ＜元気　している)

なお、標準語と同様に、変化をあらわすばあいは、第1形容詞は連用形に、第2形容詞は語幹に「ナイン(なる)」をくみあわせる。また、変化をとらえて今の状態をあらわすばあいは、ナインを継続相の形「ナトーン」にしてあらわす。第1形容詞は名詞形に「ナイン」をくみあわせてもあらわせる。

- ウヌ　キーヤ　マギク／マギー　ナインドー。(この木は大きくなるよ)
- チルーヤ　チラヌ　アカク／アカー　ナトーン。(鶴子は顔が赤くなっている)
- タルーヤ　クスイ　ヌマーニ　ゲンキ　ナトーン。(太郎は薬を飲んで元気になっている)

6. 形容詞のエヴィデンシャリティー

動詞のセーン形式とおなじように形容詞にもエヴィデンシャリティーをあらわす形、「アカサテーン」「ゲンキ　ヤテーン」「シンシー　ヤテーン」がある。

　この形は証拠性にかかわる認識的ムードをあらわし、〈間接確認（推定）〉を、さらには〈直接確認による意外性、驚き〉をあらわすようになる。前者は話し手が形跡や状況、伝聞を証拠として推定し、後者は話し手の予想外のことを目撃した驚きをあらわす。

　第１形容詞では「語幹＋サ＋アテーン」からなる形（アカサテーン）をとり、第２形容詞や名詞述語のばあいはコピュラが「ヤテーン」の形（ゲンキ　ヤテーン、シンシー　ヤテーン）をとる。

〈間接的な証拠にもとづく過去の推定〉
- ウヌ　チノー　ムトー　クルサテーン。(この着物はもとは黒かった)［いまはすっかり色があせているが、縫い目や裏などからわかった］
- ウヌバスネー　タルーヤ　ゲンキ　ヤテーサ。(そのときには太郎は元気だった)［太郎がいつまで元気だったか私は知らないが、他人から聞いた］
- タルーヤ　メーヤ　シンシー　ソーテーン。(太郎は以前は先生だった)［たしかなことは知らないが振る舞いに先生らしさがある］

〈直接確認による意外性、驚き〉

・アイ　ナママディ　キジカンタシガ　ウヌ　ウジンヤ　<u>アカサテーサヤー</u>。（あら、今まで気づかなかったが、このお膳は赤い！）［今見てわかった］

・タローヤ　アンシ　<u>ウムサテール</u>。（太郎はなんとおもしろい！）［冗談をいってみんなを笑わせている太郎をはじめて見た］

・アイ　<u>ゲンキ　ヤテーサヤー</u>。（あら、元気だ！）［最近姿が見えず病気ではないかと心配していたが、久しぶりに道端でばったり会った］

・アイ　アヌ　ッチョー　<u>シンシー　ヤテーサヤー</u>。（あら、あの人は先生だ！）［先生とは知らなかったが、運動会に来て教師姿を見た］

【注】

1　『沖縄語辞典』には hwi（フィ）、hwe（フェ）の合拗音もあらわれるが、久手堅氏の現在の発音ではそれぞれ、hi（ヒ）、he（ヘ）と直音化してあらわれる。

2　否定形も「ク活用」のグループはアカコー　ネーン、「シク活用」のグループはミジラシコー　ネーンとなり、区別を残している。

3　ミジラサ　スン（めずらしがる）は1人称には使えないが、ミジラサ　ソーン（めずらしがっている）は人称制限がない。タルーヤ　ワンガ　スシ　チャー　ミジラサ　スン／ソーン（太郎は私がするのをいつもめずらしがる／めずらしがっている）　ワンガー　タルー　カナサ　ソーン（私は太郎をかわいがっている）　後述の「5．一時的な状態」を参照されたい。

4　『沖縄語辞典』には終助詞がつかない形で感嘆をあらわす例があるが、久手堅氏に確認したところ、終助詞をつけた形でしか言わないとのことであった。

5　係助辞「－ドゥ」は名詞の格助辞のうしろにつくことができる。

6　この形が、疑問詞ではなく、名詞を「－ガ」でとりたてた形と呼応するばあいは、疑いをあらわす。「<u>シュムチガ　ユタサラ</u>。（本がいいのだろうか）」。また、この名詞が「－ドゥ」や「－ヤ」でとりたてた形と呼応したばあいは、ラ推量形に終助詞「ヤー」がついて念押し的な質問の意味をあらわすようである。「ムトー　クヌ　ジューバコヌル　<u>アカサタラヤー</u>。（［いまは塗りがはげて2つとも同じにみえるが］もとはこの重箱が（ゾ）赤かったんでしょう）」

7 『沖縄語辞典』ではこの形を「イ連体形」とよんでいる。
8 イフーナ（変な＜異風な）は、述語になるときは、イフーナー（変なこと）と名詞にして「ヤン」とくみあわさる。
9 名詞が連体修飾語になるばあい、名詞に格助辞「－ヌ」をつけてあらわす。また、人代名詞や人をあらわす普通名詞のばあいは、格助辞をつけないはだかの形か、格助辞「－ガ」をつけてあらわす。
・イラナシェー　マニーアランタクトゥ　<u>ノーキョーヌ</u>　ドーグ　カティチャーニ　クサカタン。（鎌では間に合わなかったので、農協の道具を借りてきて草を刈った）
・アワティティ　<u>タルー</u>　シムチ　ムッチ　チョーッサー。（あわてて太郎の本をもってきているよ）
・<u>アリガ</u>　ドーゴー　チャー　ミームン　ヤン。（彼の道具はいつも新品だ）

【参考文献】

上村幸雄（1992）「琉球列島の言語（総説）」亀井孝他編『言語学大辞典　第4巻』三省堂．
沖縄大百科事典刊行事務局編（1983）『沖縄大百科事典　中巻』沖縄タイムス社．
工藤真由美・高江洲頼子・八亀裕美（2007）「首里方言のアスペクト・テンス・エヴィデンシャリティー」『大阪大学大学院文学研究科紀要』47.
工藤真由美（2006）「アスペクト・テンス」『シリーズ方言学2　方言の文法』岩波書店．
工藤真由美編（2006）『方言における述語構造の類型論的研究Ⅱ』科研費成果報告書．大阪大学文学研究科．
工藤真由美編（2005）『方言における述語構造の類型論的研究』科研費成果報告書（CD-ROMつき）大阪大学文学研究科．
工藤真由美編（2004）『日本語のアスペクト・テンス・ムード体系―標準語研究を超えて―』ひつじ書房．
工藤真由美編（2003）『方言における動詞の文法的カテゴリーの類型論的研究 No.4（奄美・沖縄編）』科研費成果報告書．大阪大学文学研究科．
国立国語研究所編（1963）『沖縄語辞典』大蔵省印刷局．
鈴木重幸（1972）『日本語文法・形態論』むぎ書房．
高江洲頼子（2006）「沖縄県那覇市首里方言の形容詞」工藤真由美編『方言における述語構造の類型論的研究Ⅱ』科研費成果報告書．大阪大学文学研究科．
津波古敏子（1992）「琉球列島の言語（沖縄中南部方言）」亀井孝他編『言語学大辞典　第4巻』三省堂．

索引

A-Z

closed class 73
copula complement 61
copularization 71
cross-linguistic 60
denotative status 93
intransitive predicate 61
open class 73
property 26, 61, 62

あ

安慶名方言 20, 32, 37, 39, 45, 46, 225
アスペクト 3, 25, 30, 66

い

意外性 28, 42, 259, 260
意外な事実（の確認）40, 142
意識的確認 42, 114, 142
一時性 94
一時的 26, 195
一時的（な）状態 7, 27, 28, 30, 47, 111, 137, 155, 156, 159, 162, 166, 173, 179, 198, 234, 258
1人称 170, 179, 196, 207

う

ヴォイス 3
ウチナーヤマトゥグチ 16, 17, 22
宇和島方言 17, 19, 32, 35, 42, 43

え

エヴィデンシャリティー 5, 31, 236, 238, 259

お

驚き 5, 41, 237, 259, 260

か

係り結び 46
格体系 14, 18
格づけ的な構造 91
確認要求 228
過去（形）24, 161, 210, 211
下降イントネーション 44, 120, 124, 143, 170
過去形のムード用法 113, 120
カ語尾 151, 166, 176, 177, 179
ガス体 103
感覚形容詞 104
関係 198
関係形容詞 82
感情・感覚 194, 196, 207, 211
感情・感覚形容詞 5, 26, 27, 38, 120, 139, 156, 157, 170
感情形容詞 243, 248
間接確認 259
間接的エヴィデンシャリティー 5, 36, 39, 40

き

規定語（連体修飾語）4, 61, 87, 144, 190
疑問詞質問 101, 119, 120, 123, 124, 130, 143, 169, 215, 229, 247, 248, 254
逆条件（形）149, 171, 250, 256
客体的（な）側面 35, 137, 138, 145
客観性 89

く

ク活用 206, 227, 243

け

形跡 36, 39, 236
形態論的形式 36, 119, 123
形容詞 3, 54

こ

個 66, 94
恒常性 47, 94
恒常的 26, 55, 65, 87, 156, 195, 198
恒常的特性 7, 27, 30, 92
肯否質問 101, 124, 130, 143, 169, 214, 229
語形変化 3, 5, 144, 147, 187
ゴザリス体 103
五所川原方言 27
五戸方言 17, 27
コピュラ 23, 24, 30, 71, 72, 133, 202, 217, 219, 226, 232, 233, 251, 252, 254, 256
個別・具体的 55, 65

さ

サ形 185, 187
再確認 142
さししめし的な構造 91
サ連用形 225, 234, 236
3人称（主語） 27, 35, 139, 170, 179, 207, 247

し

時間的限定性 7, 26, 46, 65, 66, 79, 87, 92, 95
シク活用 206, 226, 227, 243, 248
質形容詞 81
質問 169, 171, 247, 254
シャ形 185
ジャ形 166, 171, 176, 177, 179
習慣 27
終止（形） 151, 167, 171, 186
終助詞 125
主観性 89
主体化 41, 45
主体性 67
主体的（な）側面 35, 126, 137, 145
述語 61, 87, 144
首里方言 15, 20, 32, 37, 39, 45, 46, 241
条件（形） 149, 171, 249, 256
上昇イントネーション 170
上昇下降イントネーション 45, 124, 127, 144
状態 65, 66, 69, 92, 94, 133, 210
状態形容詞 66, 69
叙述性 14

す

推定 5, 39, 236, 237, 259
推量（形） 45, 103, 123, 125, 149, 167, 169, 171, 192, 213, 246, 247, 253, 254

そ

想起 42, 114, 120, 142, 197
属性 193
属性形容詞 5, 158
尊敬 257
尊敬体 184, 193
存在 198
存在動詞 4, 25, 186, 206

た

第1過去形 109, 226
第1形容詞 4, 55, 57, 101, 119, 147, 166, 167, 185, 192, 202, 206, 207, 225, 242, 243, 256, 258, 259
第1形容詞と第2形容詞の連続性 176
第1否定形 126
体験 37
体験性 101
体験的確認 142
第3形容詞 18, 120, 132, 178
第2過去形 101, 109, 110, 115, 226
第2形容詞 4, 24, 55, 57, 106, 108, 119, 131, 147, 150, 166, 192, 200, 202, 207, 217, 226, 231, 232, 242, 243, 251, 256, 258, 259
第2形容詞と名詞（述語）との連続性 20, 177
第2否定形 126
高山方言 17
短語尾形 86, 92, 95
断定（形） 35, 36, 119, 120, 123-125, 130,

索引　265

138, 148, 245

ち

知覚　36, 211
知覚体験性　110, 115
中止（形）　126, 149, 170, 171, 249, 255
長語尾形　86, 92, 95
直接確認　226, 259, 260
直接体験（性）　4, 37, 110, 115, 142, 159, 160
直接的エヴィデンシャリティー　36

つ

通言語的　54, 71

て

程度副詞　120, 132, 140, 144
丁寧体　166, 178, 184, 190, 193, 230, 232, 256
テクストタイプ　61, 62
テンス　3, 24, 34, 71, 137, 138
伝聞　36, 194

と

同意求め　45, 127, 144
動詞　3, 54
ドゥむすび（形）　212, 213, 228, 235, 245, 247, 253
特性　65, 66, 68, 81, 133, 160, 179, 199
特性形容詞　66, 68
特徴づけ　131

な

中種子方言　16, 44, 165
中田方言　16, 19, 27, 37, 42, 43, 101
今帰仁方言　20, 32, 37, 39
南陽方言　16

に

ニアル（形）　173, 177
人称制限　5, 120, 139, 140, 145, 156, 170, 179, 195, 202

ね

念押し　192

は

パーフェクト　236
ハ（パ）ジ推量形　213, 228, 237, 246
八丈方言　28, 46
発見　40, 42, 113, 120, 142, 197, 237
反事実　111
反実仮想　43, 171, 238
反実性　111
反復習慣　156, 159

ひ

比較級　82
否定（形）　126, 186, 187, 219
人の存在動詞　25, 26, 30, 31, 47
否認　126
評価（性）　32-34, 36, 47, 65, 67, 79, 88, 95, 120, 131, 137, 138, 158
表出　32-35, 47, 63, 103, 119, 125, 130, 138, 151, 161, 170, 171, 216, 235, 246
弘前方言　17

ふ

深浦方言　17, 18, 27
文法化　47

へ

変化　258

ま

松橋方言　16, 17, 27, 28, 32, 147

み

ミラティヴィティー　5, 40

む

ムード　3, 71, 119, 123, 126
m語尾　184, 206

め

名詞　3, 54, 256
名詞（述語）　23, 106, 154, 174, 200, 217, 219, 233, 252, 259
名詞述語文　112, 251

も

目撃　28, 37, 156, 157, 159, 217, 219, 221
ものの存在動詞　20, 26, 30, 31, 47
ものの特徴づけ　33, 34, 119, 137

や

大和浜方言　15, 20, 32, 183

よ

予想　41
与論方言　20, 32, 37, 45, 205

ら

ラ推量形　213, 228, 237, 246

り

ri 語尾　184, 206

る

類　66, 94
類型論　6, 53, 72, 74, 112

れ

連続　46, 54, 71, 83, 120, 135, 147, 162
連体（形）　148, 151, 167, 171, 176, 217, 219, 243, 248, 251, 255
連用形　243

ろ

ロシア語　26, 79

執筆者紹介 （アイウエオ順）

●かりまたしげひさ
1954年沖縄県生まれ。琉球大学法文学部卒。現在琉球大学法文学部教授。主論文：「沖縄方言のとりたてのくっつきとかかりむすび―今帰仁謝名方言と具志川安慶名方言のばあい―」島袋幸子と共著、『日本東洋文化論集第』13号。「音韻変化の体系―相同形と相似形―」『沖縄言語研究センター資料』No.160。「琉球語のせま母音化の要因をかんがえる―空気力学的な条件と筋弾性的な条件―」『沖縄文化』100。

●木部暢子（きべ のぶこ）
1955年福岡県生まれ。九州大学大学院文学研究科修士課程修了。博士（文学）。現在鹿児島大学法文学部教授。主著・主論文：『西南部九州二型アクセントの研究』勉誠出版。『鹿児島県のことば』（共著）明治書院。「方言のアクセント」『朝倉日本語講座10 方言』朝倉書店。「方言のしくみ アクセント・イントネーション」『ガイドブック方言研究』ひつじ書房。

●工藤真由美（くどう まゆみ）
1949年愛媛県生まれ。東京大学大学院人文科学研究科博士課程単位取得退学。博士（文学）。現在大阪大学文学研究科教授。主著・主論文：『アスペクト・テンス体系とテクスト』ひつじ書房。「現代語のテンス・アスペクト」『朝倉日本語講座文法Ⅱ』朝倉書店。「文の対象的内容・モダリティー・テンポラリティーをめぐって―「らしい」と「ようだ」―」『ことばの科学11』むぎ書房。

●佐藤里美（さとう さとみ）
1953年宮城県生まれ。宮城教育大学教育学部卒。琉球大学法文学部教授。主論文：「使役構造の文(1)(2)」『ことばの科学1・4』むぎ書房。「依頼文」『ことばの科学5』むぎ書房。「名詞述語文の意味的なタイプ」『ことばの科学8』むぎ書房。「〈ものだ〉の機能」『日本東洋文化論集』第6号 琉球大学法文学部紀要。「テキストにおける名詞述語文の機能」『ことばの科学10』むぎ書房。

●須山名保子（すやま なほこ）
1933年愛知県生まれ。学習院大学大学院人文科学研究科修士課程修了。修士（文学）。聖学院大学人文学部日本文化学科教授を退職。主著・主論文：『奄美方言分類辞典 上下巻』（共編）笠間書院。「親族称呼の体系の崩れるとき」『学習院大学国語国文学会誌』第22号。「和泉式部集の修辞について――索引用語の概念規定のために――」『和泉式部集（正続）用語修辞総索引』東峰書房。「琉球列島の言語補遺」（奄美方言〔文法〕の項）亀井・河野・千野編『言語学大辞典 第5巻』三省堂。

●**高江洲頼子**（たかえす　よりこ）
1958年沖縄県生まれ。横浜国立大学大学院教育学研究科修士課程修了。修士（教育学）。現在沖縄大学人文学部教授。主論文：「ウチナーヤマトゥグチ」『事典　日本の多言語社会』岩波書店。「ウチナーヤマトゥグチ―動詞のアスペクト・テンス・ムード―」『日本語のアスペクト・テンス・ムード体系―標準語研究を超えて―』ひつじ書房。「首里方言のアスペクト・テンス・エヴィデンシャリティー」（共著）『大阪大学大学院文学研究科紀要』第47巻。

●**仲間恵子**（なかま　けいこ）
1974年沖縄県生まれ。琉球大学大学院人文社会科学研究科修了。修士（文学）。現在琉球大学法文学部非常勤講師、沖縄大学人文学部非常勤講師、沖縄国際大学総合文化学部非常勤講師。主論文：「鹿児島県大島郡与論町麦屋方言の形容詞」工藤真由美編『方言における述語構造の類型論的研究』科学研究費成果報告書。「与論方言動詞のアスペクト・テンス・エヴィデンシャリティー」（工藤・八亀共著）『国語と国文学』通巻千号　至文堂。

●**村上智美**（むらかみ　ともみ）
1968年熊本県生まれ。熊本大学大学院文学研究科修士課程修了。修士（文学）。現在神戸松蔭女子学院大学文学部非常勤講師。主論文「形容詞に接続するヨル形式について―熊本県下益城郡松橋町の場合―」、「熊本方言における「寂ッシャシトル、高シャシトル」という形式について」ともに『日本語のアスペクト・テンス・ムード体系―標準語研究を超えて―』ひつじ書房。「日本語の中の「九州方言」・世界の言語の中の「九州方言」3―東西対立のなかの「九州方言」―形容詞を中心に―」『日本語学』vol.24　明治書院。

●**八亀裕美**（やかめ　ひろみ）
1964年大阪府生まれ。吉村裕美（八亀は筆名）。大阪大学大学院文学研究科博士後期課程中退。博士（文学）。現在京都光華女子大学文学部准教授。主著・主論文『日本語形容詞の記述的研究―類型論的視点から―』（近刊）明治書院。「「AにしてはB」をめぐって―時間的限定性と評価性―」『ことばの科学11』むぎ書房。

ひつじ研究叢書〈言語編〉第63巻

日本語形容詞の文法──標準語研究を超えて

発行	2007年11月14日 初版1刷
定価	6000円＋税
編者	Ⓒ 工藤真由美
発行者	松本　功
本文フォーマット	向井裕一 (glyph)
印刷所	三美印刷株式会社
製本所	田中製本印刷株式会社
発行所	株式会社 ひつじ書房
	〒112-0011 東京都文京区千石2-1-2 大和ビル2F
	Tel.03-5319-4916 Fax.03-5319-4917
	郵便振替 00120-8-142852
	toiawase@hituzi.co.jp　http://www.hituzi.co.jp

ISBN978-4-89476-367-8

造本には充分注意しておりますが、落丁・乱丁などがございましたら、小社かお買上げ書店にておとりかえいたします。ご意見、ご感想など、小社までお寄せ下されば幸いです。

ひつじ研究叢書〈言語編〉

〈第44巻〉日本語のアスペクト体系の研究　　副島健作 著　8,715円
〈第45巻〉九州西部方言動詞テ形における形態音韻現象の研究
　　　　　　　　　　　　　　　　　　　　　有元光彦 著　12,075円
〈第46巻〉日本語における空間表現と移動表現の概念意味論的研究
　　　　　　　　　　　　　　　　　　　　　上野誠司 著　8,925円
〈第47巻〉日本語助詞シカに関わる構文構造史的研究－文法史構築の一試論
　　　　　　　　　　　　　　　　　　　　　宮地朝子 著　7,140円
〈第48巻〉授与動詞の対照方言学的研究　　　日高水穂 著　7,770円
〈第49巻〉現代日本語の複合語形成論　　　　石井正彦 著　8,820円
〈第50巻〉言語科学の真髄を求めて－中島平三教授還暦記念論文集
　　　　　　　　　　　　　　鈴木右文・水野佳三・高見健一 編　13,440円
〈第51巻〉日本語随筆テクストの諸相
　　　　　　　　　　　　　　高崎みどり・新屋映子・立川和美 著　7,140円
〈第52巻〉発話者の言語ストラテジーとしてのネゴシエーション行為の研究
　　　　　　　　　　　　　　　　　　　　　クレアマリィ 著　7,140円
〈第53巻〉主語と動詞の諸相－認知文法・類型論的視点から　二枝美津子 著　5,250円
〈第54巻〉連体即連用？－日本語の基本構造と諸相　　奥津敬一郎 著　5,670円
〈第55巻〉日本語の構造変化と文法化　　　　青木博史 編　7,140円
〈第62巻〉結果構文研究の新視点　　　　　　小野尚之 編　6,510円